ÉLÉMENS

DE LA

GRAMMAIRE CHINOISE.

咸豐丁巳年鐫

阿伯兒輯

巴理城

漢文啓蒙

墨頌訥佛書肆發客

蒙 啓 文 漢

ÉLÉMENS
DE LA
GRAMMAIRE CHINOISE,
OU
PRINCIPES GÉNÉRAUX
DU KOU-WEN OU STYLE ANTIQUE,
ET DU KOUAN-HOA, c'est-à-dire, DE LA LANGUE COMMUNE
GÉNÉRALEMENT USITÉE DANS L'EMPIRE CHINOIS.

PAR ABEL-RÉMUSAT,
De l'Académie des Inscriptions et Belles-Lettres, Professeur de Langue
et de Littérature chinoises et tartares au Collége de France.

NOUVELLE ÉDITION
PUBLIÉE CONFORMÉMENT A CELLE DE L'IMPRIMERIE ROYALE
ET AUGMENTÉE D'UNE TABLE DES PRINCIPALES PHONÉTIQUES CHINOISES,
PAR L. LÉON DE ROSNY,
Membre du Conseil de la Société asiatique de Paris.

PARIS,
MAISONNEUVE ET Cⁱᵉ, LIBRAIRES-ÉDITEURS
POUR LES LANGUES ORIENTALES, ÉTRANGÈRES ET COMPARÉES,
15, quai Voltaire, à la Tour de Babel.
LONDON, TRÜBNER AND Cᵒ,
American and continental literary Agency, 12, Paternoster Row.
—
1857.

..... Mihi videtur ineptum velle linguæ sinicæ adaptare pleraque vocabula quibus utuntur nostri grammatici. Consultius multò erit, sepositis illis grammaticæ quisquiliis, per varia selectaque exempla, ad legitimum germanumque sinicæ loquelæ usum et exercitationem, tyrones festinato compendiosoque gressu veluti manu ducere.

PREMAR. *Notit. Ling. sinic.* I. part. pag. 26.

PRÉFACE.

Les obstacles et les préjugés qui se sont opposés jusqu'ici aux progrès de la littérature chinoise en Europe, semblent diminuer de jour en jour; et l'on peut prévoir le moment où les uns se trouvant levés complètement, et les autres tout-à-fait dissipés, l'étude du chinois deviendra aussi facile que celle de toutes les autres langues orientales, peut-être même que celle de certaines langues européennes. De bons ouvrages composés sur différens sujets d'histoire ou de géographie, de philosophie ou de belles-lettres, ont permis de mieux apprécier l'étendue des richesses contenues dans ces livres chinois, demeurés enfouis depuis si long-temps au milieu de la poussière de nos bibliothèques. La publication du Dictionnaire chinois-latin du P. Basile de Glemona, des premières livraisons de celui du Rév. R. Morrison, du Supplément de M. Klaproth, de quelques textes accompagnés de versions littérales, et, plus que tout cela, la création d'une chaire de langue et de littérature chinoises au Collége royal, semblent autant d'encouragements qui appellent les étudians à la culture d'un champ trop long-temps négligé, et qui promet à leurs efforts des moissons aussi abondantes que variées.

Au milieu de tant de secours, le plus utile, le plus indispensable de tous manquoit encore, et le besoin s'en faisoit vivement sentir à ceux que leur position ou leurs travaux empêchoient de suivre les leçons du Collége royal, et d'y recueillir les dictées qui, depuis six ans, forment la base et comme le texte des leçons du professeur. On devoit desirer une grammaire élémentaire, qui pût contenir toutes les règles vraiment nécessaires à l'intelligence des livres chinois, et qui ne contînt que cela; un livre court, mais substantiel, qui pût suffire aux commençans, et les dispenser de recourir à une multitude d'ouvrages volumineux, rares et chers, dont aucun en particulier n'avoit mérité de devenir classique. Ce besoin, qu'éprouvoient aussi ceux qui suivoient le cours de chinois avec le plus d'assiduité, avoit été prévu par le professeur. Aussi, dès la première année de l'exercice de sa chaire, s'occupa-t-il avec empressement de rédiger par écrit les principes de la langue qu'il enseignoit, pour en faire part à ceux qui voulurent les écrire sous sa dictée; se réservant toutefois d'ajouter de vive voix à ce thème tous les éclaircissemens que pourroient réclamer les difficultés qui lui étoient opposées. Ainsi éprouvée par une expérience de cinq années, et accrue de tout ce qu'une discussion approfondie, des observations répétées, et quelquefois des objections judicieuses de la part d'auditeurs éclairés, ont pu y faire ajouter, cette dictée a paru bonne à publier, tant en faveur de ceux qui ne peuvent assister aux leçons, que de ceux qui les suivent avec exactitude. Les premiers en auront le résumé à leur disposition; les autres seront dispensés de la peine de le transcrire à chaque séance : méthode lente et pénible, qui entrave la marche des études élémentaires, recule l'époque où l'on peut se livrer à l'explication des textes, et exige, de la part des auditeurs, un concours actif et une persévérance soutenue, qu'on n'est pas toujours en droit d'attendre d'eux.

Comme il n'y a rien de plus important pour un auteur

que de se justifier du soupçon d'avoir mis au jour un livre superflu, et, pour un professeur, que de faire voir qu'il n'a pas cédé à une puérile manie d'innovation, en introduisant une méthode d'enseignement qui n'avoit pas encore été suivie jusqu'à lui, on croit utile de passer en revue les ouvrages du même genre qui ont été composés avant celui-ci, et de montrer, par une critique rapide, quelles sont les imperfections qui ont pu rebuter les étudians et s'opposer à leurs progrès. Huit ou dix ouvrages grammaticaux sur la langue chinoise ont été composés depuis plus d'un siècle; et, chose remarquable, ce nombre est peut-être double de celui des Européens qui, depuis la même époque, ont fait de véritables progrès dans le chinois. Il est bon, sans doute, d'examiner si l'on doit attribuer ce défaut de succès aux difficultés dont on a cru si long-temps que l'étude de la langue chinoise étoit hérissée, ou si la faute n'en seroit pas plutôt aux auteurs de grammaires chinoises, au système qu'ils ont embrassé et aux principes qui les ont guidés dans le choix des règles qu'ils avoient à présenter.

La plus ancienne des grammaires chinoises, vraiment dignes de ce nom, dont on ait connoissance, c'est celle du P. Varo, dominicain, laquelle a été imprimée à Canton, en 1703, avec des planches de bois, à la manière chinoise (1). Cet

---

(1) Ce livre excessivement rare, et dont la bibliothèque du Roi ne possède pas d'exemplaires, est un volume in-8.º de soixante-quatre doubles feuillets, pliés à la manière chinoise, savoir : un pour le frontispice, trois pour la préface, cinquante pour la grammaire, et dix pour le *brevis Methodus confessionis* latin-chinois (en lettres latines), du P. Basile de Glemona. L'ouvrage même est en espagnol, et intitulé : *Arte de la lengua mandarina, compuesto por el M. R.º P.º Francisco Varo, de la sagrada orden de N. P. S. Domingo, acrecentado y reducido a mejor forma, por N.º H.º Fr. Pedro de la Piñuela, p.ᵒʳ y commissario proc. de la Mission serafica de China;*

ouvrage très-rare ne seroit peut-être pas indigne d'être réimprimé ; mais il faudroit qu'on ajoutât les caractères aux mots chinois, qui sont tous en lettres latines. L'auteur, qui travailloit pour les missionnaires ses confrères, ne s'est attaché qu'à donner les règles du style familier, le plus nécessaire pour la publication de l'évangile. Il a beaucoup insisté sur la prononciation, matière si difficile à traiter par écrit, et qui n'a d'importance que pour ceux qui veulent parler le chinois. Si l'on ôtoit du livre du P. Varo les longs détails qui ont rapport à ce sujet, et les instructions sur la civilité chinoise, qu'il donne pareillement avec beaucoup d'étendue, il resteroit moins de trente feuillets pour la grammaire proprement dite. Or, dans cette partie de l'ouvrage, on remarque un défaut essentiel qui a été imité par presque tous les successeurs du P. Varo. Ce religieux, comme il le dit lui-même, s'est conformé à la méthode suivie dans la grammaire latine de Nebrixa ; et quoiqu'il ait rassemblé un assez grand nombre d'idiotismes chinois, on ne peut nier que l'imitation des procédés grammaticaux suivis pour le latin, ne l'ait souvent éloigné du véritable génie de la langue chinoise. Il est du moins bien certain qu'il eût pu remplir le court espace qu'il s'étoit réservé, de notions plus utiles que ne le sont des paradigmes de déclinaisons et de conjugaisons, pour une langue qui n'admet pas de cas dans les noms, ni de temps ni de modes dans les verbes.

Une grammaire manuscrite et anonyme que possède la

Añadio se un Confesionario muy util y provechoso para alivio de los nuevos ministros. Impreso en Canton, año de 1703. — Le P. Horace de Castorano nous apprend que le P. Placide *a Valsio* est celui qui a gravé ce livre espagnol en planches de bois. *Parta elucubratio*, Ms. de la Propag. 1739, pag. 13.

bibliothèque du Roi, offre la plus grande analogie avec celle du P. Varo, dans l'ordre des énoncés et même dans le choix des exemples : quoiqu'elle semble d'abord plus complète et plus étendue, puisqu'elle occupe cent soixante-dix-huit pages *in-f.°* (1), elle ne contient réellement aucune addition essentielle; elle est pareillement toute en lettres latines, et offre seulement une liste des vocables, accompagnés des caractères originaux. Le jugement que nous avons porté sur la grammaire du P. Varo, s'applique donc tout-à-fait à celle-ci, dont l'auteur ne nous est pas connu. Peut-être est-ce la même que celle du P. Montigny, dont Fourmont parle en plusieurs endroits. Ce missionnaire, ainsi que le P. Horace de Castorano, avoient composé des grammaires chinoises; mais on ignore ce qu'elles sont devenues depuis Fourmont, qui dit les avoir eues entre les mains. Il est permis de croire qu'elles étoient calquées sur la grammaire du P. Varo, et que par conséquent la perte n'en est pas irréparable.

Un autre traité grammatical inédit, que possède la bibliothèque du Roi, est la *Notitia linguæ sinicæ*, du P. Prémare, en trois volumes. Fourmont a aussi beaucoup parlé de cet excellent ouvrage ; mais on peut dire qu'il n'en a fait que bien incomplètement sentir le mérite, si même il ne l'a pas sciemment dissimulé. Le P. Prémare est le seul qui ait tracé nettement la division des deux styles chinois, que tous les autres grammairiens ont confondus. Il en donne séparément les règles, et entre en de grands détails sur l'emploi des par-

---

(1) La suite du manuscrit contient des dialogues familiers, composés, il y a plus de cent ans, par un missionnaire portugais. Parmi ces dialogues, se trouvent plusieurs de ceux qu'a publiés M. Morrison, dans les *Dialogues and detached sentences*. Macao, 1816, grand in-8.°

ticules, soit dans la langue vulgaire, soit dans la langue savante, en justifiant chaque assertion par de nombreux exemples; ou, pour mieux dire, il fait sortir les règles qu'il propose, de la comparaison de textes pris dans les meilleurs auteurs, rapprochés et expliqués avec le plus grand soin. Fourmont donne à entendre que, dans cet ouvrage, le P. Prémare a fait plutôt une rhétorique qu'une grammaire (1). En effet, le savant missionnaire a réuni beaucoup d'observations sur le style et les figures oratoires, plus utiles à ceux qui voudroient apprendre à composer en chinois, qu'à ceux qui se contentent d'acquérir la connoissance des principes de la langue, et de s'ouvrir un accès à l'intelligence des auteurs; mais il n'a pas pour cela négligé les élémens, et le seul reproche fondé qu'on puisse lui adresser, c'est peut-être de les avoir traités avec trop d'étendue; d'avoir trop considéré de cas particuliers, au lieu de les réunir en forme d'observations générales; d'avoir, en un mot, donné plutôt une liste de phrases expliquées, qu'une grammaire proprement dite. C'est ce qui s'opposera toujours à la publication de ce précieux travail, qui ne contient guère moins de douze mille exemples et de cinquante mille mots chinois. On ne peut dire non plus que le plan suivi par l'auteur convienne à un ouvrage élémentaire destiné à des commençans; mais ceux qui ont déjà une teinture de la langue, gagneront beaucoup à l'étudier, puisqu'ils pourront y puiser des notions de littérature, qu'autrement ils ne sauroient se procurer que par une lecture assidue des meilleurs écrivains chinois, continuée pendant de longues années.

---

(1) *Grammat. sin. præf.* p. 16.

La partie du *Museum sinicum* (1) de Bayer qu'on peut appeler vraiment grammaticale, se réduit à cent trente-quatre pages du premier volume, avec un appendix de trente-trois pages sur la grammaire du dialecte de *Tchang-tcheou*; car on ne sauroit y comprendre la longue préface où ce savant rappelle les travaux dont le chinois a été l'objet avant lui, ni l'essai de vocabulaire, si imparfait, qu'il donne dans le second volume, ni les mémoires sur l'antiquité chinoise, que ceux des missionnaires français sur la même matière ont si complètement fait oublier, ni ses tables de cycles, de noms de poids et de mesures, morceaux utiles, mais tout-à-fait étrangers à l'art grammatical. La plus grande moitié de cette grammaire est encore occupée par des détails sur l'écriture, les dictionnaires, la poésie. Il reste cinquante pages environ, qui n'offrent, sur le mécanisme de la langue, que les notions les plus vulgaires, presque dépourvues d'exemples. Les caractères originaux, n'ayant pu être imprimés dans le texte, sont rejetés sur des planches de cuivre, auxquelles il faut recourir par des renvois. Ils y sont d'ailleurs si mal représentés, que c'est tout ce que peut faire un homme exercé que de les reconnoître : qu'on juge de l'embarras qu'ils doivent faire éprouver aux commençans. Du reste, on peut à peine appeler *grammaire* l'explication de quelques pronoms et particules, sans citation d'exemples, sans analyse, sans règles précises sur la construction, le rapport des mots, la contexture des phrases. La langue chinoise étoit sans doute bien mal connue en Europe, dans un temps où un savant tel que Bayer étoit réduit à se

---

(1) Theoph. Sigefr. Bayeri *Museum sinicum, in quo sinicæ linguæ et litteraturæ ratio explicatur.* Petropol. 1730, 2 vol. in-8.°

contenter d'aperçus si vagues et d'essais si peu satisfaisans.

Les deux ouvrages de Fourmont (1) durent paroître infiniment supérieurs au *Museum sinicum*, à une époque où il y avoit si peu de juges compétens. L'auteur avoit grand soin de relever l'importance de son travail ; et les expressions de ses préfaces rappellent plus d'une fois cet auteur espagnol qui a intitulé une grammaire basque : *El imposible vincido*. Il est pourtant certain, comme on l'a déjà dit ailleurs, que Fourmont a grossi les difficultés de la langue, et dissimulé quelques-uns des secours que lui fournissoient ses devanciers : ceux qu'il a laissés lui-même à ses successeurs, ne gagnent pas à être considérés de près. On peut dire que Fourmont est un des auteurs qui ont le plus répandu d'idées fausses sur le chinois. Ses *Méditations* sont un livre obscur et presque inintelligible, rempli de notions vagues, inexactes, ou tout-à-fait erronées. Ce qu'il y a de moins mauvais dans ce volume, est un tableau des radicaux ou clefs, que plusieurs auteurs ont reproduit, et qui n'en est pas moins rempli d'erreurs.

Quant à la grammaire, on voit par le titre même qu'elle est destinée à faire connoître les règles du *kouan-hoa*, ou de la langue *mandarine;* par conséquent, on n'est pas en droit d'exiger de l'auteur les principes du *kou-wen* ou de la langue des *King* et des livres historiques. Mais ce qui étoit indispensable, c'eût été d'avertir les lecteurs de cette particularité. Effectivement, après avoir bien étudié cette grammaire, on seroit fort étonné, en ouvrant un livre, et sur-tout un livre

---

(1) *Meditationes sinicæ*, 1737, in-f.° — *Linguæ Sinarum mandarinicæ hieroglyphicæ Grammatica duplex*, 1742, in-f.°

ancien, de n'y trouver, ni les marques des cas, ni les particules, ni le système de conjugaison, donnés par Fourmont. Son ouvrage, en le supposant bon, pourroit servir à ceux qui voudroient parler le chinois; mais il est à-peu-près inutile pour l'intelligence des livres. C'est ce que disoient hautement, dans le temps où parut la *Grammatica sinica,* les PP. Guigue et Foureau, qui ont composé des examens critiques de cette grammaire. Ils blâmoient encore la méthode qui y étoit suivie, comme trop servilement calquée sur celle des grammairiens latins, et comme peu propre, par conséquent, à faire apprécier le génie particulier de la langue chinoise. Il est surprenant que cette observation ne les ait pas conduits à une découverte plus fâcheuse encore pour Fourmont, puisqu'elle attaque tout-à-la-fois l'érudition chinoise et l'honneur littéraire de ce savant philologue.

Fourmont avoit reconnu lui-même que le fonds de sa grammaire et l'ordre qu'il y avoit suivi, s'accordoient admirablement avec ceux d'un ouvrage du même genre, rédigé par le P. Horace de Castorano (1) : *Convenientiam inter nos, quam fieri poterat maximam,* dit-il, *sumus admirati; quoad grammaticam divisio etiam eadem* (2). Et ailleurs : *Quod mirati ambo sumus, non solùm de re summâ, sed in ipsis etiam titulis, ac titulorum numero collatœ, convenêre et grammatica ejus et mea, ita ut divisio earum prorsus eadem* (3). *Cœterum*, ajoute-t-il,

---

(1) Fourmont appelle par erreur ce missionnaire *Casarano*. On peut voir, sur la vie et les ouvrages du P. de Castorano, une notice dans le *Journal des savans*, de décembre 1760. J'ai parlé de sa *parva Elucubratio*, dans mon *Plan d'un Dictionnaire chinois,* pag. 9 et suiv.

(2) *Gramm. sin. præf.* p. 30.

(3) *Medit. sin. præf.* p. 14.

ed de re non obstupescat lector, neque id fieri aliter potuit. 1.º *Lingua eadem;* 2.º *si dictionariis usus est sinicis, fons idem.* Voilà qui rendroit bien raison de l'identité des règles, mais non de la conformité dans la division et jusque dans les titres des chapitres. Un autre rapprochement eût fait cesser l'étonnement des deux grammairiens, si cet étonnement étoit sincère de leur part: la grammaire de Fourmont (et par conséquent aussi celle du P. Horace, qui lui ressembloit tant) offre encore la plus frappante conformité avec un troisième ouvrage plus ancien, la grammaire du P. Varo. L'analogie, en ce qui concerne la *Grammatica sinica*, ne sauroit être plus frappante. Elle ne s'arrête pas aux titres des chapitres, mais elle porte aussi sur le choix des exemples, et jusque sur leur arrangement dans chaque article. Les mêmes phrases, toujours composées des mêmes mots et disposées dans le même ordre, se retrouvent dans les deux grammaires, de sorte que celle de Fourmont n'est, à proprement parler, qu'une traduction latine de celle du P. Varo. Ainsi, ce dernier a eu le même sort que son confrère le P. Basile de Glemona, dont le dictionnaire chinois-latin, après s'être perpétué par une foule de copies qu'en ont faites les missionnaires de la Chine, a fini par être imprimé, de nos jours, sous le nom d'un autre. Ce qu'il y a de plus blâmable dans le procédé de Fourmont, c'est d'avoir tâché d'atténuer, autant qu'il étoit possible, le mérite de la grammaire du dominicain, et de prévenir le soupçon de plagiat, en assurant qu'il n'avoit reçu le livre du P. Varo qu'après la composition de sa grammaire, *postquam*, dit-il, *dictionaria mea grammaticamque sinicam confecissem* (1).

―――――

(1) *Medit. sin. praef.* p. 21.

On ne pouvoit se dispenser de faire mention de cette particularité d'histoire littéraire, d'abord parce qu'elle doit faire compter une grammaire chinoise de moins, puisque celle de Fourmont se trouve n'être qu'une copie ou une traduction de l'*Arte de la lengua mandarina;* et ensuite parce qu'elle montre la source d'une infinité d'erreurs graves qui sont dans la *Grammatica sinica.* Le P. Varo n'avoit pas mis de caractères aux phrases chinoises qu'il rapportoit, mais il avoit marqué régulièrement la prononciation et les accens. Fourmont a ajouté les caractères, mais très-souvent il s'est trompé dans le choix de ceux qui avoient la même prononciation : circonstance qui achèveroit, s'il en étoit besoin, de démontrer jusqu'à l'évidence qu'il ne travailloit pas sur des textes, mais d'après des phrases écrites en lettres latines. Remarquez de plus que les trois cent quarante pages *in-f.°* de sa grammaire ne contiennent presque pas plus de matière que les cent pages du P. Varo, parce qu'il s'est servi, pour l'impression des exemples, d'un *corps* de caractères chinois d'une grosseur excessive, qui occupent une place considérable et laissent beaucoup de *blancs.* Il est, au reste, superflu d'ajouter que tous les reproches qu'on a faits précédemment au travail de Varo, trouvent ici leur application rigoureuse.

De 1742, qui est l'année où parut la *Grammatica sinica,* il faut passer tout d'un coup à 1814, époque où M. Marshman a donné sa *Clavis sinica* (1). Le temps qui s'est écoulé entre ces deux publications, n'a donné naissance à aucun ouvrage sur la grammaire chinoise ; car on ne sauroit compter les *Elementary characters* du docteur Hager, ni quelques autres

---

(1) Serampore, 1814, gr. in-4.° de plus de 600 pages.

ouvrages moins médiocres, qui traitoient plutôt de l'écriture que de la grammaire, et de la composition des caractères que du mécanisme de la langue. On sera court sur l'ouvrage de M. Marshman, ainsi que sur le traité suivant du docteur Morrison, parce qu'on en a rendu ailleurs un compte détaillé (1). La *Clavis sinica* n'étoit d'abord qu'une dissertation préliminaire, ou une sorte d'introduction à la traduction de Confucius, que M. Marshman avoit entreprise, et dont il a publié le premier volume (2). L'auteur a ensuite considérablement étendu cette dissertation, toutefois en conservant le fond primitif de son ouvrage, lequel consistoit principalement en observations sur le style du *Lun-iu*, ce livre des disciples de Confucius qu'il a commencé de traduire. Il s'étoit borné à justifier ces observations par des exemples tirés presque uniquement de cet ouvrage, et de deux ou trois autres de la même époque. Il en résulte que son travail est encore à présent tout-à-fait spécial, et n'offre, pour ainsi dire, que la grammaire d'un seul livre chinois, d'un livre qui, par sa concision antique, est bien loin d'offrir toutes les formes du style plus moderne, et moins encore celles du langage habituel. M. Marshman a d'ailleurs traité beaucoup de questions étrangères à son sujet; et si, laissant de côté ces digressions inutiles, on comptoit les exemples cités et traduits, qui sont tout ce qui peut servir aux étudians, on n'en trouveroit pas deux par page. Il y a donc tout à-la-fois insuffisance et prolixité dans cet

---

(1) Voyez le *Journal des savans*, février et mars 1817, pour la *Clavis sinica*, et février 1818, pour la *Grammar of the chinese language*.

(2) *The Works of Confucius, containing the original text with a translation*, vol. 1. Scrampore, gr. in-4.º, 1809. — Voyez la *Notice* de cet ouvrage dans *le Moniteur*, 1811, n.º 36.

ouvrage, qui est d'ailleurs fort rare, et d'un prix à peine accessible au plus grand nombre des étudians (1).

Quant à celui du docteur Morrison (2), c'est le premier ouvrage que cet auteur ait composé sur le chinois, et cette circonstance est nécessaire à remarquer pour un critique équitable. Le premier besoin d'un Européen qui arrive à la Chine, sur-tout dans le but qui y a conduit M. Morrison, est de se procurer, dans la langue qu'il veut apprendre, les équivalens des formes auxquelles il est accoutumé dans sa langue maternelle. Telle est la cause du soin avec lequel l'auteur s'est attaché à traduire en chinois les anglicismes et jusqu'aux locutions composées avec les verbes auxiliaires *to have*, *to be*, *to can*, *to do*, dans leurs divers temps et modes, en les poursuivant dans toutes leurs combinaisons. Ceci fait pressentir le genre particulier d'utilité de cet ouvrage, qui peut servir pour apprendre à traduire de l'anglais en chinois; mais les règles simples de la langue, telles que les comporte la marche ordinaire de sa phraséologie naturelle, y sont remplacées le plus souvent par des patrons de phrases, dont à peine les modèles se rencontreront dans les livres. On n'y trouve pas tout ce qu'on a besoin de savoir, et l'on y trouve bien des choses qu'on peut se dispenser d'apprendre. Du reste, ce petit livre n'en est pas moins rempli d'observations utiles, et l'auteur a bien mérité de ses compatriotes, en leur offrant, dès ses premiers pas dans la carrière, un guide qui leur permet de marcher sur ses traces.

---

(1) 5 liv. 5 shill.

(2) *A Grammar of the chinese language*. Serampore, 1815, in-4.° de 280 pag. Prix : 1 liv.

En exprimant franchement, sur tous ces différens ouvrages, un jugement dont la forme paroît toujours un peu sévère, quand le défaut d'espace oblige à le renfermer dans un petit nombre de paroles, on n'a pas eu l'intention de diminuer la juste portion de gloire qui peut revenir à chaque auteur, et moins encore de leur refuser le tribut de reconnoissance qu'on leur doit. On aime au contraire à avouer qu'il n'en est aucun auquel on n'ait emprunté des remarques plus ou moins importantes, et que si l'on n'a pas désespéré de mieux faire, c'est qu'on avoit devant les yeux leur exemple à suivre ou à éviter. L'ouvrage du P. Prémare, en particulier, est celui qu'on a le plus souvent mis à contribution, non pas seulement parce que la *Notitia linguæ sinicæ* étant un livre inédit, il pouvoit être plus convenable de faire revivre ce travail d'un compatriote, enveloppé dans un injuste oubli; mais aussi parce que ce savant missionnaire semble avoir eu, sur tous les Européens qui se sont occupés de grammaire chinoise, le précieux avantage d'avoir acquis, par une lecture immense, un plus grand fonds de connoissances philologiques, et d'avoir puisé plus abondamment qu'eux tous aux sources de la bonne littérature. On a cru sur-tout devoir le prendre pour guide dans l'emploi de cette double méthode, qu'on a reconnue éminemment propre à faire pénétrer plus promptement et plus sûrement les étudians dans le véritable goût chinois, en leur présentant d'abord, avec les formes auxquelles ils sont accoutumés et dont ils ont tant de peine à se détacher, tout ce qui, dans la grammaire chinoise, peut rentrer naturellement sous nos divisions de parties de l'oraison, pour se hâter ensuite de revenir au système des Chinois par une récapitulation des emplois divers auxquels ils assujettissent leurs particules.

Il a semblé que cette manière de présenter les choses avoit l'avantage de ne pas effaroucher l'esprit des commençans, et de ne pas non plus altérer les principes de la langue, en les faisant entrer de gré ou de force dans un cadre auquel ils sont étrangers. L'expérience a déjà justifié cette idée dans les leçons orales : on souhaiteroit qu'elle se trouvât confirmée par l'épreuve ultérieure à laquelle l'impression va soumettre le précis de ces leçons.

On ne fait nulle difficulté d'avouer que plusieurs exemples qu'on trouvera rapportés dans ce volume, ont été empruntés, soit à l'ouvrage du P. Prémare, soit aux autres dont on vient de parler : l'invention, en ce genre, n'est pas un mérite à réclamer. Mais ce qu'on croit pouvoir assurer, pour la sécurité des lecteurs et des étudians, c'est qu'il n'est pas un seul de ces exemples qui n'ait été vérifié sur les originaux. On a compulsé à cet effet un grand nombre d'ouvrages anciens, philosophiques ou historiques, pour le *kou-wen*, et de romans, pour le *kouan-hoa*. Quelque importance qu'on doive attacher aux règles qui sont l'expression de ce qu'il y a de commun dans un grand nombre de cas particuliers, on doit par-dessus tout s'attacher aux phrases citées, s'habituer à les analyser pour se faire au goût chinois, et à les graver dans sa mémoire, pour les appliquer aux phrases du même genre qu'on rencontrera ensuite dans la lecture des auteurs. C'est pour rendre ce travail plus facile et plus profitable, qu'on s'est astreint presque par-tout à rapporter les phrases entières, et à donner d'abord le sens isolé de chaque mot, puis le sens complet de chaque phrase. Rien ne sera plus utile que de comparer ces deux sortes d'interprétations, et de reconstruire l'une en employant les élémens de l'autre. Par-là on se fera une juste idée de la construction et du rôle que chaque particule joue dans la phrase chinoise. Les analyses qui doivent servir de base à cette étude, ayant été rédigées avec le plus grand soin et d'après un grand nombre de passages similaires, on fera bien de s'en tenir, du moins dans les commencemens, à l'indication des rapports, telle qu'elle est présentée ici, pour ne pas risquer de contracter, dans l'explication de phrases si éloignées des formes auxquelles nous sommes accoutumés, des habitudes qui pourroient écarter du sens chinois. L'expérience qu'on en a faite est le motif du conseil qu'on adresse ici aux étudians.

Ce qui ne pouvoit être emprunté de personne, parce que personne encore n'avoit examiné la langue chinoise sous ce point de vue, ce sont les règles de la construction chinoise, et les observations qui ont pour objet de faire sortir de la position respective des mots et des phrases, la notion précise de leurs rapports, et de la manière dont ils concourent au sens général. C'est une lecture assidue des meilleurs livres, entreprise depuis long-temps, et continuée pendant plusieurs années, qui a permis d'atteindre ce résultat. On ose dire que, par-là, la grammaire chinoise est mise en un jour tout-à-fait nouveau, et tout autrement satisfaisant, soit pour ceux qui étudient le génie des peuples dans la constitution de leurs langues, soit pour ceux qui se bornent à acquérir l'intelligence de leurs monumens littéraires. Car qu'y auroit-il de plus étrange aux yeux des uns, et de plus décourageant pour les autres, que de voir un idiome où les mots, privés de désinences qui marquent leur nature diverse et leurs rapports mutuels, se trouveroient encore jetés arbitrairement dans la phrase; de manière que leur arrangement étant un effet du hasard, donneroit lieu à vingt interprétations diverses, et qu'une chance heureuse pourroit seule faire retrouver le sens de l'auteur. C'est pourtant là l'idée que des hommes judicieux se sont formée et se forment peut-être encore de la langue de Confucius; bien plus, c'est d'après cette notion qu'ont été faits en Europe tous les essais de traduction qu'on y a hasardés, parce que ceux mêmes qui ont le mieux su le chinois, traduisoient plutôt par un sentiment vague et incertain, que par une observation rigoureuse des procédés de la langue. Ce préjugé, produit par la manière peu réfléchie dont on avoit examiné les livres chinois, doit disparoître avec les autres; et quand les observations qui le combattent n'auroient produit que ce bon effet, on ne croiroit pas avoir tout-à-fait perdu la peine qu'elles ont coûté.

On a cru faire une chose utile en distribuant toutes les notions élémentaires renfermées dans cette grammaire, en un certain nombre de paragraphes numérotés. Cette méthode, empruntée des géomètres, a d'assez grands avantages : elle assujettit à un classement plus rigoureux des matières, en détermine la division d'une manière plus analytique, aide la mémoire des étudians, et fait éviter les répétitions, en facilitant les renvois. Ainsi, toutes les fois qu'un terme technique, une expression prise dans un sens de convention, ou une notion qui a besoin d'éclaircissemens, se trouveront reproduits hors de leur place naturelle, on y joindra entre parenthèses le numéro du paragraphe où l'explication détaillée en est donnée. L'étudiant sera toujours en état d'y recourir, et de s'assurer s'il a encore présentes à la mémoire les règles qui ont déjà passé sous ses yeux.

Il y a un point pour lequel on a cru devoir s'écarter

entièrement de la marche suivie par la plupart de ceux qui
ont écrit jusqu'ici sur la grammaire chinoise : c'est le choix
des exemples qui sont destinés à justifier les règles, en en
montrant l'application, et qui pourroient, à la rigueur, les
rendre superflues. Le P. Varo, Montigny et Fourmont ses
imitateurs, ont fait exclusivement usage de phrases composées exprès, par conséquent dénuées d'autorité, où l'on
reconnoît souvent et où l'on peut toujours craindre de
rencontrer la trace d'une main européenne. Le Docteur
Morrison avertit (1) qu'à l'exception d'un petit nombre de
phrases prises dans les livres, les exemples dont il a fait
usage sont tous de la façon d'un maître chinois, qui les a
traduites de l'anglois. Ce n'est point encore là une garantie
suffisante, ni une assurance telle qu'on est en droit de
l'attendre, que les expressions et les tours qu'on va étudier
sont bien conformes au génie de la langue, au goût des
gens instruits qui la parlent, et au style des bons auteurs.
En puisant tous leurs exemples dans les livres les plus estimés, M. Marshman, et sur-tout le P. Prémare, ont donné
l'idée d'un système plus judicieux, auquel on s'est attaché
strictement dans cette grammaire. Toutes les phrases qu'on
y trouvera rapportées, sans exception, sont extraites des
meilleurs écrivains; celles qui servent d'exemples du style
antique sont tirées des livres classiques, des autres ouvrages
antérieurs à l'incendie, ou des historiens les plus célèbres,
lus dans ce dessein, et la plume à la main; on s'est assujetti
à les donner le plus souvent complètes, et l'on a eu soin de
citer presque par-tout, à chaque exemple, l'auteur qui l'a

---

(1) *Grammar.* pag. 289.

fourni. Les phrases qui se rapportent au style moderne ne sont pas non plus forgées à plaisir, ou empruntées à des Européens ou même à des Chinois sans autorité, mais elles sont prises dans les romans les plus estimés pour le style, tels que le *Iu-kiao-li*, le *Hao-kieou-tchouan*, le *Hoa-thou-youan-tchouan*, le célèbre *Kin-phing-meï* (2), etc. Par cette méthode, on a pensé qu'on assureroit à ces Élémens un avantage indépendant du mérite des règles qui y sont proposées, puisqu'à ne les considérer même que comme un recueil de phrases extraites des meilleurs livres, les étudians pourront toujours y trouver le moyen le plus sûr et le plus expéditif de se former à la connoissance du style chinois, et de se préparer à l'intelligence des auteurs.

On avoit pensé d'abord que, pour éviter le risque de fonder des considérations générales sur des cas particuliers, et de transformer les exceptions en principes, il conviendroit de joindre à chaque règle plus d'un exemple pour en montrer les applications; en conséquence, dans les lectures préparatoires qui ont servi de base à ce travail, on s'est occupé d'en rassembler un très-grand nombre : mais en rédigeant l'ouvrage pour l'impression, on s'est aperçu que cette multiplicité de phrases chinoises l'alongeoit considérablement, et nuisoit à l'objet qu'on s'étoit proposé, qui étoit de faire un livre court et qui contînt le plus de choses dans le moins d'espace possible. On a donc restreint à un ou deux au plus le nombre des exemples de chaque règle; mais, afin d'en tirer tout le parti possible, on a mis, après chaque paragraphe, l'indication des autres paragraphes où se trouvent rapportées

---

(1) Voy. *Livre des Récompenses et des Peines*, pag. 58.

des phrases similaires. Ceux qui feront usage de ces renvois, verront ainsi se multiplier pour eux les moyens de comparaison, les occasions de s'exercer à l'analyse des phrases chinoises, et les motifs de croire à l'exactitude des règles qu'ils auront apprises.

Une difficulté très-grande, qui eût pu retarder beaucoup la publication de cet ouvrage, sans la munificence du Gouvernement, consistoit à avoir les types chinois en nombre suffisant, et d'une dimension qui permît de les combiner à volonté avec les lignes des caractères européens. On s'est servi de ceux qui avoient été gravés pour l'édition chinoise du *Tchoung-young*, donnée en 1817, et on les a complétés en gravant, d'après les dessins de l'auteur, tous ceux qui manquoient à ce premier fonds. Le nombre total des caractères gravés dans ces deux occasions est d'environ 1400. Ils ont tous été *clichés*, pour servir en plusieurs endroits, et cette opération a très-peu nui à la pureté des traits et à l'élégance des formes, lesquelles, dans les derniers sur-tout, font honneur au talent du graveur en bois (M. Delafond) qui les a exécutés. Le catalogue de tous ces types a paru devoir être utile aux personnes qui se serviront de cette Grammaire; on l'a donc placé à la fin, sous forme de table, avec tous les renvois et toutes les explications nécessaires. Ce sera une sorte de petit lexique, plus commode à consulter que les grands dictionnaires, et avec lequel on pourra s'exercer à la recherche des caractères d'après le système des clefs, en retrouver à volonté le sens et la prononciation, s'habituer à les analyser et à y discerner le radical. On aura bientôt acquis par-là assez d'habitude pour n'être jamais embarrassé en faisant usage d'un dictionnaire plus étendu.

Pour les mots qui se reproduisent plusieurs fois, et notamment pour les particules et les autres termes grammaticaux, on a pris soin d'indiquer de préférence la page où se trouve l'explication la plus complète, ou l'exposé particulier de leurs usages. Enfin on y a fondu le lexique du *Tchoung-young*, qui est jusqu'à présent le seul ouvrage chinois publié textuellement en Europe, et on l'a fait suivre par la table des caractères dont le radical est difficile à reconnoître, et par celle des termes dissyllabiques (1).

Il reste à parler de l'étendue qu'on a cru devoir donner à cette grammaire. Il y a deux manières de concevoir le plan d'un ouvrage de ce genre : ou bien, dans un traité approfondi, on cherche à rassembler toutes les règles, à prévoir toutes les exceptions et toutes les irrégularités, à résoudre toutes les difficultés de la langue, à en relever toutes les délicatesses; ou bien, allant au plus pressé, on se contente d'offrir aux commençans les principes vraiment essentiels, et les documens absolument indispensables pour l'intelligence des livres. Ces deux méthodes ont leurs avantages et leurs inconvéniens. La dernière laisse beaucoup à désirer à ceux qui, ayant surmonté les premières difficultés, veulent faire des progrès dans la littérature. L'autre méthode effraie les commençans, leur exagère les obstacles qu'ils auront à surmonter, en les leur présentant tous à-la-fois, et fatigue leur

---

(1) Pour ces sortes de mots, où la réunion de deux caractères est nécessaire à la formation d'un sens unique [*v.* n. 175, 284], on a réuni par un crochet les caractères qui les composent, et l'on n'a mis l'expression latine correspondante qu'au dernier des deux, parce que le sens particulier de chacun se perd dans l'acception commune. On trouvera de ces sortes de mots, même dans la grammaire du Style antique, suivant ce qui a été observé dans la note de la page 107.

mémoire par une multitude de préceptes qu'ils se croient obligés de retenir tous également, quoique la plûpart ne doivent trouver d'application que bien rarement, et que quelques-uns même puissent n'en recevoir jamais. Il seroit sans doute éminemment utile de posséder, pour chaque langue savante, deux ouvrages rédigés dans cette double vue : on s'initieroit avec l'un aux premiers secrets de la langue ; on se perfectionneroit ensuite avec le secours de l'autre. C'est ainsi que, pour la langue arabe, la grammaire d'Erpénius a pu former des élèves, jusqu'au moment où celle de M. de Sacy est venue former des maîtres.

Mais si par malheur on doit être privé de l'un des deux, il semble plus facile de se passer du traité approfondi que de la grammaire élémentaire ; car avec celle-ci, on pourra se former à la lecture des auteurs, laquelle suppléera bientôt au défaut de l'autre. C'est, dit-on, un grand mal qu'un gros livre : cela est vrai, sur-tout des grammaires ; il semble qu'elles ne puissent jamais être assez concises, et que généralement les plus courtes soient les meilleures, du moins pour les commencemens. Au reste, dans la rédaction d'une grammaire élémentaire, il y a beaucoup de précautions à prendre. Il ne suffiroit pas de recueillir au hasard un petit nombre de règles : ce choix, qui est très-important, veut être fait dans les livres ; et une lecture assidue des bons auteurs doit y préparer le grammairien. Il faut ne rien négliger de ce qui peut se présenter souvent, et ne laisser de côté que les particularités d'une application peu fréquente, véritables singularités grammaticales, qui ne sont qu'embarrassantes dans un ouvrage élémentaire, et qu'on peut renvoyer sans inconvéniens à un autre temps. Cela est vrai sur-tout pour certains idiomes et dans certaines circonstances. La langue chinoise n'ayant pas un système grammatical bien compliqué, ne laisse pas sentir le besoin d'un traité fort détaillé. Ses difficultés ayant été exagérées, il importe de démontrer promptement que l'étude n'en sera pas plus pénible que celle de toute autre langue. On le fait voir jusqu'à l'évidence dans ce petit ouvrage; et rien ne semble plus propre à rassurer les étudians, et même à en augmenter le nombre, que l'assurance formelle qu'on ose leur donner ici : dans un si petit espace, tout ce qui est nécessaire est renfermé, rien d'essentiel n'est omis. Quiconque aura appris les quatre cents paragraphes dont il est composé, pourra hardiment aborder l'étude des livres, avec la confiance qu'il saura venir à bout lui-même de toutes les difficultés grammaticales qu'il y rencontrera. Si une telle garantie eût existé depuis cent ans, elle auroit sans doute engagé bien des littérateurs à se livrer à une étude dont la facilité eût été si bien démontrée; la littérature chinoise seroit à présent florissante, et ses trésors mis à profit : mais des rapports confus et des notions vagues, accumulés depuis deux siècles, avoient, pour ainsi dire, entouré ses approches de nuages et de ténèbres, qu'un enseignement public étoit peut-être seul capable de dissiper.

C'est un fait reconnu maintenant par des hommes dont le témoignage est d'un grand poids en ces matières, que l'écriture chinoise, dont l'étude occupoit, disoit-on, les lettrés pendant toute leur vie, peut s'apprendre comme toute autre, et ne demande pas de plus grands efforts d'attention ni de mémoire. Toutes les difficultés qu'on éprouve proviennent de ce système insolite, auquel on a besoin de se faire, en se déshabituant de quelques préjugés d'enfance, qu'un esprit judicieux a bientôt surmontés. Toutes sont au commencement; et quiconque aura travaillé huit jours à les combattre, n'en trouvera plus par la suite. La multitude des caractères semble effrayante; mais elle n'importe en rien, puisque la plupart de ces caractères sont inusités, et que celui qui en connoît deux mille n'est jamais embarrassé. Leur forme semble bizarre; et c'est précisément, quand on sait les décomposer, ce qui les grave plus facilement dans la mémoire. Ils peignent des objets au lieu de sons; et c'est encore, contre l'opinion commune, ce qui aide à les retenir mieux et en plus grand nombre. Les dictionnaires sont réguliers et méthodiques; les livres assujettis à un ordre admirable, accompagnés d'*index*, de notes, d'éclaircissemens; les pages toujours numérotées, avec un titre courant, l'indication des chapitres et autres sous-divisions. Tous les livres sont imprimés, et les préfaces seules, qu'on a coutume d'écrire en caractères cursifs, peuvent offrir quelque vestige de ces difficultés que présente la lecture des manuscrits dans les autres langues orientales. La grammaire proprement dite offre les mêmes avantages. Les particules, qui en sont le principal instrument, tiennent lieu de terminaisons; la position des mots détermine leur valeur, et cela, d'après des règles si précises et si constantes, qu'il ne règne presque jamais d'incertitude sur le sens; et quoique la langue soit elliptique et souvent figurée, jamais la même phrase ne peut raisonnablement être entendue de deux manières. On pose ces assertions, parce qu'elles sont directement contraires aux préjugés qui ont eu cours jusqu'ici sur le chinois. Une sorte de fatalité a voulu qu'une suite d'hommes peu instruits et d'esprits faux aient prêté à la langue chinoise le vague qui étoit dans leur imagination. Des études plus approfondies, et sur-tout mieux dirigées, convaincront facilement tout homme judicieux d'une vérité qui seroit triviale, si l'erreur qui y est opposée n'avoit pas été soutenue de quelques noms célèbres : c'est que les Chinois, comme les autres peuples, s'entendent en parlant et en écrivant. Nous pouvons donc les entendre aussi, si nous avons les secours nécessaires, et sur-tout si nous nous y prenons un peu moins mal qu'on n'a fait jusqu'à présent.

On a dit que les règles contenues dans cette grammaire, quelque peu nombreuses qu'elles fussent, devoient suffire pour l'intelligence de tous les livres, et l'on ne craint pas de répéter positivement cette assertion, justifiée d'avance par des essais réitérés pendant plusieurs années. Il est bien entendu toutefois qu'on devra joindre à la grammaire les secours qui sont indispensables pour l'étude d'une langue quelconque, un dictionnaire et des textes traduits pour s'exercer à l'explication. Pour le premier point, le dictionnaire chinois-anglais du docteur Morrison seroit incomparablement préférable à tout autre, s'il étoit achevé; mais comme la publication n'en est parvenue qu'au quart environ (1), il faudra se servir du dic-

---

(1) Depuis que cette préface a été composée, M. Morrison a donné en une seule livraison formée de près de 1600 pages grand in-4.° (Canton, tom. I, 1819, tom. II, 1820), toute la seconde partie de son grand Dictionnaire chinois-anglais; savoir : 1.° le Dictionnaire *tonique*, où les caractères sont arrangés d'après l'ordre alphabétique, suivant l'orthographe anglaise; 2.° l'index, par clefs, des caractères expliqués dans le Dictionnaire ; 3.° la table des caractères difficiles; 4.° celle des mots anglais dont les équivalens chinois se trouvent dans le Dictionnaire; 5.° un spécimen des formes antiques et cursives d'un certain nombre de caractères. Quoique ce beau travail soit déparé par un assez grand nombre de fautes graves, il n'en est pas moins supérieur à tout ce qui a été fait dans le même genre, et il a sur-tout, au-dessus du vocabulaire du P. Basile de Glemona, l'avantage inappréciable d'offrir les mots dissyllabiques et les expressions composées, en caractères chinois, et non pas seulement en lettres

tionnaire chinois-latin du P. Basile de Glemona, publié par M. Deguignes fils, en y joignant le supplément qu'a rédigé M. Klaproth. La première partie de ce dernier ouvrage, qui a paru l'année dernière, contient sur-tout un morceau dont les commençans auroient peine à se passer; c'est la table des caractères dont le radical est difficile à reconnoître, avec des renvois. Quant aux textes, on croit pouvoir recommander le *Tchoung-young*, en chinois et en mandchou, avec une traduction française, une version littérale latine, et des notes pour l'intelligence du texte (1). On devra aussi s'exercer sur quelques-uns des morceaux chinois qui ont été imprimés textuellement dans divers ouvrages, tels que le *Taï-hio*, à la suite de la *Clavis sinica* de M. Marshman, et la première partie du *Lun-iu*, que le même auteur a donnée en chinois et en anglais, à Serampore; les dialogues et phrases détachées, publiés à Macao en 1816; le *San-tseu-king*, ou le livre formé de phrases de trois mots, donné par M. Montucci (2); un fragment du *Tchhun-thsieou*, par Bayer (3); l'oraison dominicale, dans la collection de M. Marcel, et quelques autres prières dans le *Syntagma* de Hyde (tom. II, pl. IV); une patente donnée par l'empereur de la Chine, et publiée par

---

latines. Voyez le compte détaillé que nous en avons rendu dans le *Journal des Savans* de juillet 1821, pag. 387.

(1) Ce morceau a été inséré dans le tome X des *Notices et extraits des Manuscrits*; on en a tiré un très-petit nombre d'exemplaires destinés aux personnes qui suivent les leçons du Collége royal.

(2) Dans la réimpression des *Horæ sinicæ* de Morrison, à la suite de son *Parallel drawn between the two intended chinese Dictionaries*. Londres, 1817, in-4.°

(3) Dans les *Commentarii academiæ scientiarum imp. Petropolitanæ*, t. VII, pag. 335, en vingt planches gravées.

de Murr (1); et enfin, des fragmens moins considérables, épars dans les écrits de MM. Montucci, Klaproth, Morrison et de quelques autres. Ceux qui se trouveront dans le voisinage des bibliothèques où l'on conserve des livres chinois, pourront pousser plus loin ce travail préparatoire, en comparant aux originaux quelques-unes des traductions qui ont été données dans les langues européennes. Il s'est répandu dans l'occident un grand nombre d'exemplaires des livres chrétiens traduits en chinois par les missionnaires, et aussi des ouvrages moraux attribués à Confucius, qui ont été mis en latin par le P. Intorcetta et par le P. Noël. On y trouve aussi plusieurs exemplaires du *Chou-king*, dont le P. Gaubil a donné la traduction. Enfin, diverses bibliothèques d'Europe possèdent le panégyrique de *Moukden*, le Code des Mandchous, et d'autres livres qui ont pareillement été traduits en tout ou en partie. Celui qui aura pris un de ces ouvrages pour guide, et qui se sera mis en état de le suivre pas à pas, sera bientôt en état d'aller seul. Alors tous les trésors de la littérature chinoise seront à sa disposition; et s'il lui est permis de fréquenter la bibliothèque du Roi, cinq mille volumes s'offriront à lui, la plupart n'ayant pas encore été ouverts, remplis de notions aussi neuves qu'importantes, et renfermant presque tout ce que les Chinois ont de meilleur en fait d'histoire, d'antiquités, de philologie, de géographie, de mythologie, de philosophie, d'histoire naturelle, de politique, de législation, de statistique, de poésie, de romans et de pièces de théâtre. Cette mine si précieuse, et presque intacte au milieu de tant d'autres qui semblent épuisées, suffi-

---

(1) *Litteræ patentes imperatoris Sinarum* Kang-hi, *sinice et latine*. Norimbergæ, 1802, in-4.°

roit pendant cinquante années aux travaux de vingt personnes studieuses. On ne croit plus à présent qu'il faille toute la durée de la vie d'un homme pour apprendre les élémens du chinois : en effet, deux ou trois ans d'études au plus suffiront désormais pour ouvrir à un homme zélé et persévérant, un libre accès à ces richesses variées, dont l'ignorance seule peut méconnoître le prix, et qu'une négligence peu philosophique a laissées trop long-temps en oubli.

16 *Septembre* 1820.

ÉLÉMENS

DE LA

GRAMMAIRE CHINOISE.

PROLÉGOMÈNES.

§ I.er ÉCRITURE.

1. Les Chinois n'ont point de lettres proprement dites; les signes de leur écriture, pris en général, n'expriment pas des prononciations, mais des idées. La langue parlée et la langue écrite sont donc bien distinctes et séparées : toutefois chaque mot de l'une répond au signe de l'autre qui représente la même idée, et réciproquement.

2. Les plus anciens caractères chinois étoient des dessins grossiers d'objets matériels, tels que ceux-ci :

⊙　☽　⏝　✳　✦　𩵋 (1)
Soleil.　Lune.　Montagne.　Arbre.　Chien.　Poisson.

Ces premiers caractères, dont le nombre a toujours été très-borné (2), se nomment 形象 *siáng-hīng*, c'est-à-dire, *images*.

---

(1) Dans l'écriture moderne [V. ci-après n.° 15], ces anciens caractères ont pris la forme suivante :

日　月　山　木　犬　魚

Les mots correspondans de la langue parlée sont :

　　jĭ　　*youĕ*　　*chán*　　*moŭ*　　*khiouăn*　　*iŭ*

(2) Ce nombre étoit de 200, suivant les recherches que j'ai faites à ce sujet.

3. Quand le besoin d'exprimer des objets plus compliqués se fut fait sentir, on réunit ensemble deux ou plusieurs images simples, qui, par leur rapprochement, indiquoient, d'une manière plus ou moins ingénieuse, les notions qu'on vouloit rendre. Ainsi, l'image de *soleil*, jointe à celle de *lune*, signifia LUMIÈRE; l'image d'*homme*, au-dessus de celle de *montagne*, voulut dire ERMITE; *bouche* et *oiseau*, exprimèrent le CHANT; *femme*, *main* et *balai*, rendirent l'idée de MATRONE, FEMME MARIÉE; *oreille* et *porte*, signifièrent ENTENDRE; *eau* et *œil*, LARMES, etc.

☽ 仚 𠴨 𢓿 聞 泪 (1)

Lumière. Ermite.   Chant. Femme. Entendre. Larmes.

Ces sortes de mots composés, dont le nombre est très-grand, sont appelés 意會 *hoéï-ï* [sens combinés].

4. Les caractères qui indiquent des rapports de position ou de formes, et les signes arbitraires qui, comme disent les Chinois, représentent tout ce qui n'a pas de figure, sont nommés 事指 *tchi-ssé, indiquant la chose*; tels sont :

丄　丅　中　一　二　三 (2)

en haut. en bas. milieu. un.   deux. trois, etc.

5. Certains caractères, écrits à rebours ou renversés, acquièrent une signification inverse, antithétique ou correspondante à la

---

(1) Forme moderne et mots de la langue parlée :

明　仙　鳴*　婦　聞　泪
míng siān míng foù wén loŭi

(2) Forme moderne et mots correspondans :

上　下　中　一　二　三
cháng hià tchoūng ī eùl sān

* Nous avons rétabli ici le caractère *míng* au lieu du signe 'où mis à tort dans l'édition de 1822. — *Note de l'éditeur.*

signification primitive. Le nombre de ces caractères, qu'on nomme 註轉 *tchouàn-tchù*, est très-peu considérable; tels sont:

    ᄐ   ᄏ   正   无   刀   尸 (1)

gauche. *droite.* *debout.* *couché.* *homme* *cadavre;*
                                                      (vivant).

6. Pour exprimer des idées abstraites ou des actes de l'entendement, on a détourné le sens des caractères simples ou composés qui désignent des objets matériels, ou l'on a fait d'un substantif le signe du verbe qui exprime l'action correspondante. Ainsi le *cœur* représente l'*esprit, l'entendement; maison* se prend pour *homme; salle,* pour *femme; main,* pour *artisan;* trois images d'*homme*, placées l'une derrière l'autre, signifient *suivre,* etc. On appelle ces caractères 借假 *kià-tsiéï,* c'est-à-dire, *empruntés.*

7. Enfin, comme tout signe simple ou composé a son terme correspondant dans la langue parlée, lequel lui tient lieu de prononciation [1, 43], il en est un certain nombre qui ont été pris comme signes des sons auxquels ils répondoient, abstraction faite de leur signification primitive, et qu'on a joints en cette qualité aux images, pour former des caractères mixtes. Ces sortes de caractères, qu'on nomme 聲形 *hîng-chîng,* ou *figurant le son,* sont moitié représentatifs, et moitié syllabiques. L'une de leurs parties, qui est l'image, détermine le sens et fixe le genre; l'autre, qui est un groupe de traits devenus insignifians, indique le son et caractérise l'espèce.

---

(1) Forme moderne et prononciation:

    左   右   正   乇   人   尸

    tsò   *yéou* *tchîng* *fà*   *jîn*   *chî*

Ainsi, le signe 里, qui signifie *lieu*, et répond au mot chinois *li*, joint à l'image de *poisson*, forme le nom du *poisson li*, ou de la *carpe* (1). Le mot 白 *pé*, qui veut dire *blanc*, ne porte que sa prononciation dans le caractère composé de l'image d'*arbre* 柏 *pé* (2), qui signifie *cyprès*. La plupart des noms des arbres, des plantes, des poissons, des oiseaux et d'une foule d'autres objets qu'il eût été trop difficile de représenter autrement, sont désignés par des caractères de cette espèce, lesquels forment au moins la moitié de la langue écrite.

8. On nomme 書六 *loù choù*, ou les *six sortes de caractères*, les signes formés par les six procédés qu'on vient d'énumérer. Leurs dénominations chinoises peuvent se traduire ainsi :

Siàng-hìng	[2]	*Images* ou caractères *figuratifs.*
Hoéï-i	[3]	*combinés.*
Tchǐ-ssé	[4]	*indicatifs.*
Tchoùàn-tchù	[5]	*inverses.*
Kià-tsiéï	[6]	*métaphoriques.*
Hìng-chìng	[7]	*syllabiques.*

9. Le nombre des caractères qui ont été composés d'après ces six procédés, est très-considérable ; les dictionnaires classiques en expliquent 30 ou 40 mille : mais il y en a beaucoup de synonymes, et les deux tiers environ sont à peine usités.

10. Les instrumens employés à différentes époques pour tracer les caractères, ont fait varier la forme des traits qui les composent. Il est résulté de ces changemens une succession de *styles* d'écriture, analogues à nos lettres unciales, romaines, gothiques, italiques, etc. Chaque caractère chinois peut être transcrit dans ces différens styles,

---

(1) Forme moderne 鯉   (2) Forme moderne 柏

sans éprouver aucune altération; on dira ici quelques mots de celles qu'il est le plus nécessaire de connoître.

11. 蚪蝌 *khô-teoû* est la plus ancienne espèce d'écriture, suivant les Chinois. On lui donne ce nom, qui signifie *têtards*, parce que les traits irréguliers dont elle étoit formée, donnoient l'idée de cet animal. On dit que *Fou-hi* [vers 2950 avant J. C.] l'inventa pour remplacer les cordelettes nouées. Cette écriture est maintenant inusitée. L'inscription de *Iu* [xxiii.º siècle avant notre ère] offre des caractères qui ont beaucoup d'analogie avec le *khô-teoû* (1).

12. 篆 *tchhouàn*. C'est une écriture composée de traits roides et grêles, qui fut usitée, avec quelques variations, depuis le temps de Confucius [au milieu du vi.º siècle avant J. C.], jusqu'à la dynastie des *Han* [au ii.º siècle avant notre ère]. On a dans cette écriture des monnoies et des inscriptions. On s'en sert pour les sceaux qui tiennent lieu de signatures, et qu'on imprime à la fin des préfaces et ailleurs (2). Il y a une variété de cette écriture qui sert aussi quelquefois; elle est composée de traits droits et brisés : on l'attribue à *Li-sse*, ministre sous la dynastie des *Thsin* [vers 210 avant J. C.]. On verra dans la planche un exemple de ces deux écritures. Voyez n.ºˢ I et II.

13. 隷 *li*, ou l'écriture des bureaux, fut inventée sous la dynastie des *Han* [au ii.º siècle avant notre ère], pour remplacer le *tchhouàn*, qui étoit trop difficile à tracer. Elle est formée de traits pesamment dessinés. On s'en sert quelquefois pour l'impression des préfaces. Voyez n.º III.

14. 艸 *thsao*. C'est une sorte de tachygraphie extrêmement cursive et fort difficile à lire, à cause d'une multitude d'abréviations, de licences et de ligatures qui altèrent la forme des caractères. Elle fut inventée sous la dynastie des *Han*, par un nommé *Tchang-ping* [au

---

(1) *Encycl. jap.* liv. xv, p. 30. — *Monument de Yu*, par Hager; Paris, 1802, in-f.º — *Inschrift des Yü, von Julius von Klaproth*; Berlin, 1811, in-4.º, p. 14.

(2) Pour exemple de cet usage, voyez les deux sceaux imprimés à la fin de la préface de cette Grammaire.

1.er siècle de notre ère]. On s'en sert aussi fort souvent pour les préfaces, les inscriptions sur les paravens, les éventails, les bâtons d'encre, ainsi que pour écrire les pièces de vers, les explications des peintures, etc. Voyez n.º IV.

15. L'écriture commune, maintenant usitée pour l'impression de tous les livres, ne diffère de l'écriture *li* que par certaines règles de calligraphie que l'usage de la gravure en bois a fait adopter. Elle offre un mélange de pleins et de déliés, et une régularité de formes qui la rendent agréable à la vue. Voyez n.º V (1).

16. En écrivant avec le pinceau, les Chinois tracent les caractères de l'écriture commune d'une manière moins régulière, et avec une liberté qui comporte un haut degré d'élégance. Quand cette écriture est tracée sans abréviations, elle est très-facile à lire, et le nombre des traits dont chaque caractère est composé, est même plus facile à compter que dans l'écriture carrée d'impression. On a coutume d'imprimer avec cette écriture courante, à l'imitation des manuscrits, les préfaces, les pièces diplomatiques ou d'administration, les romans et autres morceaux de littérature légère. Voyez n.º VI (2).

17. Comme beaucoup de caractères ont changé de forme par la succession des temps, il y a quelquefois plusieurs orthographes reçues pour le même caractère. L'usage s'est introduit d'appeler *variantes* les différentes formes dont un même signe est susceptible. Ces variantes, qui ont leurs renvois dans les dictionnaires, ne s'emploient pas toujours indifféremment les unes pour les autres. On doit faire attention à ces différences, qui sont soigneusement marquées dans les dictionnaires (3).

---

(1) C'est à cette écriture qu'appartiennent les caractères gravés dont on a fait usage pour l'impression de cette Grammaire.

(2) Pour mieux faire juger de la différence de cette écriture avec la précédente, on donnera plus bas les radicaux dans les deux formes, en écriture carrée dans le texte, et en écriture courante dans le tableau gravé.

(3) Ceci a été traité avec plus d'étendue dans l'*Examen critique du Dictionnaire du P. Basile de Glemona*, morceau que M. Klaproth a honoré d'une place à la tête de son *Supplément*.

18. 正 *tching, exacts.* Ce sont les caractères écrits régulièrement avec tous les traits dont ils doivent être composés. Tous les bons livres s'impriment maintenant de cette manière, à l'exception des préfaces [13, 14].

19. 同 *thoûng, identiques* ou synonymes parfaits. Le nombre de ces mots provient de la liberté qu'on s'est donnée de changer la position respective des images, ou même de substituer, dans l'orthographe des caractères, certaines images à celles qui avoient été précédemment usitées : celle des *roseaux*, par exemple, à celle des *plantes* ou à celle des *arbres*; le symbole de *parole* à l'image de *bouche*; l'image d'*homme* à celle de *femme*, etc. C'est ainsi que

¹ 坂 ² 圾 ³ 岅 ⁴ 阪

sont quatre formes synonymes du mot *fàn*, qui signifie *digue* (1).

20. 通 *thoûng, pénétrans*, est le nom qu'on donne aux caractères qui ne sont pas de tout point synonymes, mais que l'usage autorise à prendre l'un pour l'autre, dans telle acception qui leur est commune, la prononciation ayant du reste quelque analogie. Ainsi 參 *thsân* [nom d'une constellation] se prend pour 三 *sân* [trois]; 蜜 *mî* [miel] s'emploie pour 密 *mî* [silence], etc.

21. 本 *pên* ou *primitif*, ou seulement 古 *koû ancien.* Ce sont d'anciennes formes usitées concurremment avec des formes plus modernes, principalement dans les ouvrages de haute littérature, dont les auteurs ne sont pas exempts d'archaïsme. Ainsi l'on trouve souvent :

从 pour 從 *tsoûng, suivre, avec.*   厺 pour 去 *khiû, aller.*

---

(1) Dans ces quatre formes, le son *fan* est écrit avec le même signe [7, 43]. La première offre l'image de *terre*, placée à gauche; dans la deuxième, la même image est placée à droite; dans la troisième, elle est remplacée par celle de *montagne*; et dans la quatrième, par celle de *terre*.

巽 pour 巽 *sún*, condescendre.　　朶 pour 走 *tséou*, marcher (1).

22. 俗 *sou*, *vulgaires*. L'usage autorise, sur-tout dans l'écriture courante et les manuscrits [16], certaines altérations de formes ou ligatures, avec suppression ou addition de quelques traits. Ainsi l'on écrit très-habituellement

圡 pour 土 *thou*, terre.　　鬼 pour 鬼 *chouei*, démon.
来 pour 來 *lái*, venir.　　處 pour 處 *tchhou*, lieu (2).

23. Dans l'usage vulgaire, et quelquefois aussi dans les romans et autres pièces légères, on emploie certaines abréviations qui réduisent à quelques traits les caractères les plus composés; on écrit, par exemple :

马 pour 馬 *má*, cheval.　　発 pour 發 *fá*, produire.
声 pour 聲 *chíng*, voix.　　変 pour 變 *piàn*, changer.

24. Toutes les variantes dont on vient de parler, quoique peu régulières, sont admises par l'usage. Il y en a d'autres qui sont tout-à-fait fautives, et qu'on trouve quelquefois dans les livres. Ces sortes de caractères sont nommés

譌 ô, 誤 *ôu*, corrompus,　　ou même, 非 *féi*, mauvais.

25. Pour se reconnoître dans le nombre des caractères composés, on les a classés, dans les meilleurs dictionnaires, en mettant ensemble

---

(1) Voyez deux tables de ces sortes de caractères, dans le *Supplément* de M. Klaproth, n.ᵒˢ v et vi, p. 44 et suiv.

(2) On trouve une table de ces variantes vulgaires dans le même *Supplément*, n.ᵒ iv, p. 41. — Dans le tableau gravé qui représente les radicaux avec leur forme manuscrite, on a réuni toutes les variantes vulgaires ou abrégées de chacun de ces radicaux. Elles pourront servir d'exemple pour celles des caractères composés.

ceux qui avoient la même image, et en prenant, dans ceux qui en contenoient plusieurs, l'image la plus saillante. La réunion des caractères qui offrent la même image, forme ce que les Chinois appellent 部 *poù, sections* ou *classes*. L'image saillante qui détermine le *poù*, a été nommée en français *clef*, et plus proprement *radical*.

26. Comme la distinction des *poù* a été faite à différentes époques par divers auteurs, et seulement dans la vue de classer les caractères, les uns ont considéré comme caractères simples des signes que d'autres s'appliquoient à décomposer. On ne sauroit avoir de principes bien fixes à cet égard, et c'est ce qui a fait varier le nombre des radicaux, lequel a été fixé à 329, 540, etc. Les meilleurs dictionnaires modernes contiennent les caractères arrangés sous 214 clefs. Cet ordre, enseigné par Fourmont, a été suivi dans l'impression du dictionnaire chinois-latin du P. Basile de Glemona. C'est celui qu'on adopte ici comme étant le plus usuel et le plus connu.

27. L'opération analytique qui a servi de base au classement des caractères, n'a pas toujours fait retrouver les élémens primitifs dont ils étoient composés. Dans les caractères formés de plusieurs images, celle qui a été choisie pour *clef* ou *radical*, n'est pas toujours celle qui influoit le plus sur le sens du composé. D'autres fois, on a préféré pour radical, non pas l'image la plus saillante, mais celle qui déterminoit le sens. De là les irrégularités qu'on observe en chinois dans le sens des caractères rapportés à un même radical, et dont il n'est pas toujours possible de rendre compte.

28. Toutefois les classes nombreuses des caractères *hing-ching* (7) se sont trouvées décomposées suivant un procédé précisément inverse de celui qui avoit servi à leur formation. L'*image* a toujours été prise pour radical, et le groupe syllabique a servi à établir des différences entre les espèces. Aussi ces classes forment-elles de véritables familles naturelles, où tous les caractères se ressemblent par un signe générique, pour le sens, et diffèrent par des signes spécifiques, pour le son. Telles sont les classes de l'*homme*, de la *femme*, des *arbres*, des *plantes*, des *quadrupèdes*, des *oiseaux*, et beaucoup d'autres.

29. Il y a des radicaux qui sont presque toujours à la même place

dans les dérivés, et d'autres qui se mettent, tantôt en haut, tantôt en bas, tantôt à gauche, tantôt à droite, dans les caractères composés. On nomme *dominantes* les clefs qui ont une place déterminée : tout caractère qui offre le radical à cette place, appartient nécessairement à ce radical. On distinguera les *clefs dominantes* par un * dans les deux tableaux ci-après.

30. Certains radicaux n'ont pas par eux-mêmes de signification, ou sont actuellement inusités, et ne sont que les élémens auxquels des caractères plus compliqués sont rapportés par convention. On marquera ces radicaux d'une ☦ dans les tableaux ci-après.

31. Les radicaux qui s'emploient isolément, et qui ont une signification par eux-mêmes, sont placés, dans les dictionnaires, à la tête de la classe où sont réunis tous leurs dérivés. Il faut s'attacher à les distinguer des caractères composés, et ne pas y chercher d'autre radical que le caractère même, qui doit être considéré comme *simple* de sa nature, quel que soit le nombre des traits dont il est formé.

32. Dans les meilleurs dictionnaires, les 214 radicaux sont arrangés suivant leur degré de complication. On met dans la I.re section ceux qui sont formés d'un seul trait; dans la II.e, ceux qui en ont deux ; dans la III.e, ceux qui en ont trois; et ainsi de suite jusqu'à la XVII.e, où se trouve le dernier des 214, lequel est formé de dix-sept traits.

33. Sous chaque radical, les caractères composés sont rangés dans le même ordre; c'est-à-dire qu'on place d'abord le radical tout seul, s'il est usité par lui-même, ensuite le radical avec un trait, puis avec deux, trois, quatre, et jusqu'à trente ou quarante traits, suivant le plus ou moins de complication du groupe additionnel.

34. Il y a des clefs dont la forme varie ou s'abrége dans les dérivés, de sorte qu'on les écrit autrement, en les employant seules, qu'en composition. Le tableau imprimé ci-après donnera les variantes réputées classiques, et le tableau gravé, celles qui sont l'effet de licences orthographiques et qui tiennent au style manuscrit.

35. Voici le tableau des 214 *clefs* ou *radicaux*, avec leurs variantes et abréviations classiques, leur prononciation, leur signification, et l'indication de la place qu'ils occupent le plus ordinai-

rement dans les dérivés. En outre, pour faire juger de l'étendue de chaque classe, et indiquer celles qu'il est le plus urgent de bien connoître, on place après chaque radical le nombre de dérivés qu'il a dans un dictionnaire chinois de 33,000 mots (1). Ce nombre varie à proportion dans les dictionnaires plus ou moins complets (2).

Ire SECTION. *Radicaux d'un trait.*

1.	一	î, un.	32.	4.	丿	† *phiĕt*, courbé à droite.	22.
2.	丨	† *kouĕn*, de haut en bas.	15.	5.	乙	ĭ, caractère cyclique.	21.
3.	丶	† *tchŭ*, point.	7.	6.	亅	† *khioŭĕi*, crochet.	8.

IIe SECTION. *Radicaux de deux traits.*

7.	二	*éul*, deux.	22.	11.	入	*jĭ*, entrer.	12.
8.	亠	† *théou*, ...	20.	12.	八	*pă*, huit.	18.
9.	人 亻	*jîn*, homme. † (à gauche ✱).	741.	13.	冂	† *khiŏŭng*, désert.	29.
				14.	冖	† *mi*, couvrir (dessus).	25.
10.	儿	† *jĭn*, homme (dessous ✱).	31.	15.	冫	† *pĭng*, glace (à gauche ✱).	86.

---

(1) Le *Tseŭ 'wĕi*.

(2) Dans le tableau gravé, on a placé une figure circulaire au lieu où se placent ordinairement, dans les dérivés, les traits qui forment le groupe additionnel. Ainsi, 10 veut dire que le radical est dominant et se place à gauche du groupe, ou le groupe à droite du radical, ce qui revient au même. On ne donne ces règles que comme des indications utiles aux commençans; car le dictionnaire, et même la table à la fin du volume, fera voir qu'elles sont sujettes à un assez grand nombre d'exceptions.

#			#	#			#
16.	儿	khi, banc.	16.	23.	匸	† hi, cacher (autour ✳).	13.
17.	凵	† khản, réceptacle.	15.	24.	十	chi, dix.	31.
18.	{ 刀 / 刂 }	tað, couteau. / † (à droite ✳).	326.	25.	卜	poù, brûler l'écaille d'une tortue pour tirer les sorts.	19.
				26.	{ 卩 / 㔾 }	† tsiĕ (1), article (à droite).	35.
19.	力	li, force (à droite ✳).	132.				
20.	勹	† pað, envelopper (dessus et à droite ✳).	51.	27.	厂	† hản, antre (au-dessus et à gauche ✳).	96.
21.	匕	pi, cuiller.	13.	28.	厶	† ssé, pervers.	17.
22.	匚	† fáng, coffre (autour ✳).	57.	29.	又	yéou, moin, encore.	60.

III.ᵉ SECTION. *Radicaux de trois traits.*

#			#	#			#
30.	口	kheòu, bouche (à gauche ✳).	989.	36.	夕	si, obscurité.	29.
31.	囗	† 'ouéi, enceinte (autour).	92.	37.	大	tà, grand.	110.
32.	土	thoù, terre (à gauche).	480.	38.	女	niù, femme (à gauche ou dessous ✳).	831.
33.	士	ssé, lettré.	18.	39.	子	tseù, fils (à gauche ou dessous).	67.
34.	夂	† tchi, suivre.	7.	40.	宀	† mian, toit (dessus ✳).	199.
35.	夊	† soùi, marche lente (dessous).	19.	41.	寸	tsoùn, dixième du pied chinois (à droite ou dessous).	32.

(1) Évitez de confondre ce radical avec ß, abréviation du 163.ᵉ

PROLÉGOMÈNES. 13

42.	小	*siáu,* petit.	31.	51.	干	*kān,* bouclier.	15.
43.	尢	*wáng,* boiteux, tortu (à gauche).	57.	52.	幺	*yao,* petit.	15.
	尣 兀 尣 允			53.	广	† *yăn,* toit (dessus ✳).	226.
44.	尸	*chī,* cadavre (dessus ✳).	119.	54.	廴	† *yĕn,* long chemin, conduire (à gauche).	10.
45.	屮	† *tchhĕ,* rejeton, pousse.	17.	55.	廾	*koŭng,* joindre les mains (dessous) (à).	33.
46.	山	*chān,* montagne (à gauche ou dessus ✳).	574.	56.	弋	*ī,* tirer de l'arc (à droite).	14.
47.	巛	† *tchhouān,* eau qui coule.	22.	57.	弓	*koūng,* arc (à gauche ✳).	142.
	川 巜 巛			58.	彐	† *ki,* tête de cochon.	17.
					彐 彑		
48.	工	*koūng,* artisan.	11.				
49.	己	(1) *ki,* soi-même.	19.	59.	彡	*sān,* poils (à droite).	40.
50.	巾	*kīn,* linge, bonnet (à gauche ✳).	248.	60.	彳	† *tchhi,* pas, marche (à gauche ✳).	177.

☞ *Variantes de radicaux plus compliqués, et réduits à trois traits, par abréviation.*

忄 Voyez le 61.ᵉ, ɪᴠ.ᵉ section.   扌 Voyez le 64.ᵉ, ɪᴠ.ᵉ section.

---

(1) Gardez de confondre ce caractère avec ses dérivés 已 *ĭ,* fin, et 巳 *săĭ,* caractère cyclique.

(2) Ce radical est souvent remplacé par le 37.ᵉ

GRAMMAIRE CHINOISE.

氵 Voyez le 85.e, iv.e section.
犭 Voyez le 94.e, iv.e section.

阝 à droite. Voy. le 163.e, vii.e section.
阝 à gauche. Voyez le 170.e, vii.e section.

IV.e SECTION. *Radicaux de quatre traits.*

61.	{ 心	*sin*, cœur (dessous ✳).	972.	67.	{ 文	*wên*, role, caractère.	19.
	忄	† (forme latérale, à gauche ✳).			攵	† (à droite) (1).	
	㣺	† (forme souscrite).		68.	斗	*téou*, mesure, boisseau (à droite).	27.
62.	戈	*kô*, lance (à droite ✳).	87.	69.	斤	*kin*, hache, poids (à droite).	45.
63.	戶 戸	*hoù*, porte (dessus ✳).	38.	70.	方	*fâng*, carré, côté (à gauche).	68.
64.	{ 手	*cheòu*, main.	1030.	71.	{ 无	*woû*, non.	9.
	扌	† (à gauche ✳).			旡		
65.	支	*tchi*, branche (à gauche).	21.	72.	日	*jî*, soleil (à gauche ✳).	388.
66.	{ 攴	*phoû*, frapper.	242.	73.	曰	*youê*, dire.	23.
	攵	(à droite ✳).		74.	月	*youè* (a), lune (à gauche ✳).	59.

(1) Cette forme est identique avec la variante de la précédente clef.

(2) Ce radical est presque identique avec la variante du 130.e Ici les deux traits intérieurs ne touchent pas le trait vertical à droite.

75.	木	*mod*, arbre, bois (à gauche ✳).	1242.	86.	火 / 灬	*hò*, feu (à gauche ✳). / † (dessous ✳).	518.
76.	欠	*khiàn*, expiration, insuffisant (à droite).	193.				
77.	止	*tchi*, s'arrêter.	49.	87.	爪 / ⺥	*tchao*, ongles. / †. (dessus).	23.
78.	歹 / 歺	*yà*, squelette (à gauche).	190.				
				88.	父	*fòu*, père.	10.
79.	殳	*chù*, bâton (à droite).	58.	89.	爻	*hiào*, lignes pour les sorts.	12.
80.	毋	*wou*, ne pas.	10.	90.	爿	*tchhoûang*, lit (à gauche ✳).	38.
81.	比	*pi*, comparer.	14.	91.	片	*piàn*, éclat de bois (à gauche ✳).	75.
82.	毛	*mao*, cheveux, poils (à gauche ✳).	156.	92.	牙	*yà*, dents.	9.
83.	氏	*chì*, famille.	7.	93.	牛	*nîoû*, bœuf (à gauche ✳).	214.
84.	气	*khì*, air (1).	9.	94.	犬 / 犭	*khiouàn*, chien. / † (à gauche).	421.
85.	水 / 氵 / 氺	*choùi*, eau. / † (à gauche). / † (dessous ✳).	1354.				

☞ *Variantes de radicaux plus ou moins compliqués.*

兂 兀   Voyez le 43.ᵉ, III.ᵉ section.   丨   Voyez le 96.ᵉ, V.ᵉ section.

---

(1) Ce radical est, dans le *Tseù 'wei*, à la place du précédent, qui vient après.

刪 䍃 囧 Voyez le 122.°, vi.° section. 肀 聿 Voyez le 140.°, vi.° section.

月 Voyez le 130.°; vi.° section. 辶 Voyez le 162.°, vii.° section.

V.ᵉ SECTION. *Radicaux de cinq traits.*

95.	玄	*hiowan,* couleur du ciel (1).	6.	104.	疒	*ni,* maladie (dessus et à gauche ✳).	472.
†96.	玉 玊	*iû,* jaspe, pierre précieuse. † (à gauche ✳).	420.	105.	癶	*pô,* pieds écartés (dessus).	12.
				106.	白	*pê,* blanc (à gauche ✳).	88.
97.	瓜	*koua,* courge (à droite).	50.	107.	皮	*phi,* peau (à droite ✳).	76.
†98.	瓦	*wâ,* terre cuite (à gauche ✳).	161.	108.	皿	*ming,* écuelle (en bas ✳).	101.
99.	甘	*kân,* doux.	19.	109.	目	*mo,* œil (à gauche ✳).	519.
100.	生	*sêng,* naître, vie.	17.		罒	† (en haut) (2).	
101.	用	*yoúng,* se servir.	10.	110.	矛	*méou,* hallebarde (à gauche ✳).	48.
†102.	田	*thiên,* champ (à gauche ✳).	151.	111.	矢	*chi,* flèche (à gauche ✳).	55.
103.	疋	*soû,* pied.	12.	112.	石	*chî,* pierre (à gauche ✳).	450.

(1) Ce radical est le 96.ᵉ dans le *tseu-'weï;* mais dans le dictionnaire de *Khang-hi,* on l'a mis à la tête de la v.ᵉ section, par respect pour le petit nom de l'empereur, dont il faisoit partie. Par une autre marque de respect, on a ôté une goutte à ce caractère, qui, dans tous les livres postérieurs au règne de *Khang-hi,* se trouve écrit 玄.

(2) Sous cette forme, qui n'est pas commune, le 109.ᵉ radical est tout-à-fait semblable au 122.ᵉ

PROLÉGOMÈNES. 17

113.	示	khí, génie terrestre (à gauche ✱).	180.	116.	{ 穴 / 冖	hiouĕ, caverne. † (en haut ✱).	144.
114.	肉	jeòu, plante du pied des quadrupèdes.	12.				
115.	禾	hŏ, céréales (à gauche ✱).	355.	117.	立	lì, être debout (à gauche ✱).	73.

☞ *Variantes de radicaux plus ou moins compliqués.*

氺 Voyez le 85.ᵉ, ɪv.ᵉ section.
灬 Voyez le 122.ᵉ, vɪ.ᵉ section.

少 Voy. le 78.ᵉ, ɪv.ᵉ section.

VI.ᵉ SECTION. *Radicaux de six traits.*

118.	{ 竹 / ⺮	tchŏu, bambou. † (dessus ✱).	675.	124.	羽	yù, pennes.	157.
				125.	老	laŏ, vieux.	14.
119.	米	mì, riz (à gauche ✱).	207.	126.	而	eùl, et.	17.
120.	糸	mì, fil (à gauche ✱).	628.	127.	耒	lŏŭi, charrue (à gauche ✱).	77.
121.	{ 缶 / 缶	fŏu, vase de terre. † (à gauche ✱).	62.	128.	耳	ŭl, oreille (à gauche ✱).	138.
				129.	聿	yŭ, pinceau.	15.
122.	{ 网 / 罒 ⺲ 网 ⺳	wăng, filet. † (dessus ✱).	121.	130.	{ 肉 / 月 月	jŏu, chair. (1) † (à gauche ✱).	578.
123.	羊	yăng, mouton (à gauche ✱)	108.	131.	臣	tchhĭn, sujet.	12.

(1) Comparez le radical 74.ᵉ Ici les deux traits intérieurs touchent le trait vertical à droite.

2

132. 自 *tsèu,* de, ex. — 21.

133. 至 *tchí,* parvenir. — 17.

134. 臼 *khieòu,* mortier. — 40.

135. 舌 *jĕ, chĕ,* langue (à gauche). — 34.

136. 舛 *tchhoûan,* coucher vis-à-vis l'un de l'autre. — 8.

137. 舟 *tcheóu,* barque (à gauche ⚹). — 166.

138. 艮 *kèn,* limite. — 5.

139. 色 *sĕ,* couleur. — 20.

140. { 艸 *thsaò,* plante. — 1431.
    ⺿ ⺾ † (en haut ⚹). — 17.

141. 虍 *hoû,* tigre (en haut ⚹). — 73.

142. 虫 *hoêi,* animaux à écaille ou cuirassés (à gauche ⚹). — 810.

143. 血 *hiŏuĕ,* sang. — 40.

144. 行 *híng,* marche (à droite et à gauche, le groupe additionnel au milieu ⚹). — 35.

145. { 衣 *î,* habit. — 473.
    衤 † (à gauche ⚹).

146. 而 *yŭ,* couvrir. — 20.

VII.ᵉ SECTION. *Radicaux de sept traits.*

147. 見 *kiàn,* voir (à droite ⚹). — 135.

148. 角 *kiŏ,* corne (à gauche ⚹). — 137.

149. 言 *yán,* parole (à gauche ⚹). — 750.

150. 谷 *koŭ,* vallée (à gauche ⚹). — 48.

151. 豆 *teóu,* vase de bois (à gauche). — 49.

152. 豕 *chì,* cochon (à gauche ⚹). — 121.

153. 豸 *tcchí,* ver (à gauche ⚹). — 114.

154. 貝 *pĕi,* richesse (à gauche ⚹). — 218.

155. 赤 *tchhĭ,* rouge (à gauche ⚹). — 29.

156. 走 *tsoŭ,* courir (à gauche ⚹). — 243.

PROLÉGOMÈNES. 19

157.	足 tsoŭ, pied. 止 † (à gauche ⁂).	507.	162.	辵 tchhŏ, marcher. 辶 † (à gauche et dessous ⁂).	327.
158.	身 chin, corps (à gauche ⁂).	67.	163.	邑 i, cité. 阝 † (1) (à droite ⁂).	315.
159.	車 kiū, char (à gauche ⁂).	312.			
160.	辛 sin, âcre.	32.	164.	酉 yeŏu, temps de l'automne; vin (à gauche ⁂).	251.
161.	辰 tchin, heure.	14.	165.	釆 piàn, séparer.	10.
			166.	里 li, lieu.	7.

VIII.e SECTION. *Radicaux de huit traits.*

167.	金 kin, or, métal (à gauche ⁂).	723.	171.	隶 tăi, parvenir (à droite ⁂).	11.
168.	長 tchāng, long. 镸 † (à gauche ⁂).	49.	172.	隹 tchoūi, oiseaux à queue courte (à droite ⁂).	205.
			173.	雨 iù, pluie. ⻗ † (dessus ⁂).	237.
169.	門 mén, porte (dessus ⁂).	213.			
170.	阜 feoŭ, tertre. 阝 † (2) (à gauche ⁂).	282.	174.	青 thsing, vert, bleu.	17.
			175.	非 fèi, non.	17.

(1) Évitez de confondre ce radical avec le 26.e et le 170.e Ce dernier se place à gauche.

(2) Voyez le 163.e radical.

IX.ᵉ SECTION. *Radicaux de neuf traits.*

176.	面	miàn, visage (à gauche ✱).	64.	182.	風	fòung, vent (à gauche ✱).	161.
177.	革	kĕ, cuir préparé (à gauche ✱).	290.	183.	飛	fèi, vol d'oiseau.	10.
178.	韋	'wĕi, opposé, peau (à gauche ✱).	91.	181.	食 / 飠	chĭ, manger. † (à gauche ✱).	345.
179.	韭	kiĕoŭ, ognon.	16.				
180.	音	yĕn, ìn, son (à gauche).	34.	185.	首	chĕoŭ, tête.	17.
181.	頁	hiĕ, tête (à droite ✱).	321.	186.	香	hiāng, bonne odeur (à gauche).	32.

X.ᵉ SECTION. *Radicaux de dix traits.*

187.	馬	mă, cheval (à gauche ✱).	412.	191.	鬥	tĕoŭ, combat (dessus ✱).	20
188.	骨	kŏŭ, os (à gauche ✱).	164.	192.	鬯	tchhāng, herbe odorante.	7.
189.	高	kāo, haut.	27.	193.	鬲	lĭ, trépied (à gauche).	55.
190.	髟	piĕoŭ, cheveux (dessus ✱).	226.	194.	鬼	kŏŭeĭ, mânes (à gauche ✱).	121.

XI.ᵉ SECTION. *Radicaux de onze traits.*

195.	魚	iŭ, poisson (à gauche ✱).	498.	198.	鹿	lŏŭ, cerf (au-dessus ✱).	85.
196.	鳥	niăŏ, oiseau (à droite ✱).	622.	199.	麥	mĕ, blé (à gauche ✱).	117.
197.	鹵	lŏŭ, sel (à gauche ✱).	39.	200.	麻	mă, chanvre (au-dessus ✱).	30.

XII.ᵉ SECTION. *Radicaux de douze traits.*

201. 黄 hoáng, jaune (à gauche). 35.
202. 黍 chù, millet (à gauche). 11.
203. 黑 hě, noir (à gauche). 146.
204. 黹 (chì), coudre, broder (à gauche). 9.

XIII.ᵉ SECTION. *Radicaux de treize traits.*

205. 黽 mìng, grenouille. 35.
206. 鼎 tíng, trépied. 13.
207. 鼓 koù, tambour (dessus). 11.
208. 鼠 chù, rat (à gauche). 82.

XIV.ᵉ SECTION. *Radicaux de quatorze traits.*

209. 鼻 pí, nez (à gauche). 17.
210. 齊 tsí, arrangement. 16.

XV.ᵉ SECTION. *Radical de quinze traits.*

211. 齒 (chì), dents supérieures (à gauche ⁂). 118.

XVI.ᵉ SECTION. *Radicaux de seize traits.*

212. 龍 loúng, dragon. 19.
213. 龜 koúei, tortue. 21.

XVII.ᵉ SECTION. *Radical de dix-sept traits.*

214. 龠 yŏ, flûte (à gauche ⁂). 17.

36. Quoiqu'il ne soit pas possible de donner de règle générale et constante pour fixer la place du radical dans les composés, on peut tirer de ce tableau des observations fort utiles pour la découvrir. Effectivement, sur les 214 radicaux, il y en a 73 qui n'ont pas de place fixe; quatre ou cinq qui peuvent se placer de deux

manières, six qui embrassent le groupe additionnel, six qui se mettent dessous, 25 qui occupent la partie supérieure des caractères composés, 20 qui se placent à droite, et 85 qui se placent à gauche. Les radicaux qui se mettent presque toujours à la même place, contiennent au moins les quatre cinquièmes du nombre total des dérivés, parce que les classes les plus nombreuses y sont comprises, et que notamment les 60 radicaux les plus riches en dérivés forment à eux seuls plus de 25,000 caractères sur 33,000. Les autres peuvent être considérés comme des classes irrégulières, qui sont en général très-peu nombreuses.

37. Quand un caractère semble composé de deux parties divisibles, soit horizontalement, soit verticalement, on doit le chercher sous le radical qui est à la place qui lui est assignée comme clef dominante.

38. Si, des deux parties dont un caractère est composé, l'une est formée d'un seul radical, et l'autre de plusieurs radicaux rapprochés en groupe, c'est au premier que le caractère doit appartenir.

39. Si l'on ne trouve pas à faire l'application des règles précédentes, soit parce que ce composé contient plusieurs radicaux auxquels il pourroit également se rapporter, soit parce qu'ils s'y trouvent groupés ou enchevêtrés d'une manière insolite, on aura recours à la table des *caractères difficiles* (1). On y trouvera tous les caractères dont le radical est difficile à déterminer, rangés suivant l'ordre des traits dont ils sont formés, avec le renvoi en chiffres à la clef dont ils dépendent.

40. Pour bien compter les traits des caractères dans l'écriture d'impression, il faut faire attention à la manière dont ils sont tracés dans les manuscrits. 乙 ne compte que pour un trait; 又 et 人, pour *deux*; 曰 et 口 pour *trois*, au lieu de *quatre*. Les 214 radicaux dont le nombre de traits est fixé par la place qu'ils

---

(1) *Supplément* de M. Klaproth, n. VII, p. 19 et suiv.

occupent dans les dix-sept sections, peuvent servir d'exercice pour s'habituer à ces apparentes irrégularités.

41. Il y a donc deux opérations à faire pour retrouver un caractère composé dans un dictionnaire par clefs : 1.° reconnoître la clef ou le radical; 2.° compter les traits qui y sont ajoutés, pour pouvoir, si la classe est nombreuse, le trouver promptement parmi ceux qui ont le même nombre de traits. Si la première opération fait éprouver de l'embarras [39], on compte le nombre total des traits, et l'on cherche dans la table des caractères difficiles, dans la section de ceux qui ont le même nombre de traits.

42. Dans l'ordre de l'écriture chinoise, les caractères se placent les uns sous les autres en colonnes verticales, qui s'arrangent elles-mêmes de droite à gauche. Dans les inscriptions composées d'un petit nombre de mots, et où la place ne permet pas d'écrire verticalement, on dispose les caractères à côté l'un de l'autre, en commençant par la droite. Dans cette grammaire, on a suivi cet ordre, qui n'a jamais souffert d'exceptions à la Chine (1).

§. II. Langue orale.

43. Chaque caractère chinois répond, dans la langue orale, à un mot qui a la même signification : le caractère éveille dans l'esprit de celui qui le voit, la même idée que le mot, si l'on vient à l'entendre prononcer. Celui qui sait les deux langues est toujours en état de rapprocher ces deux sortes de signes, quoique le premier ne soit pas la peinture du second, ni le second l'expression du premier. Néanmoins, pour abréger, on dit quelquefois *le caractère de tel mot,* ou *la prononciation de tel caractère.* Ces façons de parler doivent toujours être entendues dans le sens du présent paragraphe.

44. Les Chinois n'ayant point de lettres pour peindre les diverses combinaisons de sons qui pouvoient se présenter à eux, s'en sont tenus à ceux qu'ils avoient eus dès les premiers temps. Le nombre

---

(1) Dans les tables de logarithmes imprimées en chinois, on a adopté l'ordre horizontal, en commençant par la gauche; mais cet arrangement est calqué sur celui des tables originales, et ne se retrouve nulle part ailleurs.

en est peu considérable : ce sont tous des mots très-courts, ou même des monosyllabes, commençant par une articulation, et finissant par des voyelles ou des diphthongues pures ou nasales.

45. Les Chinois ayant des nuances d'articulation très-délicates, il y en a beaucoup qu'on ne peut représenter exactement avec les lettres de notre alphabet ; d'autres qui sont à peine usitées, ou qui ne se rencontrent que dans les poëtes. Le nombre des monosyllabes chinois usités, tels qu'on peut les rendre en lettres latines, est d'environ 1,200.

46. Les sons initiaux sont tous réputés articulés. Les Chinois en comptent 36, qui se réduisent pour nous à 26. Ce sont les suivans :

k doux, approchant du *g*, dans *garçon*.
kh dur, mais non guttural.
t doux, approchant du *d*.
th dur, non sifflant.
tch doux.
tchh dur.
p doux, approchant du *b*.
ph dur, qu'on ne doit pas prononcer *f*.
n.
ñ des Espagnols, comme notre *gn*, dans *maligne*.
m.
f.
w qu'on prononce *v* dans le midi, et *ou* dans le nord de la Chine.
ts doux.
tsh dur.

s comme dans *sage*.
ss sifflant devant l'*e* muet seulement.
ts sifflant devant *e* ou *eu* seulement.
ch comme dans *chagrin*.
y qu'on écrit *i* quand il est suivi d'un *u* ou d'une consonne.
h gutturale devant *a, e, o, ou*.
h sifflant devant *i*.
l.
j comme dans *jamais*.
ng sorte d'anhélation analogue au ع arabe. On l'indique par une ' devant la voyelle.
eul, son guttural, tout à-la-fois initial et final, qui a de l'analogie avec le ł polonais. On a cherché à l'exprimer par *lh, ulh, urh*, etc.

47. Les sons finaux sont les suivans :

a.	*an*.	*ang*.
e.	*en*.	*eng*.
eu ou *e* muet.		
i.	*in*.	*ing*.

o.		
ou.		*oung*.
u français.	*un*.	

48. Les sons finaux se réunissent deux à deux ou trois à trois. Les Chinois comptent 108 combinaisons de cette espèce, usitées dans leur langue ; elles se réduisent pour nous aux suivans :

aï.	eou.	iao.	ieou.	iang.	ioung.	oe.	oen.	oue.	ouen.
ao.	ia.	ie.	iu.	ien.	oa.	oei.	oang.	ouei.	ouang.
ei.	iai.	iei.	ian.	iun.	oaï.	oan.	oua.	ouan.	oueng.

49. Tout mot chinois doit être prononcé suivant une des quatre intonations qu'on nomme 聲四 ssé-chîng. Ces intonations fixent le sens des mots, et établissent entre eux une différence qu'il est utile de conserver. Mais comme les lettres de notre alphabet ne sauroient les exprimer, les premiers missionnaires sont convenus de les indiquer par des accens détournés de leur usage ordinaire (1).

50. La première intonation se nomme 平 phîng [égal]; les mots qui en sont affectés se prononcent d'une manière prolongée, sans élever ni abaisser la voix. Exemple : 沙 châ [sable]. Le signe de cette intonation, pour les Européens, est ʌ (2).

51. La seconde intonation se nomme 上 chàng [haut]. On la rend en élevant la voix sur le mot qui en est affecté : 灑 chà [arroser]. On la représente par l'accent `.

52. La troisième est appelée 去 khiù [s'en aller]. La voix, d'abord égale, comme dans le ton phîng, s'élève en finissant, et se perd *en s'en allant,* comme l'indique le nom chinois. Ex. : 乍 tchà [tout-à-coup]. Le signe de ce ton est ʼ.

53. La quatrième s'appelle 入 jĭ [rentrer], parce que la prononciation, brève et coupée, s'interrompt comme si l'on reprenoit

---

(1) Le P. Jacques Pantoja est le premier qui ait employé ces accens (Ath. Kircher. *Chin. illustr.* p. 236); mais on a donné d'après lui une idée fausse des intonations qu'ils représentent, en les comparant aux cinq premières notes de la gamme.

(2) Les anciens auteurs divisoient ce ton en deux, et le marquoient par ces deux signes ‿ ʌ ; ainsi, ils comptoient cinq tons au lieu de quatre. L'arrangement des quatre tons varie aussi, même à la Chine. On les range très-souvent dans cet ordre,

CHANG, PHING, KHIU, JI;

et c'est ainsi qu'ils sont indiqués dans les notes marginales du *Tchoung-young*.

26 GRAMMAIRE CHINOISE.

sa respiration : 殺 *chă* [tuer]. On représente cette intonation par le signe prosodique ‿. Il faut remarquer qu'elle exclut les sons nasaux, de sorte que, pour faire disparoître la nasale d'un mot, il suffit de dire qu'il passe au son *jĭ* (1).

54. On a assigné à chacune de ces quatre intonations l'un des quatre angles du carré que les caractères chinois occupent, de sorte qu'on peut les marquer, quand cela est nécessaire, en écrivant un ° à l'angle du caractère correspondant au ton qu'on veut indiquer. Les tons sont distribués de la manière suivante :

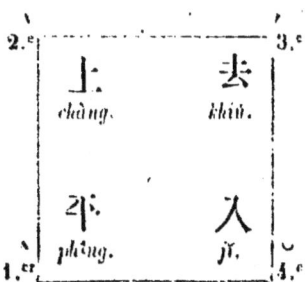

55. Il y a des mots qui changent de ton ou de prononciation, et dont la signification se modifie en conséquence. On n'indique jamais par aucun signe la prononciation habituelle, considérée comme la plus naturelle; mais, dans ce cas seulement, on marque par un ° le ton nouveau ou la prononciation extraordinaire auxquels le caractère doit passer. Ainsi l'on écrira :

知 *tchi*, savoir.   知° *tchi*, prudence.   鮮 *sián*, frais, récent.   °鮮 *sián*, peu.

朝 *tchao*, matin.   °朝 *tchhao*, faire sa cour.   樂 *yó*, musique.   樂° *lŏ*, se réjouir.

C'est le seul cas où la prononciation soit indiquée dans l'écriture ; et encore cet usage, qui est assez moderne, est-il exclusivement borné aux éditions classiques.

---

(1) C'est par inadvertance que M. Morrison dit le contraire dans sa *Grammaire*, p. 21.

PROLÉGOMÈNES.
27

56. Les combinaisons des sons initiaux avec les finaux, usitées dans la langue chinoise, sont, en y comprenant les variations causées par l'usage des intonations, au nombre de 1,203 (1). En voici le tableau dans le système de l'orthographe française. On y joint l'orthographe portugaise, telle qu'elle a été suivie dans plusieurs bons livres anciens, et la désignation des tons dont chaque syllabe est susceptible :

Cha,	᷾	`	´	˘	xa.	Fou,	᷾	`	´	˘	fu, fó.
Chaï,	᷾	`	´		xay.	Foung,	᷾	`	´		fum.
Chan,	᷾		´		xan.						
Chang,	᷾	`	´		xam.	Haï,	᷾	`	´		hay.
Chao,	᷾	`	´		xao.	Han,	᷾	`	´		han.
Che,	᷾	`	´	˘	xe.	Hang,	᷾	`	´		ham.
Chen,	᷾	`	´		xen.	Hao,	᷾	`	´		hao.
Cheou,	᷾	`	´		xeu.	He,				˘	he.
Chi,	᷾	`	´	˘	xy, xé.	Hen,	᷾	`	´		hen.
Chin,	᷾	`	´		xin.	Heng,	᷾				hem.
Ching,	᷾	`	´		xim.	Heou,	᷾	`	´		heu.
Cho,				˘	xo.	Hi,	᷾	`	´	˘	hy, hié.
Chou, chu,	᷾	`	´	˘	xu, xó.	Hia,	᷾	`	´	˘	hia.
Choua,		`		˘	xoa.	Hiaï,	᷾	`	´		hiay.
Chouaï,	᷾				xoay.	Hian,	᷾	`	´		hien.
Chouang,	᷾	`			xoam.	Hiang,	᷾	`	´		hiam.
Choue,				˘	xue.	Hiao,	᷾	`	´		hiao.
Chouï,		`	´		xuy.	Hicï, hie,				˘	hie.
Chun,	᷾		´		xun.	Hieou,	᷾	`	´		hieu.
						Hin,	᷾	`	´		hin.
Fa,				˘	fa.	Hing,	᷾	`	´		him.
Fan,	᷾	`	´		fan.	Hio,				˘	hio.
Fang,	᷾	`	´		fam.	Hiou, v. Hiu,				˘	hió.
Feï, fi,	᷾	`	´		fy.	Hiouan,		´	´		hiuen.
Fen,	᷾	`	´		fuen.	Hiouei,	᷾			˘	hiue.
Feou,	᷾	`	´		feu.	Hioung,	`	᷾			hium.
Fo, fe,			´	˘	foe.	Hiu,	`	`	´	˘	hiu, hió

(1) C'est du moins tout ce qu'il est possible d'exprimer avec nos lettres. Les rédacteurs du dictionnaire de *Khang-hi*, ayant égard à des nuances imperceptibles de prononciation [15], comptent 2,193 vocables, et d'autres, par des distinctions encore plus raffinées, vont jusqu'à 4,010. Tout cela n'est, à la Chine même, d'aucun usage dans la pratique.

Ho,	˄ ˋ ˊ ˘	ho.		Jou,	ˋ ˋ ˊ ˘	ju, jǒ.	
Hoa,	˄ ˋ ˊ ˘	hoa.		Jouan,	ˋ ˋ ˊ	juen.	
Hoaï,	˄ ˋ ˊ	hoay.		Jouei,	˘	jue.	
Hoan,	˄ ˋ ˊ	hoan.		Jouï,	˄ ˋ ˊ	juy.	
Hoang,	˄ ˋ ˊ	hoam.		Joung,	˄ ˋ ˊ	jum.	
Hoe, v. Hou,	˘	hoe.		Jun,	ˋ ˋ ˊ	jun.	
Hoeï,	˄ ˋ ˊ	hoey.					
Hoen,	˄ ˋ ˊ	hoen.					
Hou,	˄ ˋ ˊ ˘	hu, hó.		Kaï,	˄ ˋ ˊ	cay.	
Houo, voyez				Khaï,	ˋ ˋ ˊ	c'ay.	
Hou, Hoa,	˘	huo.		Kan,	˄ ˋ ˊ	can.	
Houan,	˄ ˋ ˊ	huon, hoan.		Khan,	˄ ˋ ˊ	c'an.	
Houng,	˄ ˋ ˊ	hum.		Kang,	˄ ˋ ˊ	cam.	
				Khang,	˄ ˋ ˊ	c'am.	
				Kao,	˄ ˋ ˊ	cao.	
I,	ˋ ˋ ˊ ˘	y, yé.		Khao,	˄ ˋ ˊ	c'ao.	
Ya,	˄ ˋ ˊ ˘	ya.		Ke,	˘	ke.	
Yaï,	ˋ ˋ ˊ	yay.		Khe,	˘	k'e.	
Yan,	ˋ ˋ ˊ	yen.		Ken,	ˋ ˋ ˊ	ken.	
Yang,	˄ ˋ ˊ	yam.		Khen,	ˋ	k'en.	
Yao,	˄ ˋ ˊ	yao.		Keng,	˄ ˋ ˊ	kem.	
Ye,	˄ ˋ ˊ ˘	ye.		Kheng,	˄ ˋ ˊ	k'em.	
Yen, in,	ˋ ˋ ˊ	yn.		Keou,	˄ ˋ ˊ	keu.	
Yeou,	˄ ˋ ˊ	yeu.		Kheou,	˄ ˋ ˊ	k'eu.	
Ing,	˄ ˋ ˊ	ym.		Ki,	˄ ˋ ˘	ky, kié.	
Yo,	˘	yo.		Khi,	˄ ˋ ˊ ˘	k'y, k'ié.	
You, v. Iu,	˘	yó.		Kia,	˄ ˋ ˊ ˘	kia.	
Youan,	ˋ ˋ ˊ	yuen.		Khia,	˄ ˋ ˊ ˘	k'ia.	
Youei,	˘	yue.		Kiaï,	˄ ˋ ˊ	kiay.	
Young,	˄ ˋ ˊ	yum.		Khiaï,	˄ ˋ ˊ	k'iay.	
Iu,	˄ ˋ ˊ ˘	yu.		Kian,	ˋ ˋ ˊ	kien.	
Yun,	˄ ˋ ˊ	yun.		Khian,	˄ ˋ ˊ	k'ien.	
				Kiang,	˄ ˋ ˊ	kiam.	
Jan,	˄ ˋ ˊ	gen.		Khiang,	˄ ˋ ˊ	k'iam.	
Jang,	˄ ˋ	jam.		Kiao,	˄ ˋ ˊ	kiao.	
Jao,	˄ ˋ ˊ	jao.		Khiao,	˄ ˋ ˊ	k'iao.	
Je,	ˋ ˋ ˊ	ge.		Kieï, kie,	˘	kie.	
Jeng,	˄ ˋ	gem.		Khieï, khie,	˘	k'ie.	
Jeou,	ˋ ˊ	geu.		Kieou,	˄ ˋ ˊ	kien.	
Ji,	˘			Khieou,	˄ ˋ ˊ	k'icu.	
Jin,	˄ ˋ ˊ	yin.		Kin,	˄ ˋ ˊ	kin.	
Jo,	˘	jo.		Khin,	ˋ ˋ ˊ	k'in.	

PROLÉGOMÈNES. 20

King,	˄ ˋ ˊ	kim.	La,	ˇ	la.
Khing,	˄ ˋ ˊ	k'im.	Laï,	˄ ˋ ˊ	lay.
Kio,	ˇ	kio.	Lan,	˄ ˋ ˊ	lan.
Khio,	ˇ	k'io.	Lang,	˄ ˋ ˊ	lam.
Kiou, v. Kiu,	ˇ	kió.	Lao,	˄ ˋ ˊ	lao.
Khiou, voyez			Le,	ˇ	le.
Khiu,	ˇ	k'ió.	Leng,	˄	lem.
Kiouan,	˄ ˋ ˊ	kiuen.	Leou,	˄ ˊ	leu.
Khiouan,	˄ ˋ ˊ	k'iuen.	Li,	˄ ˋ ˊ ˇ	ly, lié.
Kiouëi,	ˇ	kiue.	Lian,	˄ ˋ ˊ	lien.
Khiouëi,	ˇ	k'iue.	Liang,	˄ ˋ ˊ	leam.
Kioung,	˄ ˋ ˊ	kium.	Liao,	˄ ˋ ˊ	leao.
Khioung,	˄ ˋ ˊ	k'ium.	Lieï, lie,	ˇ	lie.
Kiu,	˄ ˋ ˊ ˇ	kiu.	Lieou,	˄ ˋ ˊ	lieu.
Khiu,	˄ ˋ ˊ	k'iu.	Lin,	˄ ˋ ˊ	lin.
Kiun,	˄ ˋ ˊ	kiun.	Ling,	˄ ˋ ˊ	lim.
Ko,	˄ ˋ ˊ ˇ	co.	Lio,	ˇ	lio.
Kho,	˄ ˋ ˊ ˇ	c'o.	Liouan,	˄ ˋ ˊ	liuen.
Kou,	˄ ˋ ˊ ˇ	cu.	Liu,	˄ ˋ ˊ	liu.
Khou,	˄ ˋ ˊ ˇ	c'u.	Lo,	˄ ˋ ˊ ˇ	lo.
Koua,	˄ ˋ ˊ ˇ	cua.	Lou,	˄ ˋ ˊ ˇ	lu, ló.
Khoua,	˄ ˋ ˊ ˇ	c'ua.	Louan,	˄ ˋ ˊ	luon.
Kouaï,	˄ ˋ ˊ	cuay.	Louï, leï,	˄ ˋ ˊ	luy.
Khouaï,	˄ ˋ ˊ	c'uay.	Loung,	˄ ˋ ˊ	lum.
Kouan,	˄ ˋ ˊ	cuan, cuon.	Lun, louen,	˄ ˋ ˊ	lun.
Khouan,	˄ ˋ ˊ	c'uan, c'uon.			
Kouang,	˄ ˋ ˊ	cuam.	Ma,	˄ ˋ ˊ ˇ	ma.
Khouang,	˄ ˋ ˊ	c'uam.	Maï,	˄ ˋ ˊ	may.
Koue,	ˇ	cue.	Man,	˄ ˋ ˊ	man, muon.
Kouëi,	˄ ˋ ˊ	cuey.	Mang,	˄ ˋ ˊ	mam.
Khouëi,	˄ ˋ ˊ	c'uey.	Mao,	˄ ˋ ˊ	mao.
Kouen,	˄ ˋ ˊ	cuen.	Me,	ˇ	me.
Khouen,	˄ ˋ ˊ	c'uen.	Meï,	˄ ˋ ˊ	moey.
Koueng,	˄ ˊ	cuem.	Men,	˄ ˊ	muen.
Khoueng,	˄	c'uem.	Meng,	˄ ˊ	mem.
Koung,	˄ ˋ ˊ	cum.	Meou,	˄ ˋ ˊ	meu.
Khoung,	˄ ˋ ˊ	c'um.	Mi,	˄ ˋ ˊ ˇ	my, mié.
Kouo, kou,	ˊ ˇ	cuo.	Mian,	˄ ˋ ˊ	mien.
Kouon, voy.			Miao,	˄ ˋ ˊ	miao.
Kouan,		cuon.	Mieï, mie,	ˇ	mie.
			Mieou,	˄ ˊ	mieu.

Min,	∧ ⟍ ⟋	min.	Peï,	∧ ⟍ ⟋	poey.
Ming,	∧ ⟍ ⟋	mim.	Pheï,	∧ ⟍ ⟋	p'oey.
Mo,	∧ ⟍ ⟋ ⌣	mo.	Pen,	∧ ⟍ ⟋	puen.
Mou,	∧ ⟍ ⟋ ⌣	mu, mó.	Phen,	∧ ⟋	p'uen.
			Peng,	∧	pum.
Na,	∧ ⟍ ⟋ ⌣	na.	Pheng,	∧	p'um.
Naï,	∧ ⟍ ⟋	nay.	Pheou,	∧ ⟍	peu.
Nan,	∧ ⟍ ⟋	nan.	Pi, poï,	∧ ⟍ ⟋ ⌣	py, pié.
Nang,	∧ ⟍ ⟋	nam.	Pian,	∧ ⟍ ⟋	pien.
Nao,	∧ ⟍ ⟋	nao.	Phian,	∧ ⟍ ⟋	p'ien.
Neï,	⟍ ⟋	nuy.	Piao,	∧ ⟍ ⟋	piao.
Neng,	∧	nem.	Phiao,	∧ ⟍ ⟋	p'iao.
Neou,	∧ ⟍ ⟋	neu.	Pieï, pie,		⌣ pie.
Ni, ñi,	∧ ⟍ ⟋ ⌣	ny, nié.	Phieï, phie,		⌣ p'ie.
Nian,	∧ ⟍ ⟋	nien.	Pin,	∧ ⟍	pin.
Niang,	∧ ⟍ ⟋	niam.	Phin,	∧ ⟍	p'in.
Niao,	⟍ ⟋	niao.	Ping,	∧ ⟍ ⟋	pim.
Nieï, nie,		⌣ nie.	Phing,	∧ ⟍ ⟋	p'im.
Nieou,	∧ ⟍ ⟋	nieu.	Po,	∧ ⟍ ⟋ ⌣	po.
Nin,	∧	nin.	Pho,	∧ ⟍ ⟋ ⌣	p'o.
Ning,	∧ ⟍ ⟋	nim.	Pou,	∧ ⟍ ⟋ ⌣	pu, pó.
Nio,	⌣	nio.	Phou,	∧ ⟍ ⟋ ⌣	p'u, p'ó.
Niu,	∧ ⟍ ⟋	niu.			
No,	∧ ⟍ ⟋ ⌣	no.	Sa,	⌣	sa.
Nou,	∧ ⟍ ⟋ ⌣	nu, nó.	Saï,	∧ ⟋	say.
Nouan,	⟍ ⟋	nuon.	San,	∧ ⟍ ⟋	san.
Noung,	∧ ⟋	num.	Sang,	∧ ⟍ ⟋	sam.
Nun,	⟋	nun.	Sao,	∧ ⟍ ⟋	sao.
			Se, che,		⌣ se.
Pa,	∧ ⟍ ⟋ ⌣	pa.	Sen,	∧ ⟍ ⟋	sen.
Pha,	∧ ⟋	p'a.	Seng,	∧ ⟍ ⟋	sem.
Paï,	∧ ⟍ ⟋	pay.	Seou,	∧ ⟍ ⟋	seu.
Phaï,	∧ ⟋	p'ay.	Si,	∧ ⟍ ⟋ ⌣	sy, sié.
Pan,	∧ ⟍ ⟋	pan.	Sian,	∧ ⟍ ⟋	sien.
Phan,	∧ ⟍ ⟋	p'an.	Siang,	∧ ⟍ ⟋	siam.
Pang,	∧ ⟍ ⟋	pam.	Siao,	∧ ⟍ ⟋	siao.
Phang,	∧ ⟋	p'am.	Sieï, sie,	∧ ⟍ ⟋ ⌣	sie.
Pao,	∧ ⟍ ⟋	pao.	Sieou,	∧ ⟍ ⟋	sieu.
Phao,	∧ ⟋	p'ao.	Sin,	∧ ⟍ ⟋	sin.
Pe,	⌣	pe.	Sing,	∧ ⟍ ⟋	sim.
Phe,	⌣	p'e.	Sio,	⌣	sio.

PROLÉGOMÈNES.   51

Siouan,	^	\	/	siuen.	Tho,	^	\ / ⌣	t'o.
Siouï,			⌣	siue.	l'ou,	^	\ / ⌣	tó, tu.
Siu,	^	\ / ⌣		siu.	Thou,	^	\ / ⌣	t'ó, t'u.
Siun,	^	\ /		siun.	Touan,	^	\ /	tuon.
So,	^	\ / ⌣		so.	Thouan,	^	\ /	t'uon.
Sou,	^	\ / ⌣		su, só.	Touï,	^	\ /	tuy.
Souan,	^	\ /		soun.	Thouï,	^	\ /	t'uy.
Souï,	^	\ /		suy.	Toung,	^	\ /	tum.
Soung,	^	\ /		sum.	Thoung,	^	\ /	t'um.
Sun,	^	\ /		sun.	Tun,	^	\ /	tun.
					Thun,	^	\ /	t'un.
Sse, chi,	^	\ /		sú, szú.				
					Tcha,	^	\ / ⌣	cha.
Ta,		\ / ⌣		ta.	Tchha,	^	/ ⌣	c'ha.
Tha,	^	⌣		t'a.	Tchaï,	^	/	chay.
Taï,	^	\ /		tay.	Tchhaï,	^	\ /	c'hay.
Thaï,	^	\ /		t'ay.	Tchan, roy.			
Tan,	^	\ /		tan.	Tsan.			
Than,	^	\ /		t'an.	Tchang,	^	\ /	cham.
Tang,	^	\ /		tam.	Tchhang,	^	\ /	c'ham.
Thang,	^	\ /		t'am.	Tchao,	^	\ /	chao.
Tao,	^	\ /		tao.	Tchhao,	^	\ /	c'hao.
Thao,	^	\ /		t'ao.	Tche,	^	\ / ⌣	che.
Te,		⌣		te.	Tchhe,	^	\ ⌣	c'he.
The,		⌣		t'e.	Tchen,	^	\ /	chen.
Teng,	^	\ /		tem.	Tchhen,	^	\ /	c'hen.
Theng,	^			t'em.	Tcheou,	^	\ /	cheu.
Teou,	^	\ /		teu.	Tchheou,	^	\ /	c'heu.
Theou,	^	\ /		t'eu.	Tchi,	^	\ / ⌣	chy, ché.
Ti,	^	\ / ⌣		ty, tié.	Tchhi,	^	\ / ⌣	c'hy, c'hé.
Thi,	^	\ / ⌣		t'y, t'ié.	Tchin,	^	\ /	chin.
Tian,	^	\ /		tien.	Tchhin,	^	\ /	c'hin.
Thian,	^	\ /		t'ien.	Tcho,		⌣	cho.
Tiao,	^	\ /		tiao.	Tchho,		⌣	c'ho.
Thiao,	^	\ /		t'iao.	Tchou, tchu,	^	\ / ⌣	chu.
Tieï, tie,	^	⌣		tie.	Tchhou,			
Thieï, thie,		⌣		t'ie.	tchhu,	^	\ / ⌣	c'hu, c'hó.
Tieou,	^			tieu.	Tchoua,	^		choa.
Ting,	^	\ /		tim.	Tchouan,	^	\ /	chuen.
Thing,	^	\ /		t'im.	Tchhouan,	^	\ /	c'huen.
To,	^	\ / ⌣		to.	Tchouang,	^	\ /	choam.

Tchhouang,	ˇ ˋ ʼ	c'hoam.	Thsieou,	ˆ ˋ ʼ	ç'ieu.
Tchoue,	˘	chue.	Tsin,	ˆ ˋ ʼ	çin.
Tchhoue,	˘	c'hue.	Thsin,	ˆ ˋ ʼ	ç'in.
Tchouï,	ˆ ʼ	chuy.	Tsing,	ˆ ˋ ʼ	çim.
Tchhouï,	ˆ ˋ ʼ	c'huy.	Thsing,	ˆ ˋ ʼ	ç'im.
Tchoung,	ˆ ˋ ʼ	chum.	Tsio,	˘	çio.
Tchhoung,	ˆ ˋ ʼ	c'hum.	Tsiouan,	ˆ ˋ	çiuen.
Tchu, *voyez* Tchou,			Thsiouan,	ˆ	ç'iuen.
			Tsiouëi,	˘	çiue.
Tchun,	ˆ ˋ	chun.	Tsiu,	ˆ ˋ ʼ	çiu.
Tchhun,	ˆ ˋ	c'hun.	Thsiu,	ˆ ˋ ʼ	ç'iu.
			Tsiun,	ˆ ˋ ʼ	çiun.
			Tso,	ˋ ʼ ˘	ço.
Tsa,	˘	ça.	Thso,	ˆ ʼ ˘	ç'o.
Thsa,	˘	ç'a.	Tsou,	ˆ ˋ ʼ ˘	çu, çó.
Tsaï,	ˆ ˋ ʼ	çay.	Thsou,	ˆ ˋ ʼ ˘	ç'u, ç'ó.
Thsaï,	ˆ ˋ ʼ	ç'ay.	Tsouan,	ˆ ˋ ʼ	çuon.
Tsan,	ˋ ʼ	çan.	Thsouan,	ˆ ˋ ʼ	ç'uon.
Thsan,	ˋ ʼ	ç'an.	Tsouï,	ˆ ˋ ʼ	çuy.
Tsang,	ˆ ˋ ʼ	çam.	Thsouï,	ˆ ˋ ʼ	ç'uy.
Thsang,	ˆ ˋ	ç'am.	Tsoung,	ˆ ˋ ʼ	çum.
Tsao,	ˆ ˋ ʼ	çao.	Thsoung,	ˆ ʼ	ç'um.
Thsao,	ˆ ˋ ʼ	ç'ao.	Tsun,	ˆ ˋ ʼ	çun.
Tse,	˘	çe.	Thsun,	ˆ ˋ ʼ	ç'un.
Thse,	˘	ç'e.			
Tseng,	ˆ ˋ ʼ	çem.	Wa,	ˆ ˋ ʼ ˘	va.
Thseng,	ˆ ˋ ʼ	ç'em.	Waï,	ˆ ʼ	vay.
Tseou,	ˆ ˋ ʼ	çeu.	Wan,	ˆ ˋ ʼ	van.
Thseou,	ˆ ˋ ʼ	ç'eu.	Wang,	ˆ ˋ ʼ	vam.
Tseu,	ˆ ˋ ʼ	çú.	We,	˘	ve, voe.
Thseu,	ˆ ˋ ʼ	ç'ú.	Weï,	ˆ ˋ ʼ	vy.
Tsi,	ˆ ˋ ʼ ˘	çy, çié.	Wen,	ˆ ˋ ʼ	ven.
Thsi,	ˆ ˋ ʼ ˘	ç'y, ç'ié.	Wo,	ˆ ˋ ˘	vo.
Tsian,	ˆ ˋ ʼ	çien.	Won,	ˆ ˋ ʼ	von.
Thsian,	ˆ ˋ ʼ	ç'ien.	Wou,	ˆ ˋ ʼ ˘	vu, vó.
Tsiang,	ˆ ˋ ʼ	çiam.			
Thsiang,	ˆ ˋ ʼ	ç'iam.	'O, a,	ˆ ˋ ʼ ˘	ngo.
Tsiao,	ˆ ˋ ʼ	çiao.	'Ou,	ˆ ˋ ʼ	ngu.
Thsiao,	ˆ ˋ ʼ	ç'iao.	Ou,	ˆ ˋ ʼ	u.
Tsieï, tsie,	ˆ ˋ ʼ ˘	çie.	'Weï,	ˆ ˋ ʼ	goey.
Thsieï, thsie,	ˋ ʼ ˘	ç'ie.	Oung,	ˆ ʼ	um.
Tsieou,	ˆ ˋ ʼ	çieu.	'Aï,	ˆ ˋ ʼ	ugau.

'An,	ᨈ ᨈ ᨈ	ngan.	'En,	ᨈ ᨈ	ngen.
'Ang,	ᨈ ᨈ ᨈ	ngam.	'Eng,	ᨈ	ngem.
'Ao,	ᨈ ᨈ ᨈ	ngao.	'Eou,	ᨈ ᨈ ᨈ	ngeu.
'E,	ᨈ	nge.	Eul, ñi,	ᨈ ᨈ ᨈ	ulh, lh.

En tout 450 syllabes, portées à 1203 par la variation des accens (1).

57. Ces 1200 syllabes servant à prononcer plusieurs milliers de caractères, il est évident que chacune devra répondre à plusieurs caractères, ou, ce qui revient au même, que beaucoup de caractères, ayant des significations diverses, se prononceront exactement de la même manière. Certaines syllabes, plus usitées que les autres, servent de prononciation à 30 ou 40 caractères, et expriment, par conséquent, jusqu'à 30 ou 40 idées différentes (2).

58. Beaucoup de caractères *homophones* appartenant à des radicaux différens ont une partie commune, qui est le groupe additionnel, destiné à peindre la prononciation. Souvent aussi la même prononciation est représentée par des groupes différens [7]. De même qu'on réunit dans les dictionnaires par clefs, les caractères qui ont des radicaux semblables [25], on met ensemble, dans d'autres dictionnaires, les caractères simples ou composés qui, quels que soient leurs radicaux, ont la même prononciation. On a nommé *toniques* ces sortes de dictionnaires, dont la première division est suivant l'ordre des

---

(1) On eût désiré donner une table comparative, propre à faire rectifier la prononciation du dictionnaire du P. Basile de Glemona ; mais l'éditeur a substitué à l'orthographe portugaise, que le missionnaire avoit suivie, une orthographe de sa façon, qu'il n'a pas eu soin d'établir sur des principes réguliers. Ainsi, il confond *kŏ* et *koŭ*, sous la syllabe *kŏ* ; *tchĕ* et *tchĭ*, sous la syllabe *tchy*, etc. On ne pourroit corriger les fautes de ce genre qu'il a commises, qu'en donnant la table des caractères avec la prononciation, et ce n'est pas ici le lieu d'entreprendre un travail aussi étendu.

(2) Pour indiquer la prononciation dans leurs dictionnaires, les Chinois se servent des *homophones* qu'ils supposent les plus connus. De plus, ils mettent en tête de l'explication de chaque caractère, un autre caractère qui commence par la même consonne, et un troisième qui finit par la même voyelle ou la même diphthongue, marquée de la même intonation : le tout suivi du mot 切 *thsiĕ'ï*, qui signifie *divisez*, pour dire, prenez la consonne de l'un de ces caractères, et joignez-la à la voyelle de l'autre.

tons, et la seconde suivant l'ordre des finales ou consonnances (1). On ne peut y chercher un caractère que quand on en connoît d'avance la prononciation : de là vient qu'ils sont plus commodes pour les Chinois que pour les Européens, à moins que ceux-ci ne vivent au milieu des naturels, ou ne sachent déjà la langue.

59. La prononciation des Chinois diffère beaucoup dans les diverses provinces; beaucoup de villes et même de villages ont des patois particuliers, où se trouvent quelquefois des mots tout-à-fait étrangers à la langue commune. Plusieurs de ces dialectes ont des sons et des intonations qui manquent à la prononciation généralement usitée. A Peking, on change souvent le *k* devant l'*i* en *dz*, le *s* en *ch*; on prononce le *h* comme un *kh*. Dans le midi, la langue est plus adoucie : le *eul* se change en *ñi*, *pou* en *m*; on ajoute fréquemment *h*, *t*, *k*, *r*, après les syllabes terminées par une voyelle, surtout après celles qui sont affectées du *ji-ching* [53] (2).

---

(1) Les missionnaires, et le P. Basile, en particulier, ont un peu modifié cet arrangement dans leurs dictionnaires : ils ont classé les syllabes d'après l'ordre de notre alphabet, et subdivisé chaque syllabe d'après l'ordre des tons. C'est le système suivi dans presque tous les dictionnaires chinois-latins dont on possède des manuscrits, et notamment dans la copie qui a servi à l'impression du dictionnaire chinois publié en 1813.

(2) Les patois les plus connus sont celui de *Tchàng-tcheou*, ville du premier ordre de la province de *Foŭ-kiàn*, et celui de Canton. Le premier, connu sous le nom de langue *Chin-cheo*, étoit intéressant à étudier, quand les Européens fréquentoient le port d'E-mouy. Le second a acquis de l'importance pour le commerce, depuis que Canton est devenu l'entrepôt de celui que les Anglais et les Américains font à la Chine. On peut encore assimiler aux patois les prononciations corrompues que les Japonais, les Tonkinois, les Cochinchinois et les Coréens emploient quand ils font usage des caractères chinois.

GRAMMAIRE CHINOISE.

60. Les mots chinois, pris séparément, sont tous invariables dans leur forme ; ils n'admettent aucune inflexion, aucun changement, ni dans la prononciation, ni dans l'écriture.

61. Les rapports des noms, les modifications de temps et de personnes des verbes, les relations de temps et de lieux, la nature des propositions positives, optatives, conditionnelles, ou bien se déduisent de la position des mots, ou se marquent par des mots séparés, qui s'écrivent avec des caractères distincts, avant ou après le thème du nom ou du verbe.

62. Les Chinois appellent 字實 chī tseù [mots pleins], les mots qui ont une signification propre, comme les noms et les verbes; et 字虛 hiū tseù [mots vides], ou 辭助 tsoù thseù [termes auxiliaires], les particules qui ne servent qu'à modifier le sens des premiers, ou à marquer les rapports qui les lient entre eux.

63. Beaucoup de mots chinois peuvent être pris successivement comme substantifs, comme adjectifs, comme verbes, quelquefois même comme particules. On peut à volonté marquer précisément le sens où un mot est pris, et le rôle qu'il joue dans la proposition, ou bien laisser au lecteur le soin de le déterminer, d'après le sens du contexte et la position relative des mots.

64. Dans l'antiquité, l'écriture ne servant encore qu'à des usages bornés, on se plaisoit à sous-entendre le verbe ou le sujet des propositions, et à laisser aux mots toute leur latitude d'acception ; on marquoit rarement leurs rapports [61]; on exprimoit ses idées avec le moins de mots possible; on écrivoit isolément chaque proposition, sans la lier à celles qui la précédoient ou la suivoient. De là résultoit ce style sentencieux, vague, concis et morcelé, qu'on remarque dans les anciens monumens, et qu'on nomme, à cause de cela, 文言 koù wên [style antique].

65. Le *style antique* ayant bientôt cessé d'être en rapport avec les besoins toujours croissans de la société, il s'y est introduit divers changemens, qui tous ont eu pour but de rendre la langue claire, précise et susceptible de formes variées. Pour qu'on pût s'entendre en parlant, on a substitué des mots composés aux termes simples, qui prêtoient à trop d'équivoques, à cause des mots *homophones* [57]. L'emploi plus fréquent des pronoms a permis de déterminer le sens substantif ou verbal des mots ; l'usage de particules nouvelles, ou autrement employées, a marqué nettement leurs rapports, et divers procédés phraséologiques ont fait varier la coupe et l'enchaînement des propositions. Le style qui est le produit de ces changemens est celui qu'on nomme 話官 *kouân hoà* [langue des magistrats], ou, comme on l'a dit vulgairement, *langue mandarinique*.

66. Entre ces deux styles, les Chinois en placent un troisième qu'ils nomment 昌文 *wên tchhâng* [style littéraire]. Ce style participe des deux autres : il est moins vague, moins concis, plus fleuri, que le style antique ; moins explicite, moins prolixe, et, si on ose le dire, moins grammatical, que la langue mandarinique. Ce style peut varier à l'infini, suivant qu'il s'approche plus de l'un des deux autres.

67. La différence qui existe entre le *koù wên* et le *kouân hoà* est assez marquée, pour qu'il soit nécessaire de donner séparément les règles de l'un et de l'autre. Quant au style intermédiaire, il n'offre, sous le rapport de la grammaire, rien qui ne puisse trouver place dans l'exposé des principes du style antique ou de la langue mandarinique.

68. L'étude spéciale des règles du style antique est nécessaire pour l'intelligence des anciens livres classiques appelés 經 *king*, des livres de Confucius et des philosophes de son école, des ouvrages de toute espèce écrits avant l'incendie des livres [l'an 213 avant J. C.], et des livres d'histoire, de géographie, de philosophie et de haute littérature, ainsi que des écrits relatifs à la politique ou à l'adminis-

tration, lesquels sont composés, même à présent, dans un style imité du *koŭ wên*.

69. Les règles du *kouân hoâ* sont celles de la langue usitée actuellement dans tout l'empire. Elles sont donc particulièrement indispensables à ceux qui veulent parler le chinois, ou lire les écrits qu'on a coutume de composer dans un style analogue à celui de la langue parlée, tels que les instructions et proclamations adressées au peuple, ou qu'on destine à être lues à haute voix ; les lettres familières, les romans, les pièces de théâtre, certains commentaires des livres anciens, les compositions légères de toute espèce, et généralement tout ce que les Chinois comprennent sous la dénomination de 說小 *siaŏ chouŏ* [petit langage]. Elles ne sont pas moins utiles pour l'intelligence des ouvrages de littérature ou d'histoire, composés à une époque plus ou moins rapprochée de celle où nous vivons, et dans lesquels il s'est introduit beaucoup de termes composés, de locutions familières, ou de tours de phrases empruntés au style de la conversation, d'après un usage qui paroît remonter aux temps anciens.

PREMIÈRE PARTIE.

DU KOÙ WÊN OU STYLE ANTIQUE.

§ I.er DU SUBSTANTIF.

70. Il y a des mots chinois qui sont toujours adjectifs ou substantifs; d'autres qui sont tantôt noms et tantôt verbes. Le sens de ces derniers se déduit de la position respective des mots.

71. Il n'y a pas de signes pour les genres. Beaucoup de noms spéciaux marquent les sexes dans les animaux. On détermine le sens de ceux qui sont communs, quand cela est nécessaire, par l'addition de certains mots, tels que

父 *foù*, pater.   母 *moù*, mater.   人 *jîn*, homo.   女 *niù*, mulier.

72. On n'ajoute ordinairement aucun signe pour distinguer le singulier du pluriel. On dit indifféremment :

人來 *jîn laï venit*. { l'homme vient, ou les hommes viennent. }   神格 *chîn kĕ accedit*. { l'esprit approche (se manifeste), ou les esprits approchent. }

73. Quand il est indispensable de fixer les nombres, on se sert de particules préposées ou postposées, qui marquent la pluralité ou l'universalité. L'emploi des unes et des autres est déterminé par l'usage, suivant la nature de certains substantifs.

74. Il y a quatre particules qui se placent avant le substantif, savoir :

衆 *tchoùng*, omnes.   諸 *tchoū*, omnes.   庶 *chù*, omnys.   多 *tō*, multi.

1.ʳᵉ PARTIE. — STYLE ANTIQUE.

衆 *tchoûng* omnes
人 *jîn* homines. } les hommes.

庶 *chù* omnes
士 *sŭ* magistri. } les maîtres.

諸 *tchoû* omnes
儒 *joû* litterati. } les lettrés.

多 *tŏ* multæ
方 *fâng* regiones. } les pays.

75. Il y a aussi quatre particules qui se placent après le substantif, savoir :

皆 *kiài*, omnes.   俱 *kiŭ*, omnes.   咸 *hiên*, omnes.   都 *toû*, omnes.

Par exemple, on dit :

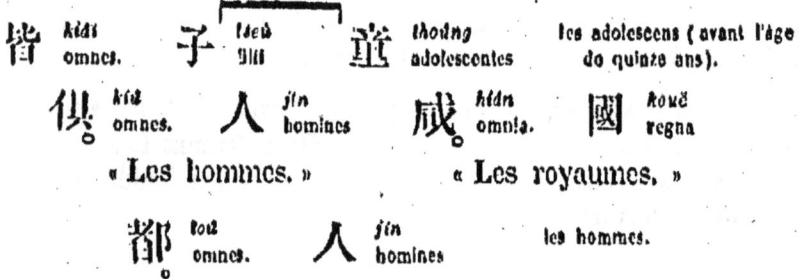

皆 *kiài* omnes. 子 *tseù* 弟 *tĭ*   並 *thoùng* adolescentes.   les adolescens (avant l'âge de quinze ans).

俱 *kiŭ* omnes. 人 *jîn* homines.   咸 *hiên* omnia. 國 *kouĕ* regna.

« Les hommes. »   « Les royaumes. »

都 *toû* omnes. 人 *jîn* homines   les hommes.

[Conférez, pour un exemple similaire, le n.° 237].

76. Il faut faire attention à la position de ces sortes de particules; car le sens seroit changé, si elles n'étoient pas à leur place. Par ex.: *Toû jîn*, au lieu de *jîn toû*, ne signifieroit pas *les hommes*, mais *l'homme de la cour*. Il n'y a d'exception à cette règle que quand il y a un mot de sous-entendu :

得 *tĕ* licet.   可 *khò* debent   不 *poŭ* non   都 *toû* omnia

« Les choses qui ne doivent pas se faire »; sous-entendu :

物 *wĕ*, negotia, pour *wĕ toû poŭ khò tĕ*.

也 *yè* (p. l.)   是 *chĭ* hæc   皆 *kiài* omnia

« Toutes ces choses. »

40　　　　　　　　　GRAMMAIRE CHINOISE.

77. La distinction des nombres est souvent rendue inutile par l'emploi des mots collectifs, tels que

民 *min,* populus.　　　羣 *kiün,* grex.　　　etc.

78. On emploie aussi certains noms de nombre dans un sens indéfini, pour indiquer la pluralité ou l'universalité. Ces nombres ne s'emploient pas indifféremment; mais, d'après un usage fondé sur des distinctions systématiques ou d'anciennes traditions, certains nombres sont affectés à certaines classes d'objets; par exemple :

四海 *ssé* quatuor *häi* maria. } les mers.　　　百官 *pŏ* centum *kouān* magistratus. } les magistrats.

九州 *kiéou* novem *tchéou* provinciæ. } les provinces (de l'empire chinois).　　　萬民 *wān* decies mille *min* populi. } les peuples.

79. Quand deux noms sont en construction, le terme antécédent se place après le terme conséquent :

民力 *min* populi *li* vis. } force du peuple.　　　河東 *hŏ* fluvii *toūng* oriens. } l'orient du fleuve.

Cette règle est universelle en chinois, et ne souffre jamais d'exception.

80. La règle précédente s'applique aussi à tous les noms composés; ainsi l'on dit :

天子 *thiān* cœli *tseŭ* filius. } le fils du ciel (pour l'empereur).　　　宗廟 *tsoūng* illustrium *miào* templum. } temple des ancêtres.

81. Souvent, sans rien changer à la construction, on ajoute au terme conséquent la particule 之 *tchī*, qui marque plus positi-

vement le rapport d'attribution, de propriété, d'appartenance. Quelquefois il est indifférent d'exprimer *tchī* ou de le sous-entendre. On dit également :

命 *ming, mandatum.* 天 *thiēn, cœli.* ou 命 *ming, mandatum.* 之 *tchī (n. g.)* 天 *thiēn, cœli.*

« L'ordre du ciel. »

82. Généralement, on doit mettre *tchī* toutes les fois que l'un des termes, antécédent ou conséquent, étant composé ou complexe, il est nécessaire d'en marquer la séparation, pour éviter l'amphibologie. Ainsi l'on dira :

道 *taò, via.* 之 *tchī (n. g.)* 學 *hiŏ, studii.* 大 *tái, magni.*

« La voie de la grande étude (ou de la philosophie politique). »

始 *chī, initium.* 仁 *jin humanitatis* 普 *chēn virtutum* 之 *tchī (n. g.)* 孝 *hiào pietas*
義 *ì justitiæque* 之 *tchī (n. g.)* 源 *yuén fons* 百 *pĕ centum*
之 *tchī (n. g.)* 崇 *tsoúng principalis* 眾 *tchoúng omnium* 行 *híng actionum*

« La piété filiale est la source des *bonnes* actions, la plus illustre des
» vertus, et le commencement de l'humanité et de la justice. »

命 *ming, mandatum.* 明 *ming clarum* 之 *tchī (n. g.)* 天 *thiēn cœli*

« Le brillant ordre du ciel (la providence). » [Cf. 97, 235, 241.]

83. Le substantif, sujet d'un verbe quelconque, ou complément d'un verbe actif, ne prend aucune marque particulière. Le premier se place avant, et le second après le verbe. Cette règle ne souffre presque pas d'exception [Cf. 157] :

善 *chēn, virtutem.* 好 *hào amat* 王 *wáng rex*

« Le roi aime la vertu. »

84. Le terme d'une action se marque par des prépositions diffé-

rentes, suivant les idées d'ablation, d'addition, de séparation ou de réunion qu'elle exprime. Les paragraphes suivans feront connoître la manière d'employer les principaux exposans de ces rapports.

85. 與 *iù*, proprement *donner*, marque la réunion, l'addition, la simultanéité, et on peut le traduire par *à*, *avec*, etc.

樂 *lŏ, lætari.* 偕 *kiái, simul.* 民 *mín, populum.* 與 *iù, ad.*

« Se réjouir en même temps que le peuple. »

86. 於 ou 于 *iù*, signifie *par*, *dans*, *de*, *à* :

我 *'ŏ, me.* 於 *iú, à.* 問 *wén, petiit.*

« Il a demandé à moi. »

詐 *chén, virtute.* 至 *tchí, summa.* 於 *iú, in.* 止 *tchǐ, stare.*

« Demeurer *ferme* dans la suprême vertu. »

下 *hiá, subjectis.* 天 *thiēn, cœlo.* 於 *iú, in.*

« Dans ce qui est sous le ciel (l'empire). »

王 *wáng, regem.* 於 *iú, ad.* 從 *thsóung, sequi.*

« Suivre au roi, *pour* suivre le roi. »

87. 乎 *hoû* marque pareillement l'addition et l'ablation, l'arrivée et le départ :

謂 *wéï, vocatur.* 外 *wái, exteriori.* 待 *taí, expectare.* 已 *ǐ, seipsum.* 足 *tsŏ, sufficere.*
德 *tĕ, virtus.* 之 *tchī, (p. r.).* 於 *iú, ab.* 無 *woû, nihil.* 乎 *hoû, ad.*

« Se suffire à soi-même, et ne rien attendre du dehors, cela s'appelle
» *vertu.* »

門 *mén, januam.* 乎 *hoû, ad.* 臻 *tsīn, pervenire.*

« Parvenir à la porte. »

I.ʳᵉ PARTIE, STYLE ANTIQUE.

神 *chín, spiritusque.* 鬼 *kouèï, geniοs* 乎 *hoû, erga* 孝 *hiáo, pius*
« Pieux envers les esprits. »

德 *tĕ, virtutem.* 乎 *hoû, in* 愼 *chìn, invigila* 先 *siān, prius*
« Avant tout, veillez sur la vertu. »

知 *tchī, scire.* 乎 *hoû, ad* 近 *kìn, accedit* 學 *hiŏ, studium* 好 *hàō, amare*
« Aimer l'étude, c'est approcher du savoir. »

聞 *wén, audivi* 所 *sò, (eo) quod* 乎 *hoû, ab* 異 *ì, differens*
« Différent de ce que j'ai entendu. »

爾 *eùl, te.* 乎 *hoû,* 隱 *yèn, recondi* 無 *ou, nihil* 吾 *où, ego*
« Je ne vous ai rien caché. »

88. 諸 *tchoū* [voyez 74] marque ordinairement l'origine, la sortie, l'ablation.

己 *kì, seipso.* 諸 *tchoū, a* 求 *khieòū, exspectare* 惟 *wéï, solùm*
« N'attendre rien que de soi-même. »

掌 *tchàng, palmam.* 諸 *tchoū, in* 示 *chì, inspicere*
« Regarder dans sa main. »

89. 從 *thsoúng* marque aussi l'ablation.

來 *laï, venire.* 邊 *piēn, finibus* 日 *jĭ, solis* 從 *thsoúng, ex*
« Venir des extrémités du soleil (ou du couchant). »

90. 自 *tseù* signifie aussi *de* :

夏 *hiá, Hia.* 克 *khĭ, vincendo* 自 *tseù, ex* 歸 *kouēï, reversus* 王 *wáng, rex*
« Le roi revient de sa victoire sur la dynastie de *Hia*. »

91. 由 *yeoŭ* est synonyme de *tseŭ*, et marque aussi l'origine, la source, la cause, le commencement :

焉 *yān,* (p. f.) 學 *hiŏ* stude 而 *eùl* et 是 *chi* hoc 由 *yeoŭ* ex

« Commencez à étudier par ce *livre*. »

92. Le compellatif n'est ordinairement marqué d'aucun signe, et le plus souvent le sujet du verbe en tient lieu :

利 *li,* lucrum? 曰 *youēi* loqueris 必 *pi* quidem 何 *hŏ* quare 王 *wáng* rex

« O roi ! pourquoi parler de profit? » — Le sens littéral est : *Pourquoi le roi parle-t-il de profit ?*

§. II. DE L'ADJECTIF.

93. Il y a des mots qui par eux-mêmes ont la signification adjective, tels que :

大 *tá,* magnus. 小 *siaŏ,* parvus. 好 *haŏ,* bonus. 惡 *'ŏ,* malus.

94. D'autres sont des substantifs qui, joints à d'autres substantifs, expriment un attribut [79, 80], comme :

天 *thiēn* cœli
命 *ming,* mandatum.
} l'ordre du ciel, ou l'ordre céleste.

金 *kīn* auri
像 *tsiàng,* statua.
} une statue d'or.

Et ainsi dans tous les cas où un substantif est employé dans un sens attributif, comme dans les noms qui marquent la matière, la nature, la classe ou l'espèce, etc.

95. Les adjectifs sont soumis à la règle des noms attributifs [80], et se placent presque toujours avant le substantif auquel ils se rapportent :

人 *jīn,* homo. 聖 *chíng* sanctus un saint homme.

言 *yán*, verbum.   善 *chén*, bonum.   une parole vertueuse.

96. Quelques adjectifs peuvent être pris comme verbes, et alors il arrive souvent que l'accent change pour marquer cette nouvelle acception [55]. Ainsi, de

好 *háo*, bonus.   on fait   好 *háo*, amare.

惡 *ŏ*, malus.   惡 *oú*, odisse.

97. Les adjectifs peuvent être employés comme noms abstraits ; alors ils se placent d'ordinaire après un substantif, et se construisent comme s'ils étoient des substantifs :

大 *tá*, magnitudo.   之 *tchī* (n. g.)   地 *ti*, terræque   天 *thiān*, cœli

« La grandeur du ciel et de la terre. »

98. Tous les verbes forment des adjectifs par l'addition de 者 *tchè* (145, 169) ; ainsi,

非 *ssé*, servire,   fait   者 *tchè* (p. r.) 非 *ssé*, servire   servant.

死 *ssé*, mori,   fait   者 *tchè* (p. r.) 死 *ssé*, mori   mourant, mort.

99. L'usage de *tchè* s'est étendu à quelques mots qui avoient par eux-mêmes la signification adjective, sur-tout quand on les emploie seuls, le substantif étant sous-entendu ou précédemment exprimé. On dit indifféremment :

聖 *ching*, sanctus,   et   者 *tchè* (p. r.) 聖 *ching*, sanctus   saint.

愚 *iú*, stolidus,   ou   者 *tchè* (p. r.) 愚 *iú*, stolidus   stupide, ignorant.

On peut aussi traduire, en supposant l'ellipse du verbe substantif, *celui qui est saint*, *celui qui est stupide* ou *ignorant*.

100. Le comparatif s'exprime par l'adjectif au positif, avec 於 *iû*, qui signifie alors *præ, au prix de, eu égard à*:

舜 *chún, Chun.* 堯 *yao Yao* 於 *iû præ* 賢 *hian sapiens*

« *Plus* sage que les empereurs Yao et Chun. »   *Meng-tseu.*
[Cf. 212, 271].

101. Si la comparaison est exprimée d'une manière absolue, on peut se servir de 尤 *yeoû* [beaucoup], ou de 益 *î* [ajouter]:

備 *pi, proprius.* 尤 *yeoû magis* 意 *î sensus* 諧 *iû vocis*

« Le sens de cette parole est plus convenable. »

深 *chin, profundum.* 益 *î magis* 水 *choûi aqua* 如 *jou veluti*

« Plus profond que l'eau. »   *Meng-tseu.*

102. Si la phrase est interrogative, le comparatif n'a pas besoin d'être exprimé:

賢 *hian, sapiens?* 路 *lou lou* 與 *iû vel* 我 *ò meus*
孰 *choû quis* 子 *tseu Tseu* 子 *tseu magister*

« De mon maître ou de *Tseu-lou*, quel est *le plus* sage? »   *Meng-tseu.*

103. Le superlatif se forme en plaçant avant l'adjectif un des mots suivans:

最 *tsoûi, multùm.* 至 *tchi, summè.* 極 *ki, summum.* 甚 *chin, valdè.*

On dit par exemple:

最 *tsoûi multùm* 至 *tchi summè* 極 *ki summo* 甚 *chin valdè*
窮 *khioûng, pauper.* 聖 *ching, sanctus.* 高 *kao, altus.* 善 *chen, bonus.*

Ces quatre particules ne s'emploient pas indifféremment avec toute sorte d'adjectifs; mais l'usage seul peut en déterminer l'application.

§. III. Des Noms propres.

104. Les noms de villes, de fleuves, de montagnes, s'écrivent pour la plupart en deux ou trois caractères, dérivés pour l'ordinaire des radicaux *ville* (CLXIII.ᵉ), *tertre* (CLXX.ᵉ), *eau* (LXXXV.ᵉ), *montagne* (XLVI.ᵉ), etc.

105. Les noms d'hommes n'ont en général rien qui les distingue des autres noms. Ils sont ordinairement formés de deux ou trois caractères, et composés suivant des règles assez constantes.

106. Chaque famille a, depuis un temps immémorial, un nom commun à tous les individus qui la composent. C'est ce qu'on appelle 姓 *sing*. Le nombre des *sing* est assez peu considérable, et l'on en a dressé des tables qu'il est utile de consulter, afin d'éviter de prendre les noms d'hommes pour des noms communs (1).

107. Le *sing* se place toujours avant tous les autres noms; c'est la première syllabe de tout nom d'homme qui en a plusieurs. Pour désigner les femmes et les lettrés d'un ordre distingué, on met le *sing* seul, par antonomase, en y ajoutant le mot 氏 *chi* [famille]:

氏	chi, familia.	許	hiu Hiu	pour *Hiu-chi*, célèbre auteur chinois.
氏	chi, familia.	顏	yan Yan	*Yan-chi*, la mère de Confucius, qui étoit de la famille *Yan*.

---

(1) Le P. Basile en avoit rédigé une table, que son éditeur a fait imprimer (*Dict. chin.* page 972). Le missionnaire ayant négligé d'y comprendre les noms de deux syllabes (姓複 *fou sing*), M. Klaproth les a donnés dans son *Supplément*, pag. 30. Au reste, on ne croit pas devoir répéter ici les détails historiques relatifs aux noms d'hommes, qu'on a déjà donnés dans l'*Examen critique* que M. Klaproth a bien voulu insérer dans son *Supplément*, pag. 18 et suiv. On se borne en ce moment à ce qui est réellement du ressort de la grammaire.

Le nom de famille de Confucius étoit 孔 *Khoûng*.

108. Le 名 *míng* [petit nom, *ou* nom d'enfance], est celui qu'on reçoit de ses parens en naissant. On s'en sert, soit en l'ajoutant à son nom de famille, soit en l'employant seul, au lieu de pronom pour se désigner soi-même. On ne doit jamais prononcer le *petit nom* des personnes à qui l'on porte du respect, et c'est un crime de lèse-majesté que de prononcer ou d'écrire en entier, sans employer quelque excuse, le *petit nom* des empereurs régnans, même en le prenant comme nom commun. Le petit nom de Confucius étoit 丘 *Khieoû* [monticule] (1).

109. Le 字 *tseù* est un *titre* qu'on reçoit à vingt ans, en prenant le bonnet viril. Il est ordinairement formé de deux mots qu'on joint au nom de famille pour former la dénomination la plus habituelle de chaque individu. Le *titre* de Confucius étoit 尼仲 *Tchoûng-ní*.

110. Le 諡 *hoéi* est un nom posthume qu'on décerne aux hommes célèbres. Les empereurs n'en ont pas d'autre dans l'histoire (2). Ceux qu'on a donnés à Confucius sont en grand nombre, et expriment la profonde vénération qu'on a pour sa mémoire.

§. IV. Des Noms de nombre.

111. Les noms de tous les nombres s'écrivent avec treize figures,

---

(1) C'est ainsi qu'il se nomme quelquefois lui-même, au lieu de dire *je*, *moi*. (V. la 21.e note sur le *Tchoung-young*, pag. 143.) Quand on lit ces passages à haute voix, une note avertit qu'on doit, par respect, prononcer *meoû*, *un tel*, au lieu de *khieoû*.

(2) Les empereurs ont deux sortes de noms posthumes. L'un est le 諡 *chi*, qui a rapport à leurs qualités ou à leurs actions, comme :

帝 皇 武 文 神 德 聖
ching tĕ chin kuâng wên woû hoâng tí
L'empereur saint, vertueux, divin, méritant, lettré, guerrier.

1.re PARTIE, STYLE ANTIQUE.   49

dont les dix premières ont chacune deux formes : l'une, ancienne et très-simple ; l'autre, compliquée à dessein, pour éviter les méprises ou les altérations frauduleuses. Ces figures sont :

一 壹	*i,* unus.	八 捌 *pá,* octo.
二 貳	*eúl,* duo.	九 久 *kieoù,* novem.
三 參	*tān,* tres.	十 拾 *chí,* decem.
四 肆	*ssé,* quatuor.	百 *pĕ,* centum.
五 伍	*où,* quinque.	千 *tsiēn,* mille.
六 陸	*loù,* sex.	萬 ou 万 *vān,* decies mille (1).
七 柒	*tsĭ,* septem.	

欽明廣孝皇帝
khīn míng kouàng hiáo hoàng-ti

L'empereur respectable, illustre, d'une grande piété. Ces noms s'abrégent dans l'usage ordinaire ; on dit *Wén-ti, Míng-ti,* etc.

L'autre nom est le 廟號 *miáo haó* [nom de temple] ; c'est le nom sous lequel on inscrit le prince défunt sur les tablettes de la famille régnante, et il a rapport à la parenté ; c'est, par exemple :

世祖 *chí-tsoù,* l'aïeul de la race.   成宗 *Tchhíng-tsoūng,* celui qui a achevé l'illustration, etc.

Les noms de *khāng-hī, yoūng-tching, khiēn-loúng,* etc., ne sont pas des noms d'hommes, mais d'années ou de règnes, servant à dater les événemens.

(1) Les Chinois ont des nombres décuples de celui-ci, en montant jusqu'à la XIX.e figure ; mais, dans l'usage ordinaire, on s'arrête aux *vān,* dans lesquels on réduit toujours les nombres plus élevés.

4

112. Les multiplicateurs des nombres *dix, cent, mille* et *dix mille* (même l'unité, quand il n'y en a pas d'autre), se placent avant ces nombres, et les quantités plus foibles qu'on y ajoute se mettent après. Un nombre très-élevé servira de modèle de toutes les combinaisons de cette espèce :

十 chī, decem   二 rúl, duo   萬 tcàn, decies mille   一 ī, unum

四 sië, quatuor   百 pĕ, centum   六 loŭ, sex   十 chī, decem

一 ī, unum   千 thsiēn, millia   八 pŏ, octo

« 186,214. »

113. Presque toujours, on ajoute aux noms des nombres une particule qui ne change rien au sens, quoiqu'elle varie suivant la nature des objets nombrés. On nomme ces sortes de particules, *numérales* (1). Les mots employés en ce sens perdent tout-à-fait la signification qu'ils auraient isolément, et l'on en est averti par la présence du nom de nombre.

114. Quelquefois la numérale s'interpose entre le nom de nombre et la chose nombrée :

封 choŭ, epistolæ.   刀 taō, gladii (p. n.)   三 sān, tres

« Trois lettres. »

115. Le plus souvent, on place d'abord le nom de la chose nombrée, puis le nom de nombre suivi de la numérale qui convient à cette sorte de chose :

座 tsŏ, (p. n. turrium).   四 sië, quatuor   塔 thă, turres   石 chī, lapideæ

« Quatre tours de pierre. »

---

(1) Le P. Basile en avoit rédigé une table que M. Morrison a insérée dans sa Grammaire, p. 37 et suiv. L'éditeur du Dictionnaire du P. Basile l'a pareillement fait imprimer, sous le titre très-impropre de *Caractères numériques* (Dict. pag. 933). Le soin qu'il a pris nous dispense de reproduire ici cette table, qui occuperoit un espace considérable.

匹 *phĭ,* (p. n. equorum). 六 *loŭ* sex. 馬 *mă* equi.

« Six chevaux. »

116. Quand on exprime un nombre dont on n'entend pas garantir la précision, on y ajoute 餘 *iù* ou 許 *hiù*, qui signifient *environ, un peu plus ou un peu moins*.

里 *li*. 餘 *iù* circiter. 百 *pĕ* centum. 二 *eùl* duo.

« Environ deux cents *li* [dixièmes de lieue]. »

117. Pour marquer l'ordre, on met devant le nombre la particule 第 *tì*.

三 *sān,* tres. 第 *tì,* (p. o.) le troisième.

118. Au lieu de nom de nombre, on compte quelquefois les parties d'un tout, en employant des divisions particulières, comme :

下 *hià,* inferior. 上 *chàng,* superior. pour premier, second.

ou bien,

下 *hià,* inferior. 仲 *tchoùng,* medius. 上 *chàng,* superior. premier, second, troisième.

Les quatre premiers caractères du *ï-king* (1) servent quelquefois pour marquer la division en *quatre;* les caractères du cycle dénaire (2)

(1) 貞 *tchīng.* 利 *lì.* 亨 *hēng.* 元 *youan.*
(2) 癸 壬 辛 庚 己 戊 丁 丙 乙 甲
kiŭ ý pìng tīng meòu kĭ kēng sīn jīn kouèï

pour la division en dix, ceux du cycle duodénaire (1) pour la division en douze, et la combinaison de l'un et de l'autre pour la division en soixante. Ces trois derniers moyens de compter sont presque entièrement réservés à la supputation des jours et des années, et servent pour les dates, les quantièmes, etc.

§. V. Des Pronoms.

119. Les trois pronoms de la première personne les plus usités anciennement sont 我 'ò, 吾 'où et 予 iù. Le premier est le seul dont l'usage se soit conservé jusqu'à présent. Voici des exemples :

也 yĕ (p. f.) 諸 tchoù ad 之 tchī (p. e.) 欲 yŏ cupio 吾 'où ego
我 'ò me 加 kiā addant 人 jîn homines 不 poù non

« Je ne souhaite pas que les hommes ajoutent à mes *bonnes qualités* », c'est-à-dire, « *exagèrent mon mérite.* » *Confucius.*

吾 'où, me. 省 sing examino 三 sān ter 日 jī die 吾 'où ego

« Je m'examine trois fois chaque jour. » *Lun-iu.*

予 iù, me. 於 iū in 德 tĕ virtutem 生 sēng creavit 天 thiēn cœlum

« C'est le ciel qui a fait naître en moi la vertu. » *Lun-iu.*

120. Depuis *Thsin-chi-hoang-ti* [212 avant J. C.], l'empereur a un pronom qui lui est affecté, et dont lui seul peut se servir, pour

---

(1) 子 丑 寅 卯 辰 巳
亥 戌 酉 申 未 午

tseù tchheòu yîn maò tchîn ssé
'oú weí chin yeoù siù haì

dire *je, nous,* etc.; c'est 朕 *tchin*. Ce mot servoit primitivement pour toutes les personnes d'un rang élevé.

位 *wéi,* dignitatem. 帝 *tí,* imperatoris. 宅 *tsé,* occupo. 朕 *tchin,* ego.

« J'ai occupé la dignité d'empereur. »   *Chou-king.*

之 *tchī* (n. g.) 御 *iù,* imperialis. 朕 *tchin,* ego.
初 *tchoū,* principio. 極 *kí,* fastigii. 於 *iū,* in.

« Au commencement de notre règne. »
   Préf. des Ssé-choū, trad. en mandchou.

121. Pour éviter le pronom de la première personne, on se sert quelquefois de son *petit nom* [108 et note]. Confucius dit, par exemple :

知 *tchī,* noverim. 所 *sò,* quod. 丘 *khieoū,* Khieou. 非 *féi,* non.

« C'est ce que *Khieou* (je) ne sais pas. »

122. Dès l'antiquité, on s'est attaché à supprimer, autant que possible, les pronoms de la première personne, en les remplaçant par des formules d'humilité qui varient suivant l'état des personnes. Les anciens rois se désignoient eux-mêmes, en disant *kouǎ-jín* [homme de peu]:

好 *hǎo,* amo. 寡 *kouǎ,* parum. 有 *yeoù,* habeo. 寡 *kouǎ,* parum.
色 *sě,* voluptatem. 人 *jín,* homo. 疾 *tsí,* infirmitatem. 人 *jín,* homo.

« J'ai une foiblesse : j'aime la volupté. »   *Meng-tseu.*

123. Les sujets, s'adressant à l'empereur, se désignent par le mot de 臣 *tchhín* [sujet], qu'on a soin d'écrire, dans les actes officiels, en un petit caractère, à droite de la ligne, ainsi :

4.

之 tchī (a. g.) 臣 tchīn subjecti (mel) 望 vŭng spero

孤 koū, orphaut. 祖 tsoŭ avi 憫 mǐn miseratum

« J'espère que votre majesté sera touchée de pitié en faveur de moi,
» votre sujet, orphelin, à cause de mon aïeul. » (1)

124. Toute autre qualification, marquant le rapport où une personne se trouve placée à l'égard d'une autre, peut remplacer le pronom de la première personne. La civilité prescrit à ce sujet certaines règles qui seront indiquées par la suite.

125. En émettant une opinion, ou en faisant une remarque, un auteur se désigne ordinairement par le mot 愚 iŭ [stupide, homme peu éclairé]. Dans ce cas, les phrases

按 ān, animadverto. 愚 iŭ stolidus (ego) 謂 weī, assero. 愚 iŭ stolidus (ego)

doivent être traduites par *je dis, je remarque*, etc.

126. Les pronoms de la seconde personne ne sont guère plus fréquemment usités que ceux de la première. Ceux qu'on trouve ordinairement dans les livres sont les suivans.

127. 爾 eūl paroît avoir été le plus anciennement usité, et semble plus respectueux.

及 kǐ, assequeris. 所 sǒ quod. 爾 eūl ta. 非 feī non.

« C'est à quoi vous n'atteignez pas. »

128. 汝 ou 女 joŭ, est remplacé quelquefois, à cause de l'analogie de prononciation, par 如 joŭ et 若 jŏ :

---

(1) C'est un historien qui parle ainsi, en adressant son livre à l'empereur, et réclamant pour lui-même une partie de la faveur qu'on avoit jadis accordée à un de ses ancêtres, historien comme lui.

1.re PARTIE, STYLE ANTIQUE.

賢 hién, sapiens. 汝 jŏu, tu 惟 wéi, solùm

« Il n'y a que vous qui soyez sage. »

若 jŏ, tibi. 語 iù, dico 吾 'où, ego

« Je vous dis... »

129. 子 tseù, proprement *fils*, étant devenu le titre de beaucoup de philosophes et d'écrivains distingués, remplace le pronom de la deuxième personne, comme quand en français on tourne par la troisième.

奚 hi, (p. i.)? 爲 'wéi, æstimas 以 ì, ex 子 tseù, magister

« Qu'en pensez-vous? » comme on diroit : *Qu'en pense monsieur ?*

On se sert dans le même sens de 夫子 foù-tseù, qui signifie plus précisément encore *maître* ou *docteur :*

歟 iù, (p. i.)? 人 jîn, vir 聖 chíng, sanctus 子 tseù, magister 夫 foù

« Êtes-vous un saint homme? »

130. 下足 tsoù-hiá, *le dessous des pieds,* est une forme usitée dans le style élevé, pour dire *vous.*

哉 tsāi, (p. i.) 取 thsiù, capias 下 hiá, tu 爲 'wéi, esse 安 'ān, an
信 sìn, fidem 所 sŏ, quem 足 tsoù, 足 tsoù, sufficio

« Comment pourrois-je mériter votre confiance? »

131. En s'adressant à l'empereur, on dit presque toujours :

廷 thíng, palatium. 朝 tchhao, aulæ   palais de la cour,

ou bien,

下 *hiá infra* 陛 *pi, gradus*   le dessous des degrés.

deux façons de parler qui équivalent à *votre majesté*.

賜 *sse, donaque* 賞 *chảng beneficia* 廷 *thíng palatii* 朝 *tcháaó aulæ* 蒙 *méng accepi*

« J'ai reçu les présens de votre majesté. »

一 *ĭ unico* 神 *chin divæ* 陛 *pì graduum* 內 *néi interius* 今 *kīn nunc*
統 *thoúng, gubernio.* 靈 *líng intelligentiæ* 下 *hiá inferioris* 賴 *lái donatur* 海 *hái marium*

« Maintenant ce qui est environné de la mer (l'univers), doit au
» génie de votre majesté d'être réuni sous un seul gouverne-
» ment. » *Sse-ki.*

132. Le pronom de la troisième personne s'exprime par 其 *khí,*
伊 *i,* ou 厥 *kiouéi :*

母 *moú, materque.* 民 *mín populi* 其 *khí is*
也 *yĕ (p. f.)* 父 *foŭ pater* 爲 *wéi est*

« Il est le père et la mère du peuple. »   *Meng-tseu.*

Kiouéi est souvent employé dans le *Chou-king* comme synonyme
de *khí.* Ces deux pronoms et plusieurs autres de la troisième personne sont le plus souvent pris comme adjectifs possessifs ou démonstratifs. [V. 139, 141.]

133. On place élégamment le pronom 其 *khí* après le sujet d'une
phrase exprimé par un substantif, sur-tout si la phrase est admirative
ou interrogative :

也 *yĕ (p. f.)* 大 *tá magna* 舜 *chún Chun*
與 *oú (p. a.)* 知 *tchi prudentia præditus* 其 *khí is*

« Que la prudence de *Chun* est grande ! »

天 *thiên* cœlum 其 *khí* illud 運 *yún* circumagitur 乎 *hou,* (p. i.)? 地 *ti* terra 其 *khí* illa 處 *tchhoù* stat 乎 *hou,* (p. i.)?

« Le ciel tourne-t-il ? la terre est-elle immobile ? »

人 *jín* hominis 心 *sin* intelligentia 其 *khí* ea 神 *chin* spiritualis 乎 *hou,* (p. i.)? 矣 (p. f.)

« L'intelligence humaine est-elle spirituelle ? [Cf. 211]. »

134. Quand le pronom de la troisième personne est complément d'un verbe actif, il s'exprime toujours par 之 *tchi,* aussi bien pour les choses que pour les personnes :

王 *wáng* rex 往 *wáng* it 而 *eùl* et 征 *tching* subjicit 之 *tchi,* eum.

« Le roi marche pour le soumettre. »

可 *khò* potest 以 *ì* ad 殺 *chá* occidere 之 *tchi,* illum.

« Il peut le tuer. »

135. Le pronom personnel commun, *moi-même, toi-même, soi-même,* s'exprime par 己 *kì* ou 自 *tseǜ.* Le premier se met avant le verbe, quand il est sujet, et se met après, quand il est complément. Le second se met avant le verbe qui le régit, et forme le sens réfléchi :

人 *jín* homines 有 *yeoù* habeant 技 *kí* dotes 若 *jó* quasi 己 *kì* ipse 有 *yeoù* habeat 之 *tchi,* illas. 之 *tchi* (p. e.)

« Si les (autres) hommes ont des talens, que ce soit pour lui, comme
» s'il les avoit lui-même. » *Taï-hio.*

息 *si, cessat.* 強 *kiáng, cohibendum* 以 *i, ad* 君 *kiün,*
不 *poŭ, non* 自 *tseŭ, seipsum* 子 *tseŭ,* sapiens.

« Le sage ne met pas de relâche à la violence qu'il exerce sur lui-
» même. »   *I-king.*

136. On se sert, dans le même sens, des mots 身 *chīn* [corps, personne], 躬 *koūng* [corps], 親 *thsīn* [proche] :

身 *chīn, corpus.*   修 *sieoū concinnare.*

« Orner sa personne, se corriger soi-même. »

耕 *kēng, arat.* 躬 *koūng, corpore* 子 *tseŭ, filius* 天 *thiēn, cœli.*

« Le fils du ciel (l'empereur) laboure lui-même. »

之 *tchī, illud.* 筆 *pī, scripsit* 筆 *pī, penicillo* 親 *thsīn, proprio.*

« Il l'a écrit de son propre pinceau. »

137. Il est très-rare que les pronoms personnels soient accompagnés de marque pour le pluriel. On peut toutefois le former, comme pour les substantifs (75), en ajoutant au pronom l'un des mots suivans : 等 *těng, ordo* 屬 *choŭ, classis* 儕 *tchhái, turba* etc.

乎 *hoū, (p. i.)* 吾 *'oū, nos* 衆 *tchoūng, multis* 猶 *yéou, sicut* 文 *wēn, Wen*
儕 *tchhái, bis* 況 *koŭng, multô magis* 用 *yoŭng, utitur* 王 *wáng, wang.*

« Puisque *Wen-wang* emploie tant d'autres, à plus forte raison nous
» emploiera-t-il ? »   *Tso-tchouan.*

矣 *ì, (p. i.)* 之 *tchī, (p. e.)* 今 *kīn, nunc* 吾 *'oū, choŭ* } nos
虜 *loŭ, captivi* 爲 *'wéi, sumus* 屬 *choŭ,*

« Nous sommes maintenant prisonniers. »

138. Les rapports des pronoms s'expriment par les mêmes moyens que ceux des substantifs [79, 83, 84]. Dans certains cas pourtant, le pronom personnel, complément d'un verbe actif, se place, par inversion, avant ce verbe. [V. 157.]

139. Le possessif se forme d'après la règle des noms attributifs (80), en mettant le pronom personnel avant le substantif, et sans l'intermédiaire de la particule 之 *tchī*.

國 *kouě,* regno. 吾 *'oû,* meo. 利 *lí* lucrandum. 以 *ì* ad.

« Pour apporter du profit à mon royaume. »

志 *tchī,* sententiam? 爾 *eùl* vestram. 言 *yán* dictis. 各 *kǒ* quisque. 盍 *hǒ* quidni.

« Pourquoi ne dites-vous pas chacun votre pensée ? » *Lun-iu.*

妃 *fa,* reginam. 厥 *kiouě* suam. 愛 *'di* diligebat. 王 *wáng.* 大 *tài* Taï.

« *Thaï-wang* chérissoit la reine son épouse. » *Meng-tseu.*

也 *yě* (p. f.) 其 *khí* ejus. 將 *tsiáng* (n. f.) 鳥 *niǎo* avis.
哀 *'aī,* tristis. 鳴 *míng* cantus. 死 *sǐ* moritura. 之 *tchī* (p. e.)

« Quand l'oiseau est près de mourir, son chant devient triste. »
Lun-iu.

140. Outre les pronoms de la troisième personne (182), il y a un assez grand nombre de pronoms démonstratifs. On donnera ici un exemple de chacun des plus usités.

141. 彼 *pí* et 此 *thseù,* ou 茲 *tseû,* sont opposés l'un à l'autre ; le premier, comme démonstratif des choses ou des personnes éloignées, et le second, comme démonstratif des choses ou des personnes prochaines : c'est *celui-là* et *celui-ci*, *cet autre* et *moi-même*. On les emploie également avec ou sans substantif.

此 *thseù, hoc.* 取 *thsiù, cape* 彼 *pi, illud,* 去 *khiù, amove*

« Éloignez de vous cela, et prenez ceci. » *Tao-te-king.*

大 *tà, magnum* 殪 *ì, interficiamus* 小 *siaò, parvam* 發 *fà, sagittemus*
兕 *sié, urum.* 此 *thseù, hunc* 豝 *pà, suem;* 彼 *pi, illam*

« Tirons nos flèches sur cette jeune laie; frappons ce grand bœuf
» sauvage. » *Chi-king.*

此 *thseù, hoc* 時 *chí, tempus.* } ce temps-ci, maintenant. 彼 *pi, illud* 時 *chí, tempus.* } ce temps-là, alors.

玆 *tseù, hoc.* 在 *tsaì, inesse* 玆 *tseù, hoc.* 念 *niàn, recogitare*

« Songer à ceci, être (tout entier) à ceci...... » *Chou-king.*

142. 夫 *foù* ne se dit guère que des personnes.

也 *yè, (p. f.)* 子 *tseù, pueri* 三 *sân, tresve* 二 *eùl, duo* 夫 *foù, illi*

« Ces deux ou trois enfans, *pour*, c'est vous, mes disciples. »
Lun-iu.

爲 *'uéi, causâ?* 而 *eùl, et* 爲 *'uéi, causâ* 人 *jîn, hominis* 非 *feï, non*
誰 *choùi, cujus* 慟 *toùng, angere* 之 *tchí, (n. g.)* 夫 *foù, hujus*

« Si l'on ne se désole pas à cause de cet homme, à cause de qui se
» désolera-t-on? » *Id.*

143. 是 *chí* s'emploie ordinairement comme complément d'un
verbe ou d'une proposition :

無 wou non	是 chi hoc	不 poŭ non
悶 mén, dolet.	而 eùt et	見 kian videt

« Il n'éprouve pas de chagrin de ne pas voir cela. »   *I-king.*

也 yě, (p. f.)	時 chí tempore	是 chí illo	當 táng in

« Dans ce temps-là. »   *Meng-tseu.*

不 poŭ non	位 'wéi dignitatem	居 kiū occupans	是 chí hæc (1)
驕 kiāo, superbit.	而 eùt et	上 cháng altam	故 koŭ causâ

« C'est pour cette raison que, placé dans un rang supérieur, il ne s'enorgueillit pas. »   *I-king, Tchoung-young.*

144. 斯 ssé paroît tout-à-fait synonyme de 此 thseù :

者 tchě qui.	三 tān tria	斯 ssé hæc	知 tchī scit

« Celui qui sait ces trois choses... »   *Tchoung-young.*

145. Le pronom conjonctif, sujet de la proposition incidente, se rend par la particule 者 tchě, placée à la fin de cette dernière, quelle que soit sa longueur, le nombre des verbes qui la composent, et celui des complémens qui peuvent y être attachés (2).

---

(1) C'est le dictionnaire de *Khang-hi* qui fixe le sens du mot *chi*, dans cette phrase. Mais comme il signifie encore, *être*, on pourroit traduire *chi koù* par *est causa*. C'est de cette manière qu'on l'a toujours rendu dans les phrases analogues du *Tchoung-young*. Voyez pag. 88 et *alibi*.

(2) Cette construction, qui est invariable, mérite d'autant plus d'être remarquée, qu'elle donne la clef des seules phrases qui puissent, dans le *Kou-wen*, offrir quelques difficultés grammaticales.

愛 'aï amat
人 jin homines
恆 héng constanter
敬 king venerantur

人 jin homines
愛 'aï amant
者 tchè qui,
之 tchi eum.

者 tchè qui,
之 tchi eum;
人 jin homines

人 jin homines
敬 king veneratur
恆 héng constanter

« Celui qui aime les hommes, en est constamment aimé ; celui qui ho-
» nore les hommes, en est constamment honoré. »

行 hing agat
有 yeoù habemus
能 néng possint
有 yeoù habuimus

而 eùl et
之 tchi hunc;
至 tchi pervenire
也 yé (p. f.)

不 poù non
不 poù non
者 tchè qui,

至 tchi perveniat
行 hing agant
未 wéï nondum

者 tchè, qui,
而 eùl et
之 tchi eos

« Des hommes qui travaillent sans réussir, il y en a ; des hommes qui
» réussissent sans travailler, il n'y en a pas encore eu. »

未 wéï nondùm
義 i justum,
後 héou post habeat
君 kiùn principem
也 yé (p. f.)

有 yeoù habuimus
而 eùl et
其 khi suum
者 tchè qui

« Il n'y a jamais eu d'homme qui aimât la justice, et qui mît son prince
» après quelque chose, *pour dire*, qui ne le préférât pas à tout. »

Meng-tseu. [Cf. 154.]

146. Le pronom conjonctif, complément du verbe de la proposition
incidente, se rend par 所 sò, qui se place toujours après le sujet et
avant le verbe de cette proposition.

1.ʳᵉ PARTIE, STYLE ANTIQUE.

於 ɩú / erga   勿 fĕ / ne   不 póu / non   己 kí / ipse

人 jin, / homines.   施 chī / utaris   欲 yŏ / cupis   所 sǒ / quod

« Ce qu'on ne souhaite pas soi-même, qu'on ne le fasse pas aux autres
» hommes. » *Lun-iu.*

所 sǒ / quo   觀 kouān / vide   所 sǒ / ad quod   視 chí / respice

由 yeóu, / proveniat.   其 khí / is   以 ì / adhibeatur   其 khí / is

« Regardez à quoi il sert et d'où il vient (1). » *Lun-iu.* [Cf. 187.]

Dans toutes ces phrases, il faut se garder de prendre pour l'antécédent du conjonctif, le mot qui précède, et qui est le sujet du verbe qui régit ce même conjonctif.

147. Dans le dernier exemple du précédent paragraphe, *sǒ* semble régi par deux particules, parce que les verbes 以 *ì* [employer] et 由 *yeóu* [passer] sont devenus de simples exposans de rapports : le premier marquant le but, l'intention, l'instrument ; et le second, l'origine, la cause, ou le point de départ. C'est pour cette même raison que le conjonctif *sǒ* veut être placé avant la particule, dans cette expression très-usitée :

以 ì, / propter.   所 sǒ / quà   C'est pourquoi, ou c'est par quoi.

148. L'emploi du conjonctif est assez rare en *kou-wen*, parce que les phrases y sont en général courtes, et les idées exprimées le plus souvent dans des propositions isolées.

149. Le pronom interrogatif *qui, lequel*, s'exprime par 誰 *chóui* ou par 孰 *chŏu* :

---

(1) Plus littéralement : *Respicere is quid, ad, et videre is quo, ex,* en attachant le mot *sǒ*, comme complément, au verbe ou à la particule qui suit.

譲 *jáng, se dedere?* 不 *poŭ non* 敢 *kăn audet* 誰 *choŭi quis*

« Qui osera ne pas se soumettre ? » *Chou-king.*

人 *jin, vir?* 聖 *ching sanctus* 為 *wéi est* 孰 *choŭ quis*

« Quel est le saint homme ? »

150. On emploie le pronom interrogatif dans les phrases dubitatives :

之 *tchī (a. g.)* 知 *tchī scio* 吾 *oú ego*
子 *tseŭ filius,* 誰 *choŭi cujus* 不 *poŭ non*

« Je ne sais de qui il est fils. »   *Tao-te-king.*

§. VI. Du Verbe.

151. Les verbes que les Chinois nomment 字活 *hŏ-tseŭ* [mots vivans], sont, comme les substantifs [70], de deux sortes; les uns toujours verbes par eux-mêmes, et les autres alternativement verbes, noms abstraits, adjectifs ou même particules, suivant la place qu'ils occupent dans la phrase, et les marques de rapports qui peuvent s'y trouver attachées (1).

152. On a coutume de faire l'ellipse du verbe substantif, toutes les fois qu'il s'agit seulement d'attribuer une qualité à un sujet; dans

---

(1) Certains mots dont le sens est exclusivement substantif, ont été employés comme verbes, par une licence particulière. Ainsi, dans un discours contre l'établissement des monastères, *Han-iu* va jusqu'à dire, en parlant des religieux :

人 *jin, homines.* 其 *khí eos* 人 *jin hominifacere*

C'est-à-dire, « *Faites des hommes de ces hommes*, rendez-les à la condition humaine, » aux devoirs, aux droits attachés à la qualité d'homme. »

Ces phrases elliptiques sont extrêmement rares : ce sont des hardiesses sur lesquelles il est impossible de donner aucune règle.

ce cas, on met quelquefois une particule insignifiante entre le substantif et l'adjectif, pour marquer la suspension.

隱 *yĕn*, obscura.　費 *feï*, ampla　之 *tchi* (n. g.)　君子 *kiūn tseŭ*, sapientis
而 *eùl*, et　道 *tào*, via

« La voie du sage est ample et cachée. »　*Tchoung-young*.

由 *Yeou*　師 *Sse*　參 *Sen*　柴 *Tchhaï*
也 *yĕ* (p. f.)　也 *yĕ* (p. f.)　也 *yĕ* (p. f.)　也 *yĕ* (p. f.)
喭 *yàn*, rudis.　辟 *phi*, levis.　魯 *loù*, ignarus.　愚 *iû*, stolidus.

« Tchhaï *est* peu éclairé; Sen *est* peu instruit; Sse *est* léger; Yeou *est* grossier dans ses manières (1). »　*Lun-iu*. [Cf. 139.]

153. Quand il s'agit d'attribuer plus positivement à un sujet une qualité qui emporte l'idée d'une action, on se sert du mot 爲 *'weï*, qui peut se rendre par *être* (2) :

也 *yĕ* (p. f.)　人 *jìn*, vir　爲 *'weï*, erat　之 *tchi* (p. e.)　回 *Hoeï*

« Hoeï *étoit* (véritablement) un homme. »

Tchoung-young. [Cf. 130, 217.]

---

(1) Ce sont les noms de quatre disciples de *Confucius*, au sujet desquels le philosophe prononçoit ce jugement.

(2) Ce mot signifie proprement *faire* :

爲 *'weï*, agere　　爲 *'weï*, agere
官 *koūan*, magistratum.　　國 *kouě*, regnum.

5

154. L'idée de l'existence rapportée à un sujet, avec détermination d'un attribut, s'exprime par 有 *yeoù* [avoir], lequel représente exactement l'idiotisme français, *il y a:*

也 *yĕ.* (p. t.) 親 *thsin* parentes 遺 *i* negligentes 仁 *jin* pii 未 *wèi* nondum
者 *tchĕ* qui 其 *khi* suos 而 *eùl* et 有 *yeoù* fuerunt

« Il n'y a pas encore eu d'homme pieux qui négligeât ses parens. »

Meng-tseu.

學 *hiŏ,* studentes. 弗 *fĕ* non 有 *yeoù* sunt

« Il y a des hommes qui n'étudient pas (1). »   [Cf. 186, 234.]

155. L'idée de l'existence, avec désignation de localité, s'exprime par 在 *tsàï* [être dans], tant au propre qu'au figuré:

陳 *tchhin,* Tchhin. 在 *tsàï* erat in 子 *tseù* tseu 孔 *khoùng* Khoung

« Confucius étoit dans le pays de *Tchhin.* »

位 *wèi,* gradu. 下 *hià* inferiori 在 *tsàï* esse in

« Être dans un rang inférieur. »

156. Le sujet du verbe est presque toujours placé avant le verbe [83]; mais il est souvent sous-entendu, particulièrement si c'est un pronom personnel, ou s'il a été précédemment exprimé.

157. Les pronoms, complémens d'un verbe actif, font quelquefois exception à la règle précédente, par l'effet d'une inversion élégante; ainsi l'on trouve

---

(1) A l'endroit du *Tchoung-young* d'où cette phrase est tirée (chap. xx, §. 20, pag. 81 de mon édition), il y a plusieurs phrases qui peuvent également servir d'exemples de cette construction.

也 yĕ, (p. f.) 知 tchī novit 吾 'où me 不 pou non

« Il ne me connoît pas. »

au lieu de 也吾知不 qui seroit plus régulier (1).

欺 khī, decipio? 誰 chouï quem 吾 'où ego

« Qui trompé-je ? »   *Lun-iu*. [Cf. 252.]

158. Dans les verbes à double rapport, le complément direct se place après le verbe, et est suivi du complément indirect :

天 thiān, cœlum. 人 jīn, virum 能 nèng potest 天 thiān, cœli
於 iū ad 薦 tsiàn designare 子 tseù filius

« Le fils du ciel [l'empereur] peut présenter au ciel un homme (pour
» lui succéder). »   *Meng-tseu*.

下 hiá, imperio. 天 thiān 之 tchī eum 與 iù donare

« Lui donner l'empire. »   *Meng-tseu*. [Cf. 119.]

159. On peut encore faire précéder le verbe et son complément direct, du complément indirect accompagné d'une préposition :

人 jīn, virum 與 iù donare 下 hiá, imperio 天 thiān 以 ì ex

« Donner l'empire à un homme. »   *Meng-tseu*.

160. Le temps auquel l'action d'un verbe est rapportée, n'est indiqué le plus souvent que par la suite des idées, ou, si cela est nécessaire, par les adverbes de temps, soit qu'ils expriment le temps

---

(1) Remarquez qu'il n'y a pas d'amphibologie, malgré l'inversion, parce que, pour dire, *je ne connois pas*, il faudroit nécessairement :

也 yĕ, (p. f.) 知 tchī novi 不 pou non 吾 'où ego

précis, comme *hier, aujourd'hui, demain, maintenant;* soit qu'ils ne l'indiquent que d'une manière générale, comme, *avant, après, déjà, bientôt,* etc.

161. Pour le futur, l'expression la plus généralement usitée est 將 *tsiâng.*

將 *tsiâng* (n. f.)　惡 *ó* mali　之 *tchī* (n. g.)　後 *heóu* posteriorum
曰 *youĕi* dicent....　者 *tchĕ* qui　爲 *wéi* esse　世 *chī* sæculorum

« Ceux des siècles futurs qui feront mal, diront.... »

之 *tchī* illum.　問 *wén* interrogabo　將 *tsiâng* (n. f.)　吾 *oû* ego

« Je lui demanderai. » [Cf. 139, 173.]

162. 曾 *thsêng* marque le passé :

之 *tchī* (p. e.)　與 *iù* et　曾 *thsêng* (n. pr.)
問 *wén,* interrogavisti.　求 *Khiêou* Khieou　由 *yeóu* Yeou

« Vous m'avez interrogé au sujet de *Yeou* et de *Khieou.* » *Lun-iu.*

163. 已 *ĭ* marque aussi le passé, et se met tantôt avant et tantôt après le verbe.

死 *sḯ,* mortua est.　心 *sīn,* anima　存 *thsûn,* exstet　形 *kīng,* corpus
已 *ĭ* (n. pr.)　而 *eùl* et　雖 *sôui* etsi

« Quoique son corps existe encore, son ame est morte, » c'est-à-dire, il vit encore, mais il a perdu le sentiment.

甚 *chḯn,* valdè.　已 *ĭ* (n. pr.)　之 *tchī* illum　病 *pĭng* malè habuit

« Il le maltraita beaucoup. »

164. 既 *ki* est synonyme de *i* (1) :

接 *tsiēi, occurrerunt.* 既 *ki (n. pr.)* 刃 *jīn laminæ* 兵 *pīng armorum*

« Les lames des armes se sont heurtées. » *Meng-tseu.*

食 *chī comedi* 烹 *phēng coxi* 予 *iù ego*
之 *tchī illum.* 而 *eùl et* 既 *ki (n. pr.)*

« Je l'ai fait cuire et je l'ai mangé. » *Id.*

165. Tous les verbes, même les verbes actifs, accompagnés de leurs complémens directs ou indirects, sont souvent pris en un sens indéfini, et deviennent à leur tour sujets ou complémens d'autres verbes ; de sorte qu'on peut les rendre, suivant l'occasion, par l'infinitif, ou par le nom d'action qui leur correspond.

命 *mìng, fatum.* 有 *yeoù habent* 生 *sēng vivere* 死 *ssè mori*

« Vivre et mourir (ou la vie et la mort) ont l'ordre du ciel, » *pour*, sont soumis à la destinée. *Lun-iu.*

之 *tchī illud* 吾 *'où ego* 有 *yeoù habero* 怪 *koudi, insolita,* 素 *soù sectari*
矣 *ì (p. f.)* 弗 *fě non* 述 *choù narrationes,* 後 *hèou posterioribus* 隱 *yèn obscura,*
爲 *'wéi agerem* 焉 *yān (p. f.)* 世 *chí sæculis* 行 *hing agere*

« Rechercher les choses obscures, pratiquer des choses extraordinaires,
» pour être vanté dans les siècles postérieurs : je ne ferai pas cela, »
c'est-à-dire, les actions des deux verbes *soù* et *hing*.

Tchoung-young.

---

(1) Pris comme conjonction, *ki* signifie *puisque*. C'est que cette conjonction marque la liaison d'une action à un fait préexistant et passé. Cette conjonction a la même origine en latin, *quoniam, cùm-jam*; en français, *puisque*; en anglais, *since*; en allemand, *nachdem*, etc.

166. Quand plusieurs propositions sont dans la dépendance l'une de l'autre, celle dont le verbe est au positif se place ordinairement la dernière, et celle où est la conjonction se met avant :

樂 *lò* lætari	豈 *khì* qui	池 *tchhí* lacusque	雖 *soùi* licét
哉 *tsāi,* (p. i.)	能 *néng* possit	鳥 *nido* avesque	有 *yeòu* habeat
	獨 *toǔ* solus	獸 *cheòu* bestiasque	臺 *thái* turrem

« Quoiqu'on ait une tour, une pièce d'eau, des oiseaux, des quadrupè-
» des, comment peut-on en jouir isolément? » *Meng-tseu.*

樂 *yó* musicam que	敢 *kǎn* audeant	其 *khí* illorum	位 *'ueí* dignitatem,	雖 *soùi* etsi
焉 *yán,* (p. f.)	作 *tsǒ* facero	德 *té* virtutem,	苟 *keoù* si	有 *yeòu* habeant
	禮 *li* ritus	不 *poù* ne	無 *woù* non	其 *khí* illorum

« Quoique (des hommes) aient leur (des anciens princes) dignité, s'ils
» n'ont pas leur vertu, qu'ils n'osent pas imaginer des rites et une
» musique (nouvelle). » *Tchoung-young.*

167. On supprime souvent la conjonction dans le premier membre de phrase, particulièrement l'hypothétique *si*, parce que la position respective des deux verbes indique suffisamment que le premier est dans la dépendance du second, et doit conséquemment être pris au sens conjonctif (1). Dans ce cas, pour éviter tout doute, le

---

(1) En rapprochant cette règle de celle des substantifs (79), des noms composés (80), des noms attributifs et adjectifs (91,95), et de celle qui est relative aux adverbes et aux expressions modificatives ou circonstancielles (voyez plus bas 177), on s'aperçoit que l'ordre des idées est presque toujours inversif en chinois, comme dans les langues tartares. (Voyez les *Recherches sur les langues tartares*, tom. I, p. 279.) Mais il y a quelque différence relativement aux complémens directs des verbes et de certaines prépositions, lesquels se placent, en chinois, après le mot qui les régit. Ces traits caractéristiques du génie d'une langue méritent d'être remarqués.

second membre de phrase peut commencer par une marque de conclusion ou d'induction qui achève de déterminer le sens du premier.

從 *thsoúng, obsequitur.* 弗 *fě non* 民 *min populus* 信 *sìn fidem assequitur,* 不 *poǎ non*

« S'ils n'obtiennent pas de confiance, le peuple ne les suit pas, » ou bien, n'obtenant pas de confiance, etc. *Tchoung-young.*

利 *lì lucrandum* 曰 *yeouĕi dicent* 國 *kouě, regno;* 以 *ì ad* 王 *wáng rex*
吾 *'oû meo* 何 *hŏ quomodo* 大 *tá* 利 *lì lucrandum* 曰 *yeouĕi dicat*
家 *kiā, domui.* 以 *ì ad* 夫 *fou magnates* 吾 *'oû meo* 何 *hŏ quomodo*

« Si le roi dit : Qu'est-ce qui peut apporter du profit à mon royaume ? » les grands diront : Qu'est-ce qui peut apporter du profit à ma » maison ? » ou bien, *Quand le roi dit.... les grands disent.....* ou bien, *Le roi disant.... les grands disent....* etc.   *Meng-tseu.*

Avec la marque d'induction au second terme :

河 *hŏ fluvii* 民 *min populum* 移 *ì deveho* 凶 *hioúng, calamitatibus laboret;* 河 *hŏ fluvii*
東 *toúng, orientem.* 於 *iù in* 其 *khí ejus* 則 *tsĕ tunc* 內 *nĕi interius*

« *Si* le pays qui est au milieu du fleuve éprouve quelque calamité, » ALORS je transporte les habitans à l'orient du fleuve. »
     Meng-tseu. [Cf. 135, 142, 171, 226, 240, 265.]

168. Le mode impératif n'a besoin d'aucun signe ; le sens se déduit de l'absence de tout sujet autre que le pronom de la deuxième personne :

民 *'min, populum.* 新 *sīn novum* 作 *tsŏ fac*

« Faites nouveau le peuple », c'est-à-dire, renouvelez ses mœurs et ses
                vertus.   *Taï-hio.*

坐 tsŏ, sede. 復 fòu iterùm.

« Rasseyez-vous. »

169. L'adjectif verbal actif se forme par l'addition de 者 tchĕ [98, 145].

何 hŏ quid 者 tchĕ (p. r.) 與 iù vel 不 poŭ non
以 ì ad 之 tchī (o. g.) 不 poŭ non 爲 'uĕi agentis
異 ì, discrimen? 形 híng forma 能 néng potentis 者 tchĕ (p. r.)

« Quelle différence y a-t-il du *non faisant* au *non pouvant?* » c'est-à-dire, de celui qui n'agit pas à celui qui ne peut pas agir.

Meng-tseu. [Cf. 186, 251.]

170. 可 khŏ [pouvoir], placé avant les verbes, forme un verbe facultatif au sens passif, et, par conséquent aussi, un adjectif verbal, qui répond aux adjectifs français en *able*, *aimable*, *faisable*, etc. [Cf. 254.]

可 khŏ possunt 白 pĕ albi 可 khŏ possunt 爵 tsiŏ dignitates
蹈 taŏ, calcari. 刃 jìn enses 辭 thseŭ recusari, 祿 loŭ emolumenta

« Les honneurs et les appointemens peuvent être refusés; les lames » nues peuvent être foulées aux pieds. »

Tchoung-young. [Cf. 241.]

171. Le sens passif n'a besoin d'être marqué par aucun signe, quand il n'y a point d'amphibologie, c'est-à-dire, quand on ne sauroit sans absurdité regarder comme sujet de l'action le substantif qui en est le terme :

行 híng. frequentatur. 不 poŭ non 其 khí ea 道 taŏ via

« La voie n'est pas parcourue. » *Tchoung-young.*

立 *li, stat.* 則 *tsĕ tunc* 豫 *iù præconsiderata* 事 *sée res* 凡 *fân quælibet*

« Toutes choses qui sont pensées d'avance, subsistent. »
Tchoung-young. [Cf. 226.]

172. Quand cela est nécessaire, le sens passif s'exprime par l'addition de 於 *iu* entre le verbe et le mot qui formeroit le complément direct :

父 *foŭ patre* 愛 *'aì diligimur* 年 *niản annos* 有 *yeoŭ habentes*
母 *moŭ, matreque,* 於 *iù à* 之 *tchī (p. e.)* 三 *sān tres*

« A l'âge de trois ans, nous sommes chéris par nos parens. »
Lun-iu.

食 *sĕ aluntur* 食 *sĕ alunt* 人 *jīn hominibus;* 勞 *laò laborantes* 勞 *laò laborantes*
於 *iù ab* 人 *jīn homines;* 治 *tchhí reguntur* 力 *lĭ viribus* 心 *sīn animo*
人 *jīn, hominibus.* 治 *tchhí regunt* 於 *iù ab* 者 *tchĕ qui,* 者 *tchĕ qui,*
　 　 人 *jīn homines* 人 *jīn hominibus* 治 *tchhí reguntur* 治 *tchhí regunt*
　 　 者 *tchĕ qui,* 者 *tchĕ qui,* 於 *iù ab* 人 *jīn homines;*

« Ceux qui emploient les forces de l'esprit gouvernent les autres; ceux
» qui emploient les forces du corps sont gouvernés; ceux qui sont
» gouvernés nourrissent les autres, et ceux qui gouvernent sont
» nourris. » [Cf. 217.]

173. On peut aussi donner le sens passif à un verbe, en le faisant précéder de 見 *kiản* [voir] :

殺 chả, occidit　將 tsiāng (p. f.)　知 tchī, scire　何 hŏ, quomodo　夫 fou
見 kian, videre　其 khî, ejus　以 ì, id　子 tsèu, magister | lieu

« Maître, comment savez-vous qu'il sera tué ? »   *Meng-tseu.*

§. VII. Des Adverbes.

174. Il y a des mots qui ont par eux-mêmes les sens adverbial, soit qu'ils marquent des circonstances de temps ou de lieu, comme :

今 kin, nunc.　　已 ì, jam.
昨 tsŏ, heri.　　前 tsiēn, ante.
後 heòu, post.　　未 weî, nondum.

soit qu'ils indiquent une interrogation portant sur la manière, le temps, etc. comme :

何 hŏ, quomodo.　　奚 khī, quomodo.　　幾 kì, quantùm.

175. D'autres adverbes sont formés par la répétition d'un mot qui, écrit une fois seulement, auroit une signification adjective ou verbale, ou souvent même n'en auroit pas du tout **(1)**; comme,

{ hoāng, 喤　hoāng　en pleurant amèrement.
{ yŏ, 躍　yŏ　en sautant.
{ khiĕou, 俅　khiĕou　respectueusement, d'une manière grave et respectueuse.

---

(1) Cette sorte de mots a été présentée d'une manière peu exacte par le P. Basile dans son Dictionnaire. Il les désigne toujours par cette formule : *dicitur de*..... Voyez le Dictionnaire imprimé, nos. 229, 539 et *passim*.

Cette classe d'adverbes, riche en onomatopées, est particulièrement employée dans la poésie et dans le style descriptif.

176. On forme à volonté des adverbes, en ajoutant aux adjectifs ou aux verbes la particule 然 *jân,* qui signifie *ainsi.*

忽 *hŏ, subitus*
然 *jân, (p.)*
} subitement.

喟 *'uĕi, suspirare*
然 *jân, (p.)*
} plaintivement, en soupirant.

177. Comme les adjectifs et les autres noms attributifs se placent ordinairement avant le sujet auquel ils tiennent lieu de qualificatifs, de même les adverbes et les expressions simples ou composées, modificatives ou circonstancielles, ont coutume de précéder le verbe dont ils spécifient l'action. Cette observation fait voir comment des substantifs ou des verbes peuvent être pris adverbialement, d'après la place qu'ils occupent dans une phrase, et sans qu'il soit besoin d'aucun signe particulier :

來 *láï, venerunt.* 子 *lieù filiorum more* 民 *min populi* 庶 *chù plures*

« Les peuples vinrent *filialement,* comme un fils. »   *Chi-king.*

忍 *jin ferre* 之 *tchi (p. e.)* 知 *tchï scio* 臣 *tchhin subjectus (ego)*
也 *yĕ, (p. f.)* 不 *pŏ non* 王 *wáng regem* 固 *koù certè*

« Je sais certainement que votre majesté ne le supporteroit pas. »
Meng-tseu.

坐 *tsô, sedebat.* 侍 *chi assistendo* 華 *hoá hoa* 西 *sï si* 公 *Koung Koung*

« *Koung-si-hoa* étoit assis à ses côtés. » [Cf. 119.]

Dans le cas où plusieurs verbes sont ainsi réunis, le verbe principal est toujours le dernier, et ceux qui précèdent servent seulement à modifier l'action qu'il exprime.

178. La règle précédente s'étend aux expressions adverbiales que nous formons du participe actif des verbes, avec ou sans complément, en observant toujours que l'expression modificative précède le verbe dont l'action est modifiée :

王 *uáng, regnare.* 而 *eùl, et.* 民 *mín, populum.* 保 *páo, tueri.*

« Régner en conservant (sauvant) ses peuples. » *Meng-tseu,*

et au sens négatif, avec la négative appropriée aux qualificatifs [272] :

勿 *vŏ, ne.* 非 *fēi, sine.* 勿 *vŏ, ne.* 非 *fēi, sine.*
動 *toùng, inovearis.* 禮 *li, ritu.* 言 *yán, loquaris.* 禮 *li, ritu.*

« Ne dites pas une parole en n'observant pas les rites ; ne faites pas un mouvement, en n'observant pas les rites, » *pour,* sans observer. *Meng-tseu.*

§. VIII. Des Prépositions.

179. Les prépositions proprement dites veulent, en général être placées immédiatement avant leur complément [voyez 85 et suiv.].

180. Plusieurs substantifs se prennent comme prépositions, quand ils sont construits avec d'autres noms [80].

國 *koué, regni.* 中 *tchoũng, medio.* dans le royaume.

海 *hái, marium.* 內 *néi, interiori.* dans la mer.

181. Quelques verbes s'emploient comme prépositions, dans un sens dérivé de celui qu'ils avoient primitivement. Ainsi, 以 [se servir], est devenu la préposition *pour, par, au moyen de,* etc.

§. IX. Des Conjonctions.

182. Les rapports qui peuvent exister entre les parties d'une phrase, et les diverses propositions qui dépendent l'une de l'autre, sont marqués, ou par la position respective des unes et des autres [167], ou, quand cela est nécessaire, par des particules qui rattachent ensemble les phrases particlles, et font connoître en quoi chacune d'elles concourt au sens général. Ces particules ayant pour la plupart des usages variés, on en traitera dans un paragraphe séparé.

§. X. Des Interjections.

183. Les interjections ou particules qui marquent l'admiration, l'étonnement, la douleur, se placent ordinairement à la fin des phrases :

耳 *eúl* aurem
哉 *tsái* (p. a.)!
乎 *hoû,* (p. a.)!
盛 *ching* adimplet
洋 *yáng,*
洋 *yáng,*
} immensum

« Quelle harmonie ! comme elle remplit l'oreille ! »

184. Quelquefois pourtant la particule admirative se place après le mot qui exprime la qualité sur laquelle porte l'admiration :

問 *wén,* interrogatio! 哉 *tsái* (p. a.) 大 *tá* magna

« O la grande (importante) question ! »

§. XI. Des Particules

Qui servent à former des idiotismes ou expressions particulières au Koù wên.

185. La plupart des particules ou *mots vides* [62] ont été originairement des *mots pleins*, que l'usage a détournés de leur sens primitif. Il est utile de récapituler les sens divers qu'ont acquis les plus usités, tant pour être en garde contre les mal entendus qui

peuvent résulter de cette succession de métaphores, que pour avoir une idée juste des idiotismes ou des expressions que l'analyse ne peut réduire aux principes généraux des autres langues.

186. 之 *tchi,* la plus usitée de toutes les particules du *Koŭ wên,* étoit primitivement un caractère figuratif, représentant un bourgeon qui sort de terre ; d'où le sens verbal de ce mot, qui signifie *sortir, passer d'un lieu dans un autre, ou d'un état dans un autre.*

者 tchĕ, (p. r.) 之 tchi transiens 其 khi suum 妻 thsi uxorem 有 yeoŭ fuit
楚 thsoŭ Thsou 友 yeoŭ amicum 子 tseŭ 託 thŏ fidens
遊 yeoŭ peregrinans 而 eùl et 於 iu ad 其 khi suum

« Il y a un homme qui a confié son épouse à son ami, et qui a passé
» dans le pays de *Thsou,* pour y voyager. » (1)

Meng-tseu.

187. Il signifie *pour, à l'égard de :*

而 eùl et 親 thsin amant 其 khi ipsi 人 jin homines
僻 phi, deflexi. 愛 aï diliguntque 所 sŏ quos 之 tchi erga

« Les hommes sont partiaux à l'égard de ce qu'ils aiment. »

Taï-hio.

---

(1) On peut trouver 之之 *tchi* [passer cela, passer là] ; et un missionnaire cite cette phrase :

之 tchi (n. g.) 之 tchi transeundi 不 poŭ non
路 loŭ, viam. 之 tchi hoc 知 tchi scit

« Il ne connoît pas le chemin pour y passer. »

dans laquelle le mot *tchi* est répété trois fois, et pris successivement comme verbe, comme

Hors ces deux cas, qui sont très-rares, *tchi* doit toujours être construit avec le mot qui précède, soit verbe, soit substantif.

188. Il sert à marquer le rapport de deux substantifs [81], et fait, à l'égard de celui qui précède, la fonction d'une terminaison analogue au génitif.

189. Il a quelquefois été pris comme adjectif démonstratif (1), et les livres anciens en fournissent des exemples; mais d'après l'usage ordinaire, il est réduit à représenter le terme de l'action d'un verbe actif, quand il a été précédemment exprimé [134].

190. Il est souvent encore pris comme particule explétive après le sujet d'un verbe; dans ce cas, on peut le regarder comme faisant les fonctions d'article déterminatif ou partitif.

重 *tchhoung,* graves. 禮 *li* ritus 報 *pdo* retribuent 之 *tchi* (expl.) 士 *ssé* litterati

« Les lettrés rendront (à leur tour) de plus grands honneurs. »

Tchoung-young (2).

191. On le met après les mots 有 *yeoù* [il y a, 154], 未 *wéi* [pas encore, *nondum*, sous-entendu *habuimus*], 謂 '*wéi* [appeler] :

之 *tchi,* eos. 有 *yeoù* habent il y a, il y en a....

---

pronom de la troisième personne à l'accusatif, et comme marque du rapport entre l'action de ce verbe et le substantif qui suit.

(1) Un auteur, cité dans le dictionnaire de *Khang-hi*, dit que *tchi* est une particule dont le sens s'attache à la chose qu'on montre, à celle à laquelle une autre appartient, au lieu où l'on va. On trouve, en ce sens, dans le *Chi-king :*

歸 *kouéi,* nubendum. 于 *iú* ad 子 *tseù* filia 之 *tchi* hæc

« Une fille se rendant à la maison de son mari. »

(2) Voyez d'autres exemples de ce sens dans les exemples cités aux n.os 87, 119, 135, 137, 139, 153, 162, 177, 253.

有 yeoù / habemus. 之 tchī / eos 未 wèï / nondum

« Il n'y a pas encore eu, il n'y eut jamais. » [Cf. 145.]

之 tchī, / hoc. 謂 'wèï / vocant on appelle cela.

Et quelquefois, en faisant une inversion, ou ramenant *tchī* à la qualité d'explétive [190] :

謂 'wèï, / vocare. 之 tchī / hoc cela s'appelle (1).

Formule très-usitée pour les définitions. [Cf. 87.]

192. Il se prend pour 者 *tchè,* après les adjectifs et les verbes [98, 99, 145, 169]; et, dans ce cas, il ne s'éloigne pas encore de la fonction déterminative qui lui a été précédemment assignée [190].

古 koŭ / veteres 之 tchī, / (p. r.) } les anciens, pour   古 koŭ / veteres 者 tchè, / (p. r.)

之 tchī, / (p. r.) 年 niān / annos 三 sān / tres 有 yeoŭ / habentes

« Ceux qui ont trois ans... » [172.]

193. Il s'ajoute quelquefois à 者 *tchè,* et on ne peut alors le prendre que comme explétif ou comme déterminatif [190] :

經 kīng / King 之 tchī / (p. r.) 學 hiŏ / studerent
也 yĕ, / (p. r.) 於 iù / quoad 者 tchè / qui

« Les étudians, en ce qui concerne les *King*... »

---

(1) Voyez le commencement du *Tchoung-young*. — Toutes les fois que *tchī* est employé dans le sens de ces deux paragraphes, il a l'avantage de faire éviter une amphibologie, en marquant mieux le rapport qui existe entre les mots qu'il réunit. Il n'est donc jamais véritablement explétif; mais on l'appelle ainsi pour abréger, et pour ne pas insister trop longtemps sur une analyse purement théorique, et que beaucoup de lecteurs pourroient juger trop raffinée.

194. 者 *tchè* est proprement un déterminatif (1) qui restreint un sens général ou vague à l'objet qu'on montre ou qu'on a en vue. De là l'emploi qu'on en fait avec les adjectifs et les verbes [98, 99, 145, 169].

195. Quand un adjectif, ou un mot dont l'acception peut être tour-à-tour substantive, adjective ou verbale, est suivi de *tchè*, et qu'il ne se rapporte pas à un sujet précis, il forme le nom abstrait ; et l'on peut, en ajoutant encore 之 *tchī*, reformer l'adjectif, mais avec le sens déterminatif [190, 193]. Ainsi de 誠 *tchhīng* [parfait, perfection], on forme

者 *tchè,* (p. r.) 誠 *tchhīng* perfectum   le parfait, ou la perfection, et

之 *tchī,* (p. r.) 者 *tchè,* (p. r.) 誠 *tchhīng* perfectum   celui qui est parfait. [Cf. 193, 204.]

196. *Tchè* se met après un ou plusieurs mots qu'on va définir ou expliquer par des équivalens, et la définition, ordinairement composée du même nombre de mots, se termine par 也 *yè*, de sorte que les deux termes se correspondent symétriquement :

也 *yè,* (p. t.) 本 *pēn* fundamentum 者 *tchè* (p. r.) 德 *tĕ* virtus

« La vertu, c'est le fondement ou la base. »

也 *yè,* (p. t.) 人 *jīn* homo 者 *tchè* (p. r.) 仁 *jīn* pietas

« L'humanité, c'est l'homme (tout entier) (2). »

---

(1) Suivant l'analyse du *Choue-wen*, l'ancien caractère étoit composé du signe de *plusieurs* et de celui de *blanc* ; ainsi il représentoit ce qui se distingue par son éclat entre plusieurs.

(2) Il y a dans ce dernier exemple une grâce que les Chinois estiment beaucoup et qui est particulière à leur langue : *jīn* [l'amour du prochain], répond pour le son à *jīn*

197. La résomption se marque en joignant *yè* et *tchè*, de cette manière :

者 *tchè*, (p. r.)　也 *yè*, (p. f.)　中 *tchoûng* medium

« Ce milieu (dont on vient de parler). »

198. 也 *yè* est le plus souvent une finale insignifiante, une sorte de point ou de virgule articulée, qui marque la fin d'une phrase, ou la séparation des membres qui la composent.

199. On l'ajoute souvent aux noms propres, quand ils sont sujets d'une phrase, pour marquer la suspension, et tenir lieu du verbe substantif [152].

200. On l'ajoute aux réponses courtes, pour en marquer la fin, et, dans ce cas, *yè* correspond à la particule interrogative :

也 *yè*, (p. f.)　可 *khò* potest　乎 *hou*, (p. f.)?　可 *khò* potestne

« Peut-il? — Oui, il peut. »

[homme], avec un accent différent. De plus, le premier caractère contient le second joint au signe de *deux* qui marque le rapport de *deux hommes,* ou de l'homme avec son semblable. On cherche ainsi à faire jaillir une image du rapprochement des caractères qui ont de l'analogie dans le son et dans la composition. C'est ainsi qu'on dit :

也 *yè*, (p. f.)　正 *tching* rectitudo　者 *tchè* (p. r.)　政 *tching* regimen

« L'administration, c'est la droiture », et

也 *yè*, (p. f.)　孝 *hiào* pietas　者 *tchè*, (p. r.)　教 *kiào* institutio

« L'éducation, c'est la piété filiale. »

Il y a même dans ces deux exemples une beauté de plus : les deux mots qu'on fait contraster dans chacun, ne se répondent pas seulement pour la prononciation; le premier caractère contient aussi le second, avec l'addition de la clef 66.ᵉ [frapper, mettre en mouvement], de sorte que c'est comme si l'on disoit : *Le gouvernement, c'est la droiture mise en action; l'éducation consiste à mettre en mouvement la piété filiale.* Mais les phrases chinoises ont bien plus d'élégance et de vivacité.

201. 於 ou 于 *iû*, d'un mot qui signifie *aller*, est l'exposant du rapport de localité, de juxtaposition et de plusieurs autres, tant au propre qu'au figuré [86].

202. Il forme le sens passif dans les verbes [172].

203. Il marque le terme relatif d'une comparaison [100].

204. Il signifie *pour, relativement à, en ce qui concerne* :

也 *yê,* (p. f.), 於 *iû* quoad 者 *tchè* (p. r.) 夫 *foû* illi
病 *ping* morbos 之 *tchī* (p. e.) 醫 *ī* medici

« Les médecins, quand il s'agit de maladies… » [Cf. 193, 265.]

205. 乎於 *oû-hoû* se place au commencement des phrases, et marque l'admiration.

王 *wâng,* reges. 前 *thsian* pristini 乎 *hoû,* proh ! 於 *oû,*

206. 乎 *hoû* est, comme la particule précédente, l'exposant de divers rapports des substantifs entre eux, et l'intermédiaire de certains verbes et de leurs complémens [87].

207. Il signifie *en qualité de, en conséquence de,* etc.

貴 *koûeï,* nobilisque. 富 *foû* dives 乎 *hoû* quasi 行 *hing* agere

« Se conduire en homme riche et honoré. »

Tchoung-young.

208. Il se place à la fin des phrases qui marquent la compassion, la douleur, l'admiration, etc. [183].

乎 *hoû,* (p. a.)! 惜 *sī* dolendum   quel malheur!

乎 *hoû,* (p. a.)! { *yâng* immensitas 洋 *yîng.*   quelle immensité!

209. 乎烏 *oû-hoû*, qu'on écrit communément 呼嗚 marque l'admiration, la douleur, etc., et se place au commencement de la phrase. [Cf. 205.]

210. *Hoû* marque l'interrogation et se place à la fin de la phrase, seul, ou joint à quelque autre particule interrogative ou finale :

乎 *hoû,* (p. i.)?　矣 *i,* (p. f.)　仁 *jin* pietas-ne

« Est-ce là l'humanité ? »

哉 *tsaï,* (p. f.)?　乎 *hoû* (p. i.)　遠 *youân* remota　仁 *jin* pietas

« L'humanité est-elle si éloignée ? » *pour*, si difficile à pratiquer. [Cf. 183.]

211. On le répète à chaque membre de phrase marquant l'interrogation ou le doute :

乎 *hoû,* (p. i.)?　否 *fcoû,* nonne　乎 *hoû* (p. i.)?　宜 *i* convenit

« Cela est-il convenable, ou non ? »

者 *tchè* (p. r.)　乎 *hoû* (p. i.)　其 *khi* is　之 *tchi* (n. g.)　不 *poû* non

乎 *hoû,* (p. i.)　其 *khi* is　覺 *kiŏ* vigilat　言 *yán* loquens　識 *chi* scio

夢 *mêng* somniat　者 *tchè* (p. r.)　者 *tchè* (p. r.)　今 *kin* nunc

« Je ne sais si (moi) qui parle en ce moment, j'ai ma connoissance, » ou si je rêve. »

212. Il sert, comme *iû* [100], à marquer les comparatifs :

天 *thiân,* cœlo.　乎 *hoû* præ　高 *kaò* altum　莫 *moŭ* nihil

« Il n'y a rien de plus élevé que le ciel. » [Cf. 271.]

1.re PARTIE, STYLE ANTIQUE.   85

乎 *hoû* præ 日 *jì* die 吾 *oû* ego
爾 *cùl,* te. 長 *tchâng* major 一 *i* uno

« Je suis d'un jour plus âgé *que* vous. »   *Lun-iu.*

213. 乎庶 *chù-hoû* est une expression qui revient à nos façons de parler, *peu s'en faut, à-peu-près, je pense,* etc.:

可 *khò* potest 乎 *hoû* 則 *tsě* igitur
矣 *ì,* (p. t.) 其 *khì* is 庶 *chù*

« Ainsi *je vois* qu'il pourra. »

On dit dans le même sens 幾庶 *chù-kì.*

214. 諸 *tchoû* marque la pluralité [74].

215. Il est quelquefois, comme préposition, synonyme de *iû* [201] et de *hoû* [206. Cf. 119]:

掌 *tchàng,* palmam. 諸 *tchoû* in 示 *chì* respicere

« Regarder *dans* sa main. »

身 *chin,* selpso. 諸 *tchoû* ex 本 *pèn* radicem (habere)

« Avoir le fondement (de sa conduite) *en* soi-même. »

216. 諸有 *yeoû-tchoû* revient à notre façon de parler, *n'est-ce pas?*

有 *yeoû* 諸 *tchoû,* nonne? 十 *chí* decem 里 *lì* li 方 *fâng* quadrato 七 *tsì* septem 之 *tchî* (n. g.) 囿 *yeoù* hortus 文 *wèn* Wen 王 *wâng* wang

« Le jardin de *Wen-wang* avoit soixante-dix li [sept lieues] en carré : *n'est-ce pas?* »   *Meng-tseu.*

La réponse à cette interrogation est 有之 *yeoù tchi*, « il les » avoit. »

217. 邪 ou 耶 *yé* marque l'interrogation et le doute, comme *hoù* (210, 211); il se place à la fin des phrases, et se répète aussi à chaque interrogation :

大 *tà* magnitudinem
且 *thsiĕï* equidem
而 *eul* et
使 *ché* si
也 *yà* (p. f.)
得 *tĕ* assecuta essem
有 *yeoù* habuissem
予 *iù* ego
邪 *yé,* (p. i.)?
此 *thseù* hanc
用 *yoúng* usum,
也 *yè* (p. f.)

« Si j'avois eu quelque utilité (dit un arbre dans un apologue de
» *Tchouang-tseu*), aurois-je atteint cette grandeur ? »

命 *ming* imperatum
於 *iû* à
物 *wĕ* rebus
者 *tchĕ* (p. r.)
耶 *yé,* (p. i.)

為 *'wéi* est
命 *ming* imperans
物 *wĕ* rebus
者 *tchĕ* (p. r.)
耶 *yé* (p. i.)

為 *'wéi* est
主 *tchù* dominus
耶 *yé* (p. i.)
為 *'wéi* est
客 *khĕ* hospes
耶 *yé* (p. i.)

為 *'wéi* est
一 *ĭ* unicum
耶 *yé* (p. i.)
為 *'wéi* est
二 *éul* duplex
耶 *yé* (p. i.)

然 *ján* sic
則 *tsĕ* quidem
所 *sŏ* quod
謂 *'wéi* vocamus
心 *sin* animum
者 *tchĕ,* (p. r.)

« Ainsi donc, ce qu'on appelle ame est-il un être unique ou double? est-
» ce un maître ou un hôte? commande-t-il aux objets extérieurs ou
» en est-il commandé? »

218. 與 *iù* signifie proprement *donner* :

之 *tchī*, cum.　與 *iù* donavit　天 *thiān* cœlum

« Le ciel lui a donné. »

219. Il marque l'addition, la réunion, la simultanéité [85].

220. Il se joint aux adjectifs qui marquent similitude ou différence, même quand les deux termes étant réunis dans un même sujet, la comparaison devient corrélative :

聞 *wén* audire　與 *iù* ad　不 *poŭ* non　聞 *wén* audire
同 *thoúng*, simile　不 *poŭ* non　行 *híng* exerceo　而 *cùl* et

« Apprendre et ne pas pratiquer, c'est la même chose que ne pas
» apprendre. »

異 *ī*, diversa.　與 *iù* ad　相 *siāng* mutuó　必 *pí* profectó　彼 *pì* illi

« Ils sont sans doute différens l'un de l'autre. »

221. Il marque la comparaison entre deux états ou deux actions, dont l'un est préféré à l'autre. Dans ce cas, le terme qui exprime la chose non préférée, est placé le premier, précédé de *iù*, et ordinairement suivi de 也 *yè*; l'autre terme vient ensuite, précédé de 寧 *nìng* [il vaut mieux] :

儉 *kiàn*, parcimonia.　也 *yè* (p. f.)　其 *khí* eorum　禮 *n* ritus
寧 *níng* præstat　奢 *chē* copiam　與 *iù* ad

« En fait de rites, la parcimonie vaut mieux que la prodigalité. »

222. Il sert de copulative entre plusieurs substantifs, et de disjonctive si le sens est interrogatif.

子 tseù Confucius
罕 hàn rarò
言 yán loquebatur
利 li lucrum
命 ming fatum
仁 jîn humanitatem.
與 iù et
與 iù et

« Confucius parloit rarement de l'intérêt (1), et de la destinée, et de
» la charité universelle. » *Lun-iu.*

甲 Kiă
與 iù vel
乙 I
孰 choŭ quænam
美 meï pulchrior?

« De *Kia* ou de *I* (2), quelle est la plus belle? »

223. Il sert d'explétive et de finale, et marque quelquefois l'admiration ou l'interrogation ; alors il prend l'accent *phíng* :

其 khí id
此 tseù hoc
之 tchī (p. e.)
謂 wéi dicebam
與 iá, (p. f.)

« C'est ce que je disois. »

其 khí ille
大 tá magna
知 tchī prudentiâ
也 yě (p. f.)
與 iù, (p. a.)

« Que sa prudence étoit grande ! »

如 joù quomodo
非 fě non
能 néng potuisti
救 kieóu vitare
與 iá, (p. f.)

« Comment n'avez-vous pas pu vous dispenser ? »

Dans ce dernier sens, on emploie actuellement la variante 歟

224. 而 *eûl* est une copulative dont on ne fait jamais usage pour les substantifs, parce qu'elle indique l'opposition ou le contraste de deux qualités simultanées. On peut souvent la rendre par *et tamen* :

───────────────

(1) Ce mot est employé dans une acception technique, pour *les avantages que procure la vertu.*

(2) Ces deux mots sont deux caractères cycliques pris ici dans un sens indéfini, pour *l'une, l'autre, la première, la seconde.* Voyez 118.

君子 *kiun tseu* sapiens 而 *eul* et 不 *pou* non 同 *thoûng* idem 小人 *siao jin* insipiens 而 *eul* et 不 *pou* non 和 *hó* consonans.

« Le sage s'accorde (avec les hommes vicieux) sans les imiter; l'insensé
» les imite sans s'accorder avec eux. » *Lun-iu.*

ou, en sous-entendant le verbe :

人 *jin* homo 而 *eul* et 不 *pou* non 仁 *jin* pius 如 *joû* quomodo 禮 *li* ritus 何 *hó* quomodo?

« *Être* homme et ne pas *être* pieux, est-ce satisfaire aux rites? »
Id.

225. Quand une proposition incidente commence par *quoique*, la proposition principale est ordinairement précédée de *eûl* :

善 *chen* boni 人 *jin* homines 雖 *soûi* etsi 多 *tó* multi, 而 *eul* et 不 *pou* non 厭 *yán,* satiamur.

« En quelque nombre que soient les gens de bien, on n'en est pas im-
» portuné. » [Cf. 163.]

226. Pour marquer la priorité, la succession et l'intention, on se sert de 而 *eûl,* souvent aussi de 後而 *eûl-héou*, ou 后而 *eûl-héou* [et postea].

學 *hió* studere 而 *eul* et 時 *chi* diù 習 *sí* incumbere 之 *tchi,* ei.

« Étudier et s'exercer long-temps. » *Lun-iu.*

禱 *taô* precatus sum 而 *eûl* et 有 *yeoŭ* habere 豈 *khí* num
邪 *yé* (p. l.) 後 *hèou* postea 病 *ping* morbum 待 *tái* expectavi

« Ai-je attendu que je fusse malade *pour* prier ? »

國 *kouĕ* regnum 而 *eûl* et 家 *kiã* domibus
治 *tchhí* regitur. 后 *hèou* postea 齊 *tsí* ordinatis

« Quand les familles sont bien en ordre, le royaume est bien gou-
» verné. »
Tai-hio (1). [Cf. 91, 134, 143, 239.]

287. Après un adverbe, ou une expression simple ou composée qui en tient lieu, on place souvent *eûl*, et ce mot rattache l'expression modificative au verbe suivant, parce que la première partie de la phrase devient la condition de la proposition principale [167].

怨 *yoùan* pœnitet. 行 *hing* agere 利 *lí* lucrum 放 *fang* vacando
多 *tõ* multûm 而 *eûl* et 於 *iû* ad

« Celui qui agit en se livrant à l'intérêt, a beaucoup de sujets de s'en
» repentir. » Lun-iu.

Et au sens négatif :

治 *tchhí* regnat. 而 *eûl* et 嚴 *yán* severum 不 *poŭ* non

« Il n'est pas sévère, et il gouverne, » *pour*, il gouverne sans sévérité.
Hiao-king. [Cf. 143, 178, 237.]

---

(1) Voyez vingt exemples de cette façon de parler dans le commencement du même ouvrage.

228. 已而 *eùl-i* [et cessat] se place à la fin des phrases, pour signifier *sans plus, il n'y a que :*

已 *i, cessat.* 而 *eùl et* 人 *jìn homines* 九 *kièou novem*

« Il n'y a que neuf personnes. »

已 *i, cessat* 矣 *i, (p. f.)* 義 *i justitia* 而 *eùl et* 有 *yeòu habetur* 仁 *jìn pietas*

« La charité et la justice, voilà tout. » *Meng-tseu.*

229. 而已 *i-eùl*, répété deux fois, signifie *cessez, laissez-là votre projet* [jam desine]. V. *Lun-iu*, I. XVIII, §. 5.

230. 而 *eùl* se prend quelquefois pour le pronom 爾 *eùl*, à cause de la ressemblance des prononciations.

與 *iù, (p. i.)* 強 *khiáng fortitudo* 而 *eùl tua* 抑 *i vel*

« ..... ou votre force d'âme ? » *Tchoung-young.*

231. 爾 *eùl* [toi], qu'on remplace quelquefois par 耳 *eùl* [oreille], à cause de l'identité de prononciation; se prend souvent comme particule, et se place après un substantif, pour marquer le peu d'importance qu'on attache à l'idée qu'il exprime :

爾 *eùl, (p. f.)* 人 *jìn homo* 賤 *tsian vilis* 窮 *khióung pauper*

« Moi qui ne suis qu'un pauvre misérable. »

矣 *i, (p. f.)* 耳 *eùl (p. e.)* 思 *ssé advertisse* 弗 *fé non*

« Ce n'est qu'une inadvertance. »

耳 *eùl,* (p. e.) 有 *yeòu* habet 何 *hô* (p. i.)? 君 *kiun* princeps 其 *khì* is
其 *khì* hujus 惟 *wéi* solùm 者 *tchè* (p. r.) 不 *poŭ* non
名 *ming* nomen 不 *poŭ* non 幾 *kì* quantùm 爲 *'wéi* esse

« Que lui manque-t-il pour être roi? Rien que le nom.... »

232. 爾 *eùl* s'emploie quelquefois comme marque du sens adverbial :

卓 *tchŏ,* 爾 *eùl.* } *confidenter, avec hardiesse.*   猝 *tsoŭ* 爾 *eùl,* } *subitò, tout-à-coup.*

233. 焉 *ydn,* au commencement d'une phrase, marque l'interrogation :

殺 *chà* suppliciis 用 *yoùng* uti 焉 *ydn* quare

« A quoi bon ces supplices? »   *Lun-iu.*

234. A la fin d'une phrase, c'est une particule finale, insignifiante comme 也 *yè* [198], mais qu'on emploie sur-tout de préférence après les mots qui ont une terminaison nasale :

焉 *ydn,* (p. f.) 龍 *loùng* draconem 稱 *tchhing* vocant 故 *kòu* ideò

« C'est pour cela qu'on l'appelle *dragon.* »   *I-king.*

言 *ydn* verbum 人 *jin* hominis 有 *yeòu* est
焉 *ydn,* (p. f.) 之 *tchī* (n. g.) 聖 *ching* sancti

« Il y a une parole d'un saint homme. »

235. On le met après une comparaison qui commence par 如 *joú* [comme] :

食 *chí* eclipses　月 *youě* lunæ　如 *joú* sicut　之 *tchī* (n. g.)　君 *kiūn*
焉 *yān* (p. f.)　之 *tchī* (n. g.)　日 *jī* solis　過 *kovo* culpæ　子 *tsеù* sapientis

« Les erreurs du sage sont comme les éclipses du soleil et de la
» lune. »

236. Il remplace 然 *jân* dans la formation des adverbes [176, 238] :

忽 *hoū,*
焉 *yân,* } subitò.　　少 *chào,*
焉 *yân,* } parumper.

237. 然 *jân* signifie proprement *ainsi*, et souvent *oui* :

然 *jân,* sic.　皆 *kiāi* omnes　人 *jîn* homines　之 *tchī* (p. e.)　古 *koù* veteres

« *Sic veteres*..... les anciens (pensoient) ainsi. »

乎 *hoū,* (p. i.)?　否 *fcoù* nonne　乎 *hoū* (p. i.)?　然 *jân* siccine

« Est-ce ainsi, ou non? — Oui ou non? »

曰 *youě* ait
然 *jân,* sic.　何 *hô* quomodo
子 *tseù* Confucius　如 *joú* sic
之 *tchī* (p. e.)

« Cela est-il ainsi? — Oui, reprit Confucius. »　　*Lun-iu.*

238. *Jân* est la marque la plus ordinaire des adverbes [176].

239. 則 *tsě* signifie proprement *mesure, modèle* :

則 *tsĕ, norma.* 天下 *thiēn hiá, imperii.* 世 *chí, per sæcula.* 爲 *'wéi, fit.* 言 *yán, loquatur.* 而 *eúl, et.*

« Quand il parle, ses paroles deviennent la règle de l'empire. »

240. On le prend comme marque d'induction et de conséquence ; et on peut le rendre par *donc*, si la proposition qui précède est positive, et par *alors*, si elle est hypothétique [166, 167] :

立 *lí, stabit.* 道 *tào, ratio.* 則 *tsĕ, tunc.* 身 *chīn, selpsum.* 修 *siéou, concinnando.*

« Si l'on se corrige soi-même, la raison sera fixe. » *Taï-hio.*

之 *tchī, eam.* 得 *tĕ, assequeris.* 則 *tsĕ, tunc.* 求 *khiéou, inquire.*

« Cherchez, et vous trouverez. » *Meng-tseu.*

241. 則 — *ĭ-tsĕ*, répété deux fois, revient à nos locutions disjonctives *tum, tum,* soit.... soit....

懼 *kiú, timendum.* 喜 *hí, lætandum.* 也 *yă, (p. f.)* 不 *poŭ, non.* 父 *foŭ, patris.*
一 *ĭ* 一 *ĭ* 可 *khŏ, debent.* 母 *moŭ, matris.*
則 *tsĕ, tum.* 則 *tsĕ, tum.* 不 *poŭ, non.* 之 *tchī, (n. g.)*
以 *í, ad.* 以 *í, ad.* 知 *tchī, sciri,* 年 *nian, anni.*

« Nous ne pouvons ignorer (rester indifférens sur) l'âge de nos parens,
» soit pour nous en réjouir (s'il leur promet de longs jours), soit pour
» craindre (s'il est très-avancé). »

242. 且 *thsiĕ*, qu'on prend quelquefois pour la précédente, à cause de la ressemblance de prononciation, marque aussi l'induc-

tion, par exemple, le rapport d'une qualité à une autre dont elle est la suite ou la conséquence :

賤 *tsiàn, vilis.* 且 *thsiĕ, et* 貧 *phîn, pauper*

« Pauvre et méprisé. » [Cf. 281.]

243. 就 *tsiéou*, proprement *achever*, se prend pour adverbe de temps, et aussi comme conjonction, marquant la suite, la conséquence, l'enchaînement :

利 *li, lucra.* 地 *ti, terræ* 時 *chi, tempora* 天 *thiān, cœli*
之 *tchi (n. g.)* 就 *tsiéou, scilicet* 之 *tchi (n. g.)*

« Des saisons du ciel dépendent les profits (productions) de la terre, »
Hiao-king.

244. 卽 *tsĭ*, synonyme de *tsĕ* [240] et de *tsiéou*, marque aussi la conséquence, le rapport très-prochain d'une action à faire, avec une autre précédemment énoncée.

245. Il marque l'identité de deux expressions équivalentes :

國 *kouĕ, regnum.* 土 *thoù, terræ* 赤 *tchhĭ, rubræ* 唐 *Thâng, Thang* 卽 *tsĭ, scilicet*

« (Sin-lo ou Siam) c'est le royaume de la terre rouge de la dynastie
» Thang. »

246. 猶 *yeoû* [comme, *ac si, scilicet*], marque aussi l'indentité de deux choses ou de deux mots équivalens :

也 *yĕ (p. f.)* 猶 *yeoû, quasi* 之 *tchi (n. g.)* 兄 *hioûng, fratris majoris*
子 *tseù, filius* 子 *tseù, filius* 弟 *ti, minorisve*

« Un neveu est (comme) un fils. » *Li-ki.*

247. 若 *jŏ* et 如 *joû* signifient également *comme, de même*. Toutefois *joû* est plus usité en ce sens que *jŏ* :

鬼 *kouĕi* dæmonem 若 *jŏ* tanquam 之 *tchī* eum 惡 *oû* odit

« Il le hait comme (on hait) un démon. »

248. *Joû*, et plus ordinairement *jŏ*, représentent la particule hypothétique *si* (1), et alors le second membre de phrase commence presque toujours par *tsĕ* [240], même dans le sens interrogatif :

行 *hĭng,* agas? 爲 *'wéi* fit 則 *tsĕ* tunc 善 *chēn* laudas 王 *wáng* rex
不 *poŭ* non 何 *hŏ* qui 之 *tchī* eam 如 *joû* si

« Si votre majesté la loue (cette maxime), comment se fait-il qu'elle ne
» la pratique pas ? » *Meng-tseu.*

249. *Jŏ*, suivi d'un substantif ou d'un pronom, signifie *quant à*, parce qu'on sous-entend 論 *lŭn* [considérer, parler de] :

者 *tchĕ,* (p. r.) 人 *jīn* hominem 寡 *kouá* parvi 若 *jŏ* quoad

« En ce qui me concerne.... » *Meng-tseu.*

250. *Joû* sert quelquefois à former les adverbes :

也 *yĕ,* (p. f.) 如 *joû* { 空 *khoūng* khoūng inanis

« D'une manière inhabile, insignifiante. »

---

(1) L'ellipse de cette particule a lieu toutes les fois qu'elle peut se faire sans nuire à la clarté de la phrase [167]. D'autres fois on la remplace par le verbe 使 *ssĕ, efficere ut :*

善 *chēn,* bona 果 *kŏ* reverà 性 *sĭng* indoles 使 *ssĕ* fac ut

« Si le caractère est vraiment bon..... »

1.ʳᵉ PARTIE, STYLE ANTIQUE. 97

251. 若莫 *moŭ-jŏ*, ou 如不 *poŭ-joŭ*, marquent la préférence, la supériorité d'une chose sur une autre :

如 *joŭ* sicut	好 *hdo* amat	如 *joŭ* sicut	知 *tchĭ* scit
行 *hing* agit	之 *tchĭ* eam	好 *hdo* amat	之 *tchĭ* eam
之 *tchĭ* eam	者 *tchĕ* qui,	之 *tchĭ* eam	者 *tchĕ* qui,
者 *tchĕ* qui.	不 *poŭ* non	者 *tchĕ* qui ;	不 *poŭ* non

« Celui qui la connoît (la vertu) ne vaut pas celui qui l'aime ; celui qui » l'aime ne vaut pas celui qui la pratique. »

252. 以 *ĭ* signifie proprement *se servir, faire usage* :

也 *yĕ,* (p. f.)	以 *ĭ* utitur	吾 *'oŭ* me	毋 *woŭ* non

« Il ne m'emploie pas. »   *Lun-iu.*

253. Comme particule, ce mot, suivi d'un complément, a un sens dérivé de celui qu'il a comme verbe ; il marque la manière ou l'instrument, s'il est placé avant le verbe ; le résultat ou l'intention, s'il ne vient qu'après le verbe. On peut le traduire par *ex, ab, juxtà*, etc.

下 *hià* imperium	孝 *hido* pietate	王 *wáng* reges	昔 *si* olim
也 *yĕ,* (p. f.)	治 *tchhi* regebant	之 *tchĭ* (p. e.)	者 *tchĕ* (p. r.)
天 *thian*	以 *ĭ* ex	明 *ming* clari

« Ces illustres rois des temps passés gouvernoient l'empire par la piété » filiale. »   *Hiao-king.* [Cf. 268.]

百 *pě centum*, 以 *ĭ ad*, 修 *sieóu concionare*
姓 *sìng, familias*. 安 *'an pacandum* 己 *ki seipsum*

« Se corriger soi-même pour maintenir le peuple en repos. »
Lun-iu. [Cf. 280.]

254. Après 可 *khò* [pouvoir], il conserve au verbe suivant le sens actif [Cf. 170] :

天 *thian, cœlum*. 不 *poŭ non* 可 *khò potest* 人 *jin homines* 思 *sū meditans*
知 *tchī cognoscere* 以 *ĭ ad* 不 *poŭ non* 知 *tchī cognoscere*

« Celui qui a dessein de connoître les hommes ne peut pas ne pas con-
» noître le ciel (1). » Tchoung-young. [Cf. 134.]

255. 以所 *sŏ-ĭ* ou 以是 *chi-ĭ* signifie *quam ob rem* [147], c'est pourquoi, c'est par quoi; et aussi, comment :

也 *yě, (p. f.)* 齒 *tchhī dentes* 序 *siù ordinant* 以 *ĭ juxtà* 所 *sŏ quod*

« C'est ainsi qu'on arrange les dents, » c'est-à-dire, que l'on marque des égards aux gens âgés. Tchoung-young. [Cf. 263.]

256. 爲以 *i-'wèi*, composé de *ĭ* [ex], et de *'wèi* [*facere, æstimare*], signifie *existimare*, juger, trouver, etc. :

恥 *tchhī, turpe*. 爲 *'wèi æstimat* 以 *ĭ ex* 不 *poŭ non*

« Il n'estime pas cela honteux. » [Cf. 129.]

---

(1) Sans *ĭ*, le verbe *poŭ-tchī* signifieroit *ignorari* ; mais ce mot ne pourroit se construire avec le complément qui vient après.

257. 來以 *i-lái* [à venir] se dit d'un temps passé, mais postérieur à un temps plus ancien :

以 *i,* ad	人 *jīn,* homines	天 *thiān,* cœlum	自 *tseù,* ex (quo)
來 *lái,* futurum.	民 *mīn,* populusque	地 *tì,* terraque	有 *yeoù,* habeantur

« Depuis qu'il y a un ciel, une terre, des hommes, des peuples... »
Koung-'an-koue.

258. 爲 *'wéi*, proprement, *faire*, tient lieu du verbe substantif [153].

259. Prononcé *'wéi*, il signifie *à cause de, en faveur de,* et se place tantôt avant, tantôt après son complément :

爲 *'wéi,* causâ.	人 *jīn,* hominis	夫 *foū* hujus

« A cause de cet homme. » [Cf. 142.]

己 *kī,* seipso.	爲 *'wéi* pro	pour soi-même.

260. 哉 *tsaï* est le plus souvent une particule interrogative qui se place à la fin de la phrase, seule ou jointe à une autre particule interrogative ou finale. [Cf. 210.]

261. Souvent aussi elle marque l'admiration ; et alors elle peut se placer immédiatement après le mot qui exprime l'idée sur laquelle porte ce sentiment. [Cf. 184.]

262. 乃 *nǎi* a été pris très-anciennement comme pronom de la deuxième personne :

休 *hieōu,* bonum.	之 *tchī* (n. g.)	乃 *'nǎi* tui	惟 *wéi* solùm

« C'est un bienfait qui ne vient que de vous. » *Chou-king.*

263. C'est aussi une sorte de conjonction copulative et explicative, qui, comme le *quidem* des Latins, est souvent purement explétive :

死 *sse* moriar 　善 *chen* bonê 　所 *sò* quo 　生 *sêng* vivo 　善 *chen* bonê
也 *yé* (p. f.) 　吾 *oû* ego 　以 *ì* es 　乃 *nài* scilicet 　吾 *oû* ego

« Je mène une bonne vie pour avoir une bonne mort. »

264. 愈 *iù*, répété plusieurs fois, signifie *quò magis, eò magis*, avec cette particularité, que le membre de phrase où est l'assertion est ordinairement précédé de 而 *eùl* :

出 *tchhoù* prodit. 　愈 *iù* magis 　而 *eùl* et 　動 *toúng* movet

« Plus elle s'agite, et plus elle sort. » *Tào-te-king.*

不 *poù* non 　而 *eùl* et 　愈 *iù* quò magis 　愈 *iù* quò magis
至 *tchì* pervenit. 　愈 *iù* eò magis 　動 *toúng* movetur, 　力 *lì* vires adhibet,

« Plus il s'efforce, plus il s'agite, et plus il ne réussit pas, » pour, et moins il réussit (1).

265. 況 *hoáng*, qu'on fait ordinairement précéder de 而 *eùl*, sert à conclure du plus au moins, et le verbe exprimé dans le premier membre de phrase est remplacé dans le second par 於 *iù*, qui signifie *quant à* [204] : alors le second membre de phrase est interrogatif :

---

(1) On se sert dans le même sens et de la même manière de 益 *ì* et de 彌 *mì*.

1.re PARTIE, STYLE ANTIQUE.   101

伯 pě tertii,	況 koǎng eò magis	國 kouě regnorum	不 poù non
子 tseù quarti,	於 iū quoad	之 tchī (n. g.)	敢 kǎn audens
男 nán quinti ordinis	公 koāng principes primarios,	臣 tchhin subjectos,	遺 ī negligere
乎 hoū (p. f.)	侯 héou secundi,	而 eúl et	小 siaò parvorum

« S'il n'ose négliger aucun de ses sujets des plus petits états, à plus
» forte raison (ne négligera-t-il pas) les princes des premier, deuxième,
» troisième, quatrième et cinquième rangs (1). »

              Hiao-king.

266. 是 *chì*, à la fin d'une phrase, revient à l'expression *c'est, ce
sont*, placée chez nous au commencement. On s'en sert sur-tout quand
on explique ou qu'on définit :

是 chì hoc	濛 méng Meng	入 jī ingreditur	扶 foū Fou	日 jě sol
也 yě, (p. f.)	汜 sšì ostium	於 iū in	桑 sāng Sang,	出 tchhoū exit

« C'est dans le pays de *Fou-sang* que le soleil se lève, et c'est à l'em-
» bouchure du *Meng* qu'il se couche. »   *Hoaï-nan-tseu.*

267. 故 *koù*, à la fin d'une phrase, signifie *à raison de, parce
que* :

也 yě (p. f.)	多 tō multitudine	人 jīn hominum	由 yeóu ex
故 koù causâ	之 tchī (n. g.)	去 khiū euntium

« A cause de la multitude des gens qui y vont. »

-----

(1) *Koung, Heou, Pe, Tseu* et *Nan* sont, dans cet ordre même, les titres que por-
toient les divers princes feudataires de l'empire chinois, au temps de Confucius.

268. 類 *loŭï* [classe, espèce], placé après un ou plusieurs noms, avec ou sans la marque de rapport, signifie *et cœtera*:

蓋 *kàï* operiunt	之 *tchī* (n. g.)	簟 *thiĕ* matta	止 *tchǐ* solùm
之 *tchī,* illud.	類 *loŭï* cæt.	席 *sĭ* storeâ	以 *ĭ* ex

« On se borne à le couvrir avec des nattes et autres choses du même » genre. »

On emploie dans le même sens et de la même manière les mots 等 *tĕng* et 屬 *choŭ*.

269. 不 *poŭ* est la négative la plus usitée; elle s'applique aux adjectifs et aux verbes, et nie l'action ou l'état. On le remplace quelquefois par 非 *fĕ*. [V. 154, 223, 231.]

270. 無 (1) *woŭ* est une négation très-absolue, qui s'applique à l'existence et à la possession, et qui suppose toujours un verbe exprimé ou sous-entendu :

人 *jin,* homo.	母 *moŭ* matre	無 *woŭ* sine	無 *woŭ* non	天 *thiĕn*
之 *tchī* (p. e.)	父 *foŭ* patre	有 *yeoŭ* habetur	下 *hiâ* imperio

« Il n'y a pas dans le monde d'homme qui n'ait un père et une » mère. » [Cf. 166.]

271. 莫 *moŭ* nie l'existence, et peut se traduire par *nul, rien,* sujets d'un verbe exprimé ou sous-entendu :

---

(1) Dans quelques anciens livres, on remplace ce caractère par

非 亡 无

1.re PARTIE, STYLE ANTIQUE.

孝 *hiaó, pietate.* 於 *iú, præ* 大 *tá, magna* 莫 *moŭ, nulla (res)*

« Rien n'est au-dessus de la piété filiale. »   *Hiao-king.*

乎 *hoū, præ* 莫 *moŭ, nihil* 乎 *hoū, præ* 莫 *moŭ, nihil*
微 *weï, subtilibus.* 顯 *hien, manifestum* 隱 *yĕn, absconditis;* 見 *hiĕn, apparens*

« Il n'y a rien de plus clair que ce qui est caché ; il n'y a rien de plus
» manifeste que ce qui est subtil (1). »   *Tchoung-young.*

272. 非 *feï* s'applique de préférence au qualificatif, soit adjectif, soit adverbial :

不 *poŭ, non* 非 *feï, sine* 不 *poŭ, non* 非 *feï, sine*
行 *hing, agere.* 道 *táo, regula* 言 *yĕn, loqui;* 法 *fă, exemplo*

« Ne rien dire de contraire aux exemples (de l'antiquité) ; ne rien faire
» de contraire à la raison. »   *Hiao-king.*

服 *foŭ, vestes induere.* 不 *poŭ, non* 法 *fă, exemplaris* 王 *wáng, regum* 非 *feï, sine*
敢 *kăn, audet* 服 *foŭ, vestibus* 之 *tchī (n. g.)* 先 *siēn, priscorum*

« Il n'ose pas se vêtir d'une manière contraire à l'exemple des anciens
» rois. » [Cf. 178, 273.]

273. 勿 *wĕ* et 毋 *woŭ* sont ordinairement prohibitifs :

---

(1) Cette phrase signifie que ce qu'il y a de plus évident pour chaque homme, c'est ce qui est caché en lui, c'est-à-dire, sa conscience, et que ce qu'il peut voir le plus clairement, ce sont les replis de son propre cœur. C'est par erreur que j'ai donné un autre sens à ce passage, dans la traduction du *Tchoung-young* (pag. 33). Je saisis cette occasion de rectifier la méprise dans laquelle j'ai été entraîné en suivant le P. Couplet (*Confuc. sin. Philos.* p. 41). Le P. Noël avoit donné le véritable sens, qui est aussi le seul sens qu'on puisse donner à la phrase correspondante de la traduction mandchoue (*Tchoung-young*, p. 116).

視 *chi, aspicias.* 勿 *wǒ, ne.* 禮 *li, ritibus.* 非 *fēi, sine.*

« Ne jetez pas un coup d'œil d'une manière contraire aux rites. »

Lun-iu.

於 *iû, quàm* 毋 *woŭ, ne* 於 *iû, quàm* 毋 *woŭ, ne*
帶 *taï, zona.* 下 *hià, inferiùs* 面 *miên, vultus;* 上 *chàng, altiùs*

« Ne portez pas (les mains) plus haut que le visage, ni plus bas que la
» ceinture. »   *I-li.*

274. 未 *weï* se dit du temps, et signifie *pas encore,* et quelquefois *jamais.* [V. 145, 154, 191.]

275. Ordinairement deux négations valent une affirmation :

食 *chí, comeditque* 不 *poù, non* 人 *jin, hominum*
也 *yĕ (p. f.)* 飲 *yên, bibit* 莫 *mŏ, nullus*

« Tout homme boit et mange. »

Tchoung-young. [Cf. 254, 272, 273].

276. La négation interrogative s'exprime en mettant à la fin de la phrase 否 *feoŭ,* ou en plaçant au commencement la particule 盍 *hŏ, quidni;* ou les mots 亦不 *poŭ-ĭ,* qui reviennent à *nonne :*

來 *laï, venire.* 乎 *hoû, ad* 歸 *kouěi, revertor* 盍 *hŏ, quidni*

« Que ne vais-je me soumettre à lui ? »   *Meng-tseu.*

乎 *hoû (p. f.)* 樂 *lŏ, lætandum.* 亦 *-ne* 不 *poŭ, non.*

« N'est-ce pas un sujet de joie ? »   *Lun-iu.*

277. La présence de l'une des particules finales interrogatives [210, 217, 223, 260] n'empêche pas que l'interrogation ne puisse aussi être marquée au commencement de la phrase par quelqu'un des mots suivans :

何 *hô*   胡 *hoû*   惡 *'oû*   焉 *yân*   豈 *khî*
曷 *hô*   烏 *'oû*   安 *'ân*   奚 *hî*

lesquels paroissent se prendre indifféremment les uns pour les autres, et marquent également l'interrogation simple, ou, suivant les cas, l'interrogation sur la manière, le motif, etc.

278. 矣 *ĭ* est une finale insignifiante comme plusieurs de celles qu'on a déjà vues [208, 223, 231, 234]. Elle n'ajoute ni ne change rien au sens, non plus que *yĕ* [198].

279. 夫 *foû* est aussi employé comme explétive :

夫 *foû* (p. f.)   斯 *sié* hoc   如 *joû* sicut

« De cette manière. »

280. 云 *yûn* [dire] se trouve employé de la même manière :

云 *yûn,* (p. f.)   子 *tseù* sapientem 君 *kiūn*   俟 *sié* expectan-dum   以 *ĭ* ad

« Pour attendre le sage. »

云 *yûn,* (p. f.)   云 *yûn* refert   傳 *tchoûan* historia

« L'histoire le rapporte. »

281. 兮 *hî* est une finale usitée, sur-tout dans les vers, pour marquer l'emphase et fixer l'attention, comme si l'on faisoit du mot précédent le sujet d'une interrogation :

兮 *hî* | 之 *tchî* | 西 *sî* | 人 *jîn* | 彼 *pï*
! | *(a. g.)* | *occidentis* | *homo* | *ille*

人 *jîn* | 方 *fāng* | 兮 *hî* | 美 *mëi*
homo | *regionum* | *!* | *pulcher*

« Ce bel homme.... cet homme des contrées occidentales.... »

兮 *hî* | 吉 *kî* | 且 *thsiě* | 安 *'ān*
! | *felicitas* | *et* | *quies*

« Repos, *véritable* bonheur ! »

282. Souvent on réunit à la fin d'une phrase deux explétives, ou une explétive avec une interrogative, ou une interrogative avec une particule admirative. [Cf. 210.] Ces sortes de combinaisons, qui varient beaucoup, ne changent rien au sens ; on les rencontre sur-tout dans la poésie ou dans les livres écrits en une sorte de prose mesurée, où elles contribuent à produire la symétrie des phrases, et à multiplier les consonnances, deux ornemens particulièrement recherchés dans le style littéraire [66].

SECONDE PARTIE.

DU KOUAN-HOA OU STYLE MODERNE,
VULGAIREMENT APPELÉ *MANDARINIQUE.*

283. Les règles du style antique sur l'emploi des termes grammaticaux et la position relative des mots, auxquelles il n'est pas formellement dérogé dans cette seconde partie, sont généralement applicables au style moderne, tant parce qu'elles tiennent au caractère propre de la langue chinoise, que parce que le mélange des styles étant autorisé dans plusieurs sortes de compositions, un grand nombre de phrases ou de locutions prises ou imitées des livres anciens se sont introduites dans la langue vulgaire, tandis que, réciproquement, plusieurs termes vulgaires ont été admis jusque dans les ouvrages où l'on se propose d'imiter le style des compositions antiques.

§. I.er DU SUBSTANTIF.

284. Pour obvier aux inconvéniens qui résulteroient, dans la langue parlée, de la multiplicité des termes homophones [57], et des mots qui peuvent être pris comme verbes ou comme substantifs [70, 151], on y fait fréquemment usage de mots composés, lesquels sont formés d'après divers procédés (1).

285. Les plus communs sont formés de la réunion de deux termes synonymes, dont l'un n'ajoute rien au sens de l'autre, mais sert seulement à le déterminer, parce que l'équivoque, possible à l'égard de chacun d'eux en particulier, ne l'est pas à l'égard du mot dissylla-

---

(1) On trouve, même dans les livres anciens, beaucoup de noms composés de la même manière, lesquels avoient dû s'y introduire par les mêmes motifs; mais ce n'est que dans le *kouân-hoá* que l'emploi de ces noms est devenu systématique, et a remplacé très-généralement celui des termes simples anciennement usités.

bique qui résulte de leur groupement. Ainsi les syllabes *táo* et *loù*, répondant chacune à plusieurs caractères, et conséquemment à plusieurs idées différentes, savoir :

táo, conduire.	*loù*, chemin.
táo, dérober.	*loù*, pierre précieuse.
táo, parvenir.	*loù*, rosée.
táo, renverser.	*loù*, cormoran.
táo, couvrir.	*loù*, suborner.
táo, drapeau.	*loù*, char.
táo, fouler aux pieds.	*loù*, nom de rivière.
táo, céréales.	
táo, dire, raison, voie.	

le composé *táo-loù* ne peut signifier que l'idée commune à ces deux séries, *voie, chemin*, et ne peut conséquemment être exprimé que par les caractères 路道

286. Souvent aussi l'on réunit des mots qui ne sont pas tout-à-fait synonymes, ou même qui ont une signification opposée, et l'idée commune à ces deux mots est la seule qui reste attachée au composé ; ainsi :

兄 *hioûng, frère aîné* joint à 弟 *ti, frère cadet*, forme le composé *hioûng-ti* [frère], sans désignation d'âge.

鬼 *koùeï, mauvais génie* avec 神 *chín, bon génie*, forme le composé *koùeï-chín* [esprit *ou* génie], en général (1).

東 *toûng, orient* avec 西 *sí, occident*, forme le composé *toûng-sí*, qui n'a, dans l'usage ordinaire, que la signification vague de *chose*.

287. Il y a un grand nombre de mots formés de la réunion de

---

(1) Le P. Basile avoit rédigé une table des mots opposés qui peuvent donner naissance à des composés de ce genre. L'éditeur du dictionnaire de ce religieux avoit mal-à-propos supprimé cette table, que M. Klaproth a reproduite, pag. 70--81.

II.ᵉ PARTIE, STYLE MODERNE.

deux substantifs, ou d'un substantif avec un verbe, lesquels sont entièrement analogues aux mots composés des autres langues. Tels sont :

書 *chou* librorum } la maison des livres, *pour la* bibliothèque.
房 *fáng* domus.

乞 *khí* mendicans } l'homme mendiant, *pour le* mendiant.
人 *jin* homo.

288. Les noms d'emploi et de profession sont aussi formés de deux parties ; savoir, d'un mot qui exprime l'action, et d'un autre qui désigne l'agent. Ce dernier est ordinairement

人 *jin* homo.　夫 *fou* homo.　匠 *tsiàng* artifex.　手 *cheòu* manus.　家 *kiā* domus.

ou quelque autre terme semblable ; ainsi l'on dit :

賣 *maï* venditor } le vendeur, le marchand.
人 *jin* homo.

船 *tchhoûan* navis } le matelot, le rameur.
手 *cheòu* manus.

農 *noûng* arator } le laboureur.
夫 *fou* homo.

道 *tào* rationis } le religieux (livré au culte du Tao, ou de la raison primordiale).
家 *kiā* domus.

鞋 *hiái* calceorum } le cordonnier.
匠 *tsiàng* artifex.

醫 *ï* medicinâ } le médecin.
生 *séng* natus.

289. Les noms qui expriment les degrés de parenté et d'alliance, sont ordinairement accompagnés du mot générique 親 *thsin* cognatus, ou, suivant l'âge et le sexe, des mots 父 *fou* pater 母 *moû* mater 子 *tseù* filius 女 *niù* filia   Par exemple :

父親 { foù pater / thsīn cognatus. } pour le père.

母親 { moù mater / thsīn cognata. } pour la mère.

伯父 { pě patruus / foù pater. } l'oncle, frère aîné du père.

伯母 { pě patrua / moù mater. } la tante, femme du frère aîné du père.

妹子 { mèi soror natu minor / tseù filia. } sœur cadette.

生男女 { sēng sororis filia / niù filia. } nièce, etc.

290. Les noms d'animaux sont aussi, quelquefois, accompagnés de ces mots *foù*, père; *moù*, mère; *tseù*, fils; pour désigner l'âge et le sexe. Souvent aussi on se sert des mots

牝牡 { phìn fœmina, / meoù masculus, } pour les quadrupèdes.

雌雄 { thseù fœmina, / hioúng masculus, } pour les oiseaux.

291. Beaucoup de mots sont formés d'un radical accompagné du mot 子 *tseù* (fils), qui est alors purement explétif, et qui fait l'office de terminaison :

房子 { fáng domus. / tseù (p. e.) } maison, logis.

日子 { jî dies / tseù (p. e.) } jour.

292. 兒 *eùl* (enfant), qu'on remplace quelquefois par 耳 *eùl* (oreille), forme des diminutifs :

II.ᵉ PARTIE, STYLE MODERNE. 111

孩 *hái* puer
兒 *eùl* (p. e.)
} le petit enfant.

盒 *hó* arca
耳 *eùl* p. e.)
} le petit coffre, la boîte.

石 *chĭ* lapis
兒 *eùl* (p. e.)
} la petite pierre, le caillou.

玉 *iŏ* gemma
耳 *eùl* (p. e.)
} une petite pierre précieuse.

293. 頭 *theóu* (tête) est l'explétive la plus ordinaire des objets matériels et de forme arrondie ; mais elle s'emploie aussi pour des substantifs d'un autre genre :

石 *chĭ* lapis
頭 *theóu* (p. e.)
} une pierre, un moellon.

日 *jĭ* sol
頭 *theóu* (p. e.)
} le soleil (1).

294. Un assez grand nombre de mots composés sont primitivement des termes poétiques, ou des expressions allégoriques empruntées du *koŭ-wén*, mais que l'usage a consacrés, et dont il est désormais inutile de rechercher l'étymologie. Tels sont :

府 *foŭ* urbis primariæ
園 *yoŭan* hortus.
} le jardin de la ville du premier ordre, *pour* le préfet.

天 *thiēn* cœli
女 *niŭ* filia.
} la fille du ciel, *pour* l'hirondelle.

295. Dans beaucoup de mots composés, l'idée métaphorique qui leur a donné naissance a été totalement perdue de vue, et ils sont

---

(1) Remarquez que, dans ces deux exemples, la particule sert à déterminer le sens du radical. *Chĭ* tout seul signifieroit également *un rocher, une dalle, une pierre taillée ; chĭ-theoŭ* signifie *une pierre de forme arrondie : jĭ* signifie indifféremment *le soleil* et *un jour ; jĭ-theoŭ* ne peut plus signifier que *le soleil ;* pour *le jour,* il faut dire *jĭ-tseŭ* [291].

devenus de véritables polysyllabes formés d'élémens insignifians. Tels sont :

和 *hó* concordiæ
尙 *cháng* altum.
} le religieux.

鼻 *pí* nasi
祖 *tsoŭ* avus.
} l'aïeul.

296. Enfin, il faut rapprocher de ces mots la classe des mots polysyllabiques qui ont été empruntés par les Chinois, soit à des dialectes autrefois parlés dans diverses parties de leur empire, soit aux peuples voisins de leurs frontières, et qu'ils ont exprimés par des caractères choisis arbitrairement, uniquement pour en représenter le son; par exemple :

琵 *phí*
琶 *phá*
} une guitare.

喇 *lá*
嘛 *má*
} les lamas, prêtres du Tibet.

297. Le pluriel se marque, soit par les particules préposées 眾 *tchoŭng*, ou 諸 *tchoŭ* [74], soit par les noms de nombre indéfinis [78], soit enfin par les particules postposées 都 *toŭ* et 皆 *kiâi* [75].

298. Les substantifs se construisent entre eux, comme dans le *koŭ-wên* [79, 80], avec cette différence, qu'au lieu de 之 *tchi* [81], la marque du rapport d'appartenance est 的 *ti* :

人 *jîn*, homo. 的 *ti* (n. g.) 國 *kouĕ* regni 中 *tchoŭng* medii

« Un homme du royaume du milieu, » c'est-à-dire, un Chinois.

299. Outre les signes de rapports usités en *koŭ-wên* [85—91], on se sert encore de quelques mots particuliers; savoir :

對 *touì*,   替 *thì*, et   利 *hó*.

II.ᵉ PARTIE, STYLE MODERNE.

說 *choué, dic.*　他 *thâ eum*　對 *toùi ad*

« Dites-lui. »

了 *liaò, (n. præt.)*　說 *choué dixi*　他 *thâ eum*　替 *thì ad*

« Je lui ai dit. »

300. Le nom de matière se met avec 的 *ti*, suivant la règle des noms attributifs [94] :

像 *siàng statua.*　的 *ti (n. g.)*　銅 *thoúng cupri*

« Une statue de cuivre. »

301. Le vocatif se marque quelquefois par 阿 *ó*, placé après le nom, quelquefois par la répétition du nom :

阿 *ó.*　君 *kiün princeps*　郎 *lâng vir*

« O mon époux ! »

緣 *yoùan felices.*　你 *nì tu*　仙 *siān,*　淡 *Tàn Tan*
也 *yè (p. f.)*　好 *haò valdè*　我 *ò ego*　仙 *siān sian*
　　　　無 *voû in-*　和 *hô et*　淡 *Tàn Tan*

« O *Tan-sian !* vous et moi sommes bien malheureux ! »

§. II. DE L'ADJECTIF.

302. Les adjectifs sont souvent accompagnés de la particule 的 *ti*, particulièrement s'ils sont placés après le verbe substantif, comme attributs du sujet de ce verbe. On dit indifféremment :

花 *hoā, flos.* 的 *tī, (p. r.)* 白 *pĕ, albus*

ou simplement *pĕ hoā* [une fleur blanche].

善 *chén, bonus* 人 *jîn, homo* 這 *tchĕ, hic*
的 *tī, (p. r.)* 是 *chí, est* 個 *kŏ, (p. e.)*

的 *tī*, en ce sens, est tout-à-fait synonyme de 者 *tchĕ* [99].

303. Les adjectifs verbaux se forment pareillement avec 的 *tī* :

的 *tī, (p. r.)* 來 *lái, venientes* 往 *vâng, euntes*

« Les allans et les venans », ou « ceux qui vont et qui viennent. »

的 *tī, (p. r.)* 賣 *máī, vendens* 買 *máī, emens*

« Celui qui achète et qui vend, commerçant. »

On peut, après ces sortes de mots, exprimer ou sous-entendre 人 *jîn* [homme].

304. Le comparatif s'exprime, ou comme en *koŭ-wên* [100, 101], ou en faisant précéder l'adjectif des mots 更 *kéng, magis* ou de 還 *hoân, adhuc*.

好 *haŏ, bonus.* 更 *kéng, magis* 你 *nǐ, tu*

« Vous êtes meilleur. »

305. Le superlatif se marque par des particules qui se placent avant ou après l'adjectif. Celles qui se placent avant, sont :

太 *tháï, summè.* 甚 *chín, valdè.* 極 *kí, summè.* 最 *tsoŭī, valdè.*
絕 *tsioŭĕ, absolutè.* 好 *haŏ, benè.*

II.e PARTIE, STYLE MODERNE.   115

306. Les expressions qui se mettent après l'adjectif, pour former le superlatif, sont :

得緊 *tě kǐn* attingens arctum.   得很 *tě hěn* assequens ○.   得極 *tě kǐ* assequens fastigium.   十分 *chǐ fēn* decem partes.   不過 *poǔ koǔ* non superandus.

§. III. Des Noms de Nombre.

307. Dans le commerce et pour les besoins domestiques, on fait usage de chiffres produits par l'altération de ceux qui servent dans les livres [111]. En voici le tableau (1) :

一	丨	*ĭ.*	1.	八	亠	*pă.*	8.
二	丨丨	*eǔl.*	2.	九	攵	*kieoǔ.*	9.
三	丨丨丨	*sân.*	3.	十	十	*chǐ.*	10.
四	乂	*ssé.*	4.	百	豕	*pě.*	100.
五	𠃌	*oŭ.*	5.	千	千	*thsiân.*	1,000.
六	亠	*loŭ.*	6.	萬	丏	*wân.*	10,000.
七	亠	*thsǐ.*	7.	零	o	*lǐng.*	0.

308. Ces chiffres ne se placent pas, comme les noms de nombre ordinaires, en colonnes verticales et les uns au-dessous des autres, mais, comme les chiffres arabes, en lignes horizontales : les valeurs croissent de droite à gauche, et on les lit de gauche à droite; les

---

(1) Hyde est le premier qui les ait fait connoître. Voyez *Syntagm. Dissert.* t. II, p. 530, pl.

coefficiens se groupant au-dessus de chaque degré décuple, à moins qu'il n'y ait pas de quantité fractionnaire. Ainsi l'on dit :

100.   124.   465.

Quand un des degrés intermédiaires vient à manquer, on le remplace par un zéro, lequel toutefois ne se met jamais à la fin d'une quantité. Ainsi l'on écrit :

102.   120.   10,204.
        (sans zéro.)

309. Outre les numérales spéciales [113], il y en a une commune qui sert également pour les personnes et pour les choses : c'est la particule *kŏ*, qui s'écrit de trois manières :

個 pour les personnes.   箇 pour les choses.   个 pour les personnes et pour les choses.

Il faut remarquer qu'en *kouan-hoa* les numérales ne se joignent pas seulement aux noms de nombre, mais qu'on les place aussi après les mots qui marquent la pluralité ou un nombre indéfini, et après les adjectifs démonstratifs [310, 337].

310. — 一 [un], suivi de la numérale *kŏ*, forme l'article indéfini *quidam*, un certain :

人 *jin*, homo.   個 *kŏ* (p. n.)   一 *i*, unus

« Un homme. »

物 *wĕ*, res.   件 *kiĕn*   箇 *kŏ* (p. n.)   一 *i*, unus

« Une chose. »

Et quelquefois en supprimant *i*, *kŏ jin* [un homme, quelqu'un], *kŏ kiĕn-wĕ* [une chose, quelque chose].

§. IV. Du Pronom.

311. Le pronom de la première personne s'exprime par 我 'ò, 吾 'oû [Cf. 119], 咱 tsâ ou 俺 yán ; ce dernier est plus usité dans les provinces du nord :

重 tchoûng, grave. 命 ming mandato 以 i ex 向 hiàng elapso tempore 我 'ò ego
爲 'wéi feci 父 foù patris 只 tchi solùm 一 i toto

« Jusqu'à présent je n'ai considéré que les ordres de mon père. »

佳 kiâ bonum 選 siouán 吾 'oû ego
婿 sì, generum. 擇 thsé eligere 欲 yó cupio

« Je souhaite de choisir un bon gendre. »

家 kiâ, domo. 他 thâ ejus 在 tsái eram in 咱 tsâ ego

« J'étois chez lui. »

些 siê paucas 得 té profectò 咱 tsâ ego 到 tào ad
銀 yén argenti uncias 要 yaó (n. t.) 少 chaó 那 nâ illam
子 tseù, (p. e.) 破 phó diffundam 不 poû 日 ji djem

« Ce jour-là je dépenserai quelques taels. »

他 thâ ejus 箇 kò (p. n.) 俺 yán nos 前 thsién prioribus
家 kiâ, domo. 在 tsái eramus in 兩 liàng ambo 日 ji diebus

« Nous étions tous deux ces jours passés chez lui. »

118　GRAMMAIRE CHINOISE.

312. Pour éviter l'emploi du pronom de la première personne, on se sert de diverses formules d'humilité, prises le plus souvent des rapports que l'on a avec ceux à qui l'on parle. Les parens et les alliés se désignent eux-mêmes par le mot qui exprime leur degré de parenté, particulièrement s'il marque quelque infériorité d'âge ou de subordination, comme *fils, neveu, frère cadet*, souvent avec l'épithète de 小 *siaò* [petit].

313. En s'adressant à des personnes d'un rang égal, on se désigne soi-même par le titre de 弟 *ti* [frère cadet]; 小弟 *siaò-ti* [petit frère cadet]; 晚生 *wǎn-sèng* [tardè natus], en parlant à des personnes plus âgées, ou 老夫 *laò-foù*, en parlant à des personnes plus jeunes :

| 曉 *hiaò* scire | 豈 *khi* qui | 小 *siaò* parvus |
| 得 *té*, possem? | 不 *poù* non | 弟 *ti* frater minor |

« Comment ne le saurois-je pas? »

| 面 *miàn* facio | 不 *poù* non | 晚 *wǎn* tardè | 方 *fāng* tunc |
| 欺 *khi*, deceptorem. | 是 *chi* esse | 生 *sèng* natum | 知 *tchi* scies |

« Vous verrez alors que *je* ne suis pas trompeur par le visage, » *pour dire*, « que je n'ai pas le visage trompeur. »

314. Les inférieurs changent ce mot en 小的 *siaò-ti* :

| 拜 *pài* visitare | 出 *tchhoŭ* exiisse | 己 *i* (n. pr.) | 小 *siaò* parvus |
| 客 *khè*, hospites. | 門 *mén* portà | 曰 *youĕi* dixeram | 的 *ti* (p. r.) |

« Je lui avois dit que vous étiez sorti pour faire des visites. »

315. Les lettrés se parlant les uns aux autres avec respect, disent

生學 *hiŏ-sêng* [*studio natus*], et quelquefois 生門 *mên-sêng* [*portâ natus*] :

| 之 *tchi* (p. e.) | 衰 *soi* debilis, | 學 *hiŏ* studio |
| 夫 *fou* homo. | 朽 *hieoù* marcidus. | 生 *sêng* natus, |

« *Je ne suis qu'un homme faible et sans moyens.* »

316. Certains offices autorisent ceux qui en sont revêtus à faire usage d'une dénomination empruntée du titre même de leur place. Ainsi :

Le préfet d'une ville du premier ordre dira : 府 *fou* civitas 1.ria 本 *pên* propria ma ville, *pour moi*.

Celui d'une ville du deuxième, 州 *tcheou* urbs 2.ria 本 *pên* propria ma ville du deuxième ordre, *pour moi*.

L'intendant des grains, des rivières, des greniers à sel, ou le receveur des contributions,

道 *taò* præfectura. 本 *pên* propria mon intendance, ou mon district, *pour moi intendant.*

Et ainsi de quelques autres.

317. Le pronom de la deuxième personne est 你 *nì* [Cf. 127]. Il est principalement usité quand on s'adresse à des inférieurs :

| 訪 *fang* inquiro | 是 *chi* est | 我 *ò* me; | 你 *nì* tu | 不 *poŭ* non |
| 你 *nì* te. | 我 *ò* ego | 便 *pian* potius | 尋 *tsiun* quæris | 是 *chi* est |

« Ce n'est pas toi qui me cherches ; c'est plutôt moi qui te
» demande (1). »

---

(1) C'est une expression proverbiale, pour dire : *c'est à qui cherchera l'autre.*

318. La civilité chinoise fait éviter le pronom de la deuxième personne, et le fait remplacer par des expressions qui marquent le respect, et qui sont empruntées des idées de subordination, de famille, d'âge, ou de rapports sociaux. Ainsi l'on dit communément :

兄 *hioûng, frater major*   ou   兄年 *nian-hioûng, annis frater major*

哥〔哥 *kô, kô, frater major.*   賢契 *hién, saplens, khi, amice*   先生 *sian, anteà, sêng, natus*   仁兄 *jîn, plus, hioûng, frater major*

Ces expressions ne s'adressent pas seulement aux personnes plus âgées (1).

最是 *tsoûi, valdè, chi, sic.*   之言 *tchi (n. g.), yán, sermo*   年兄 *nian, annis, hioûng, fratris majoris*

« Ce que vous dites est bien vrai. »

才〔dotibus [præditi].   年美 *nian, ætate, mêi, eximiis*   兄清 *hioûng, fratres majores, tsîng, florente*   一仁 *eúl, duo, jîn, pii*

« Vous êtes tous deux à la fleur de l'âge, et doués du plus beau « talent. »

罷 *pá, cessare.*   念頭 *niên, thcoû, consilium*   息了 *si, interrumpere, liào (n. p.)*   賢契 *hièn, sapientem, khi, amicum*   我勸 *ô, ego, khioun, hortor*

« Je vous engage à abandonner votre projet. »

――――――

(1) Le deuxième exemple notamment est pris d'un discours adressé par un homme âgé à deux jeunes gens. Rien n'est plus commun que cette sorte de contre-sens, dans le style de la conversation.

II.ᵉ PARTIE, STYLE MODERNE.

319. Souvent aussi on tourne par la troisième personne, et on se sert de l'une des expressions usitées en parlant aux hommes âgés ou aux personnes en place, suivant le rang qu'elles occupent; savoir :

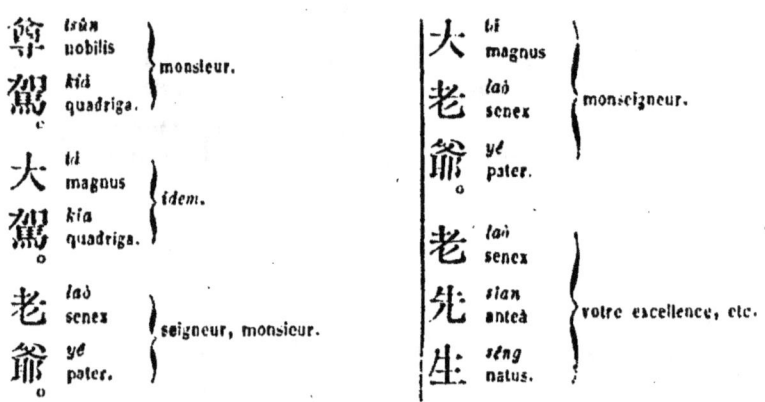

« Quelqu'un est venu vous inviter. »

« L'idée de votre excellence est admirable. »

320. En s'adressant à des parens ou à des alliés, on emploie le terme qui exprime le degré auquel on est lié avec eux, en y joignant une qualification respectueuse, ordinairement 老 laò [vieux], s'ils sont au-dessus de celui qui parle, et quelquefois une expression de bienveillance, s'ils sont au-dessous par l'âge ou les rapports de famille.

321. Le pronom de la troisième personne est 他 *thâ*, lequel sert également comme sujet et comme complément d'un verbe actif. [Cf. 134.]

322. Le pluriel se marque en ajoutant, après le pronom personnel ou l'appellatif qui en tient lieu [312, 313, 314, 315, 318, 319], l'un de ces trois mots :

們 *mên* ○   每 *měi* quilibet   輩 *pěi* ordo

Ainsi l'on dit :

我們 *ŏ mên* nos.   你們 *ni mên* vos.   他們 *thâ mên* illi.

小 *siaŏ* parvi
的 *ti* (p. r)
們 *mên* (n. pl.)
} nous, esclaves ou domestiques.

老 *laŏ* senes
爺 *yé* domini
們 *mên* (n. pl.)
} vous, messieurs, etc.

323. On remplace *mên* par 等 *tĕng*, toutes les fois que les mots *nous, vous, eux*, emportent l'idée d'une classe ou d'une catégorie, avec exclusion de ceux qui n'en sont pas :

旨 *tchi* voluntati.   遵 *tsôn* obsequimur.   謹 *kin* diligenter.   等 *tĕng* ordo.   我 *ŏ* nos.

« Nous [autres officiers] nous conformons strictement à la volonté » [impériale] (1). »

---

(1) C'est ainsi que, dans la version chinoise de l'oraison dominicale, on a mis par-

324. Le possessif se forme d'après la règle des noms attributifs, avec ou sans l'intermédiaire de la particule 的 *ti*. [Cf. 139.] On dit également :

親 *thin* 父 *foŭ* 我 *'ŏ*
pater   mei

pour mon père, ou bien :

親 *thin* 父 *foŭ* 的 *ti* 我 *'ŏ*
pater   (n. g.)   mei

et ainsi des autres.

325. Au lieu du pronom possessif de la première personne, il est d'usage d'employer certaines expressions qui marquent l'humilité, et dont le sens s'applique toujours à la personne qui possède, et non à la chose possédée. On ne parlera ici que des plus usitées.

326. 家 *kia* [maison], s'applique aux parens ascendans, vivans, et autres auxquels on doit du respect, comme *père, mère, oncle, beau-père, frère aîné,* etc. Ainsi l'on dit :

家 *kia* domůs
父 *foŭ* pater.
} mon père.

家 *kia* domůs
兄 *hioŭng* frater natu major.
} mon frère aîné.

327. 舍 *ché* [maison *ou* logis] sert pour désigner les parens inférieurs en ligne collatérale, tels que *frère cadet, sœur cadette, gendre, cousin* et *parens* en général :

舍 *ché* domůs
弟 *ti* frater natu minor.
} mon frère cadet.

舍 *ché* domůs
親 *thin* cognatus.
} mon parent, etc.

---

tout *'ŏ-tĕng, nous,* c'est-à-dire, *nous qui sommes d'une même religion,* nous autres chrétiens. Des Chinois parlant à des étrangers, diront de même, *'ŏ-tĕng, nous, Chinois,* etc.

328. 小 *siaò* [petit] se dit des descendans, des domestiques, quelquefois de la femme de celui qui parle ; comme, par exemple :

小	*siaò* parva	} ma fille.
女	*niù* filia.	

小	*siaò* parvus	} mon domestique.
介	*kiài* servus.	

小	*siaò* parva	} ma femme, etc.
妻	*thsī* uxor.	

小	*siaò* parvus	} mon fils, mon enfant.
兒	*eùl* infans.	

329. 敝 *pi* [bas] se dit des personnes et des choses, soit abstraites, soit matérielles, qui sont en notre possession, ou qui ont rapport à nous, comme :

敝	*pi* humilis	} mon ami.
友	*yeòu* amicus.	

敝	*pi* humilis	} mon contemporain, celui qui est du même âge que moi [coœtaneus].
同	*thoúng* ejusdem	
年	*nian* anni.	

敝	*pi* humile	} mon royaume, le pays où je suis né.
國	*kouĕ* regnum.	

敝	*pi* humile	} mon nom de famille, etc.
姓	*sing* nomen.	

330. 賤 *tsian* [vil] ne se dit que des choses qui touchent de près à notre personne, comme les parties du corps, les propriétés directes, et les personnes qu'on désigne métaphoriquement par des noms de choses :

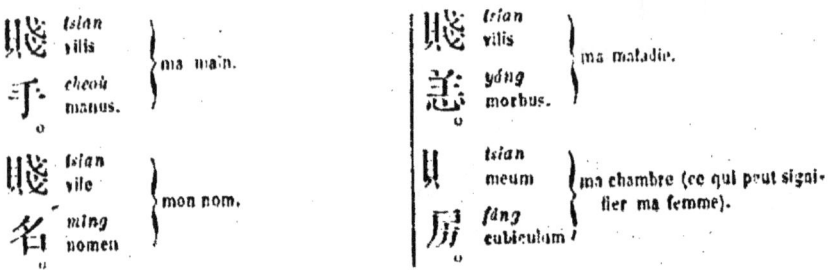

331. 寒 *hân* [froid] ne s'applique qu'à la maison qu'on habite :

「里 *li, li.* 七 *thsi, septem* 僅 *kin, vix* 去 *khiù, abest* 寒 *hân, frigida* 八 *pá, octovo* 十 *chí, decem* 此 *thseù, hinc* 舍 *ché, domus*」

« Ma maison est à peine à 17 ou 18 *li* d'ici. »

332. Au lieu du pronom possessif de la 2.ᵉ personne, on emploie presque toujours diverses expressions respectueuses et honorifiques, dont on va voir les plus usitées.

333. 令 *ling* se joint au titre des parens de ceux à qui l'on parle, et ce titre est ordinairement exprimé d'une manière métaphorique. On dit :

令兄 *ling nobilis, hioûng frater major.* } votre frère aîné.

令姐 *ling nobilis, tsiĕ soror natu major.* } votre sœur aînée.

et métaphoriquement :

令尊 *ling nobilis, tsūn honoratus.* } votre père.

令堂 *ling nobilis, thâng aula.* } votre mère.

令	*ling* nobile	} votre fille (encore petite).	令	*ling* nobilis	} votre fille (déjà grande).
千	*thsian* mille		愛	*'aï* amor.	
金	*kin* aurei.				

et ainsi d'une multitude d'autres.

334. 貴 *kouéï* [noble, illustre], répond, pour la 2.ᵉ personne, aux termes d'humilité *pi* [329] et *thsian* [330], employés pour la première, et se dit aussi bien des personnes que des choses :

貴	*kouéï* nobilis	} votre contemporain (coœtaneus).	貴	*kouéï* nobilis	} votre cheval.
同	*thoûng* ejusdem		馬	*mà* equus.	
年	*nian* anni.				
貴	*kouéï* nobilis	} votre main (au propre).	貴	*kouéï* nobile	} votre nom.
手	*cheoù* manus.		姓	*sing* nomen.	
貴	*kouéï* nobilis	} votre maladie.	貴	*kouéï* nobilis	} votre ville (la ville où vous êtes né).
恙	*yàng* morbus.		府	*foù* civitas.	

Les deux derniers exemples sont quelquefois interrogatifs, et c'est de cette manière qu'on s'informe de l'âge, du pays, du nom, etc. d'une personne à qui l'on parle.

335. 尊 *tsûn* [honorable] se prend dans le même sens que *kouéï*; il est encore plus respectueux, mais moins fréquemment employé. Ex. :

II.ᵉ PARTIE, STYLE MODERNE.   127

尊袍 } tsûn honoratum / p'haó pallium. } votre manteau.

尊駕 } tsûn honoratus / kià currus. } votre char, ce qui se prend pour votre seigneurie [Cf. 319].

尊號 } tsûn honoratus / háo titulus. } votre titre.

尊筆 } tsûn honoratus / pí penicillus. } votre pinceau, au propre [Cf. 338].

336. 高 *kaó* [haut] se dit des actions de la main, des opérations de l'esprit, et de ce qui en est le résultat :

高明悟 } kaó altum / ming clarum / 'oû ingenium. } votre esprit, votre discernement.

高手 } kaó alta / cheŏ manus. } votre main, pour votre adresse, votre talent, soit dans les arts mécaniques, soit dans les arts libéraux (1).

高筆 } kaó altus / pí penicillus. } votre pinceau, pour votre manière d'écrire, votre style, votre éloquence.

337. Il y a deux adjectifs démonstratifs, qui sont :

這 tché pour les personnes ou les choses prochaines.   那 nà pour les personnes ou les choses éloignées.

On les emploie avec ou sans la numérale *kó* [309], et quand il s'agit même d'une seule personne ou d'une seule chose ; on peut aussi ajouter le nom de nombre *un*, dans le sens indéfini. Ainsi l'on dira :

---

(1) Si l'on vouloit dire *votre main*, au propre, il faudrait se servir de *koùeï* [334], et de même pour l'exemple suivant.

人 *jīn, homo.* 个 *kŏ (p. n.)* 一 *ī unus* 那 *nă ille*

ou *nă ĭ jĭn*, ou *nă-kŏ jĭn*, ou simplement *nă jĭn*, « cet homme-là, »

物 *wĕ, negotium.* 件 *kiĕn res* 个 *kŏ (p. n.)* 一 *ī una* 這 *tchĕ hæo*

ou *tchĕ-kŏ kiĕn-wĕ*, ou *tchĕ ĭ kiĕn-wĕ*, ou simplement *tchĕ kiĕn-wĕ*, « cette chose, ceci. »

338. Dans la suite d'un récit, ces deux adjectifs démonstratifs, et plus particulièrement *nă*, se prennent comme de simples déterminatifs, et peuvent se rendre par nos articles *le, la :*

人 *jīn, mulier.* 婦 *foŭ* 那 *nă illa*

« Cette dame, *ou* la dame. »

慶 *khīng khing* 門 *mén men* 西 *sī si* 這 *tchĕ hic*

« Si-men-khing », nom propre d'homme, avec un article.

339. Le pronom indéfini *on* ou *quelqu'un* s'exprime par

或 *hoĕ quidam* ou 人 *jīn homo*
曰 *yoŭĕi ait.*   或 *hoĕ quidam*

« On dit, quelqu'un dit, on dira. »

曰 *yoŭĕi, dicens.* 謂 *'wĕi* 人 *jīn homo* 有 *yeŏu habetur*

« Il y a quelqu'un qui dit, *ou* qui dira..... »

340. Pour rendre le sens des pronoms indéfinis *tel, un tel, l'un, l'autre,* on se sert quelquefois des caractères cycliques [118, 222] (1) :

---

(1) On s'en sert aussi en géométrie, pour désigner les diverses parties d'une figure, de la même manière que nous employons nos lettres capitales A, B, etc.

II.ᵉ PARTIE, STYLE MODERNE.   129

乙 *i*, alterum 甲 *kia* una 而 *eal* et 對 *toùi* adversis 兩 *liáng* duæ
曰 *youei* ait. 門 *tcèn* Interrogans 居 *kiū* manebant; 門 *mén* portis 婦 *foù* mulieres

« Deux femmes demeuroient porte à porte : *l'une* demanda à
  » *l'autre*.... » [Cf. 222.]

341. Le pronom conjonctif sujet du verbe s'exprime le plus souvent, dans le style familier, par 的 *ti*, qui tient lieu de 者 *tchè* [145], et se construit de la même manière :

的 *ti*, quæ. 與 *iù* ad 暗 *'dn 'dn* clam 人 *jîn* domina 是 *chi* est
小 *siao* parvam   叫 *kido* jussit 小 *siao* parva
姐 *tsiei* sororem 送 *soúng* offerre 我 *ò* me 夫 *foù*

« C'est la jeune dame *qui* m'a dit de le porter secrètement à
  » mademoiselle. »

342. Outre les pronoms interrogatifs qu'on a vus précédemment, on se sert encore de 那 *nà* [Cf. 337], et de 甚麽 *chĭ-mó*, ou 麽拾 *chĭ-mó* (vulgairement 甚什 *chĭ-mó*). *Nà* s'emploie plus ordinairement pour les personnes, et *chĭ-mó* presque toujours pour les choses [Cf. 149, 403] :

是 *chi* est 那 *ná* quis 是 *chi* est 那 *ná* quis
奸 *kian* nequam 一 *i* unus 忠 *tchoūng* fidelis 一 *i* unus
臣 *tchhin*, subjectus? 個 *kó* (p. n.) 臣 *tchhin*, subjectus? 個 *kó* (p. n.)

« *Quel* est le sujet fidèle, et *quel* est le méchant? »

9

病 *pĭng, morbus?* 甚 *chĭn* 的 *tĭ (p.r.)* 你 *nĭ tu*
麼 *mŏ quis* 是 *chĭ est* 害 *hái laboras*

« Le mal dont vous souffrez, *quel* est-il? »

§. V. Du Verbe.

343. On réunit fréquemment ensemble deux verbes synonymes ou très-analogues dans leur signification, comme cela a lieu pour les substantifs, et par le même motif [285]. Ainsi l'on dit :

說 *chouĕ dicere* } pour dire. 看 *khán videre* } pour voir.
道 *táo, loqui.*   見 *kiàn, videre.* [Cf. 370, 379.]

Et ces sortes de verbes composés sont exempts de l'amphibologie qui pourroit être attachée à chaque monosyllabe en particulier, soit en parlant, à raison de la multiplicité des *homophones* [57], soit en écrivant, à cause de la latitude grammaticale accordée à chaque mot [151].

344. Quand le verbe substantif n'est pas sous-entendu [152], on l'exprime, soit par 為 *'wéi* [153], soit par 是 *chĭ* (1), ou 係 *hí*; ex. :

為 *'wéi est* 兄 *hiōng frater major,* 我 *'ŏ ego*
弟 *tí, frater minor.* 他 *thá ille* 為 *'wéi sum*

« Je suis l'aîné, il est le cadet. »

人 *jín homo.* 好 *háo bonus* 個 *kó unus* 是 *chĭ est*

« C'est un honnête homme. »

---

(1) Ce mot est, en *koŭ-wén*, un adjectif démonstratif, v. 143.

II.ᵉ PARTIE, STYLE MODERNE.   131

心 sin	寶 reverâ	聘 ducere	前 prioribus
小 siaò parva	係 fuit	定 determina- tum	日 diebus
姐 tsiĕ, soror.	永 ping Ping	者 tchĕ quæ,	所 tŏ quam

« Celle avec qui mon mariage a été conclu ces jours derniers, est
» réellement la demoiselle (1) *Ping-sin*. »

同 thoúng iisdem	又 yêou item	白 pĕ Pe	生 sěng natus	老 laó senex
年 nían, annis (coætaneï).	係 hi estis	公 koŭng dominum	與 iù ad	先 sian antea

« De plus, votre seigneurie et le seigneur Pe êtes du même âge. »

345. Il y a des verbes qui, joints à d'autres verbes, forment des expressions dont le sens s'éloigne plus ou moins de celui des mots qui les constituent : ce sont des verbes auxiliaires, non pour la conjugaison, mais pour le sens. Il est nécessaire de donner au moins quelques exemples des plus usités. [Cf. 385, 386, 388, 389, 390, 391, 392, 393, 394.]

346. 將 *tsiang* [*accipere*] s'emploie souvent dans un sens indéfini, avant le complément d'un ou de plusieurs verbes actifs, lesquels sont alors rejetés à la fin de la phrase, de cette manière :

出 tchhoŭ exire	救 kiêou liberavit	女 niù	將 tsiang accipiens
來 laï, ad.	了 liaò (n. pr.)	子 tseù mulierem	那 nà illam

« Il délivra cette femme et la fit sortir. »

---

(1) *Siào-tsiĕi*, *parva soror major*, est le titre qu'on ajoute au nom des filles, et qui signifie *mademoiselle*.

說 *chōue* enarravit
了 *liaŏ,* (n. pr.)
告 *koŭ* KOU
軒 *hian* cubiculi
請 *thsing* invitationem ad
酒 *tsieoŭ* prandium
之 *tchī* (n. g.)
言 *yán* sermonem
白 *pĕ* Pe
公 *koūng* dominus
之 *tchī* (n. g.)
及 *kī* et
與 *iū* et
遂 *soŭĭ* statim
事 *szé* negotium
錯 *thsoŭ* erroneæ
吳 *'oŭ* Ou
將 *tsīang* accipiens
細 *sī* lecturæ
讀 *toŭ* lecturæ
翰 *hán* Han
相 *siang*
細 *sĭ* minutim
弗 *fĕ* FE
林 *lin* lin
士 *szé* harioli

« Le seigneur Pe lui raconta en détail le discours du devin, ainsi que
» l'invitation à dîner chez le docteur Ou, et l'aventure de la lecture
» fautive de l'inscription de la salle *fĕ-koŭ* (1). »

[Cf. 161, 356, 392, 394.]

347. 着 *tchŏ* (2), placé après les verbes, donne plus de force à leur signification, en marquant que l'action qu'ils expriment a lieu effectivement, ou atteint le but que le sujet s'est proposé :

道 *tào* ait.
便 *pian* tunc
白 *pĕ* Pe
望 *wáng* aspiciens
叫 *kiáo* clamans
公 *koūng* dominum
着 *tchŏ*

---

(1) Ces deux mots sont pris du *Chi-king* (*Kouĕ-foung*, Odes du pays de 'weï, *khi-'ao*). Le dernier se prononce ordinairement *kào*, mais il doit se lire ici *koŭ*, à cause de la rime. Un jeune lettré qui ne connoissoit pas cette particularité, trahit son ignorance, en lisant à la manière ordinaire (*fe kào hian*) les mots *fe-koŭ hian*, qu'un docteur du collège des Han-lin avoit inscrits sur la porte de son cabinet d'études. Ces mots signifioient *salon de la joie intérieure*, ou dont rien n'avertit au dehors, *fĕ-koŭ*. — Le titre de Han-lin désigne la plus haute dignité littéraire de la Chine ; elle n'est pas plus honorable, mais elle est infiniment plus honorée que celle d'académicien parmi nous.

(2) Variante vulgaire de 著 *tchŭ*. Le P. Basile dit avec raison que ce mot répond assez bien à l'*acertar* des Espagnols.

« En apercevant le seigneur Pe, il s'écria.... : »

了 liaò (n. pr.) 着 tchò (v. a.) 訪 fǎng (syn.) 尋 thsin quæsivi

« Je l'ai trouvé. » — *Thsin-fǎng liaò* signifieroit seulement *je l'ai cherché.*

罷 pà desine 着 tchò assequeris, 尋 thsin quærens
了 liào, (n. pr.) 便 pian statim 不 poù non

« Vous ne le trouverez pas : laissez-le. » [Cf. 360, 387, 399].

348. 得 tě [*assequi, posse*], placé, soit avant, soit après un autre verbe, forme un verbe facultatif dont le sens peut varier :

得 tě potuit. 來 lái venire « Il est venu. »

得 tě potest. 不 poù non 來 lái venire « Il ne peut venir. »

得 tě assequitur. 通 thoǔng penetrando 不 poù non « Il ne comprend pas. »

得 tě potest 不 poù non 通 thoǔng penetrari « Cela est incompréhensible. »

此 thseù, hoc. 到 lào attingere 得 tě posse 難 nán difficile

« Il est difficile d'y atteindre. » [Cf. 375, 387, 403.]

的 tì remplace quelquefois *tě*, à cause de l'analogie de prononciation ; c'est ainsi que l'on dit :

的 tì 曉 hiào pour 得 tě assequor 曉 hiaò sciens

« Je sais, je suis au fait, cela suffit. »

349. 去 *khiù* [*ire*] marque l'ablation, le mouvement pour s'éloigner, l'émission. Il est, en ce sens, l'opposé de 來 *lái*, qui marque l'arrivée, le mouvement vers une chose, l'intus-susception. L'un et l'autre se joignent aux verbes, et font l'office des particules latines *ab* et *ad*, ou des particules séparables des Allemands, *an* et *auf*. Comme ces dernières, ils sont souvent séparés du verbe auquel ils appartiennent, et rejetés à la fin de la phrase :

拿 *ná* cape
來 *lái* ad.
} apporte.

拿 *ná* cape
去 *khiù* ab.
} emporte.

來 *lái* ad. 茶 *tchâa* theam 泡 *pháo* bullire 去 *khiù* ito.

« Allez chercher le thé. »

來 *lái* venit. 不 *poŭ* non 學 *hŏ* studere.

« Je n'étudie pas. »

去 *khiù* it. 不 *poŭ* non 說 *chouĕ* dicere.

« Je ne parle pas (1). »

不 *poŭ* non 來 *lái* venit, 買 *mái* emere
去 *khiù* it, 賣 *mái* vendere 不 *poŭ* non.

« Je ne vends ni n'achète. »

---

(1) Dans cet exemple et dans le précédent, l'emploi de *lái* et de *khiù* est déterminé par la nature de l'action du verbe principal : il y a *attraction* dans l'étude, et *émission* dans l'action de parler ; il en est de même dans l'exemple suivant.

不 *poŭ* non 是 *chi* est 來 *lái* venire; 入 *ji* ingredi 容 *yoúng*
去 *khiŭ* It. 出 *tchhoŭ* exire 只 *tchi* at 得 *tĕ* assequitur 易 *ji* facile

« Il est aisé d'y entrer, mais on n'en sort pas. » [Cf. 394.]

350. 罷 *pá* [*desinere*], placé immédiatement après un verbe, ou rejeté à la fin de la phrase, marque la cessation ou l'interruption de l'action que ce verbe exprime :

花 *hoá* flores. 菊 *kiŭ* chrysan- themo 罷 *pá* cessavit 看 *khán* respicere

« Elle cessa de regarder les reines-marguerites. »

也 *yĕ*, (p. f.) 作 *tsŏ* agere 叫 *kiáo* evocare 莫 *moŭ* non
罷 *pá*, cessare. 媒 *méi* pronubam 他 *thá* eum 若 *jŏ* sicut

« Il vaut mieux le charger d'être l'entremetteur de ce mariage. » — *Pá*, dans cette phrase, marque qu'il faut interrompre toute autre affaire, et en finir. [Cf. 347, 382, 385.]

351. La marque la plus ordinaire du prétérit est 了 *liaŏ*, qui se met après le verbe, et ordinairement avant le complément quand il y en a un :

了 *liaŏ*, (n. pr.) 受 *cheóu* accepit 恭 *koūng* salutatio- nem 一 *i* unam 打 *tă* agens

« Elle le prit en faisant une révérence. »

盃 *péi* cyathos. 數 *soú* aliquot 了 *liaŏ* (n. pr.) 飲 *yĭn* bibit

« Il but plusieurs tasses. »

352. Quelquefois un verbe suivi de *liaŏ* doit être entendu au présent, ou même au futur, quand il s'agit d'une action qui s'achève ou s'achevera bientôt, et le signe du passé marque alors la rapidité de cette action :

136 GRAMMAIRE CHINOISE.

了 *liaò* (n. pr.) 成 *tchhing* perficere 易 *i* facile 容 *yuńg* 便 *pian* potius

« Cela sera facilement achevé. » [Cf. 347, 359, 360, 381, 394.]

353. On se sert encore, pour marquer le passé, de 過 *kouò* [*transire*], ce qui toutefois n'empêche pas qu'on ne puisse mettre aussi *liaò* après le verbe, ou quelque autre signe du prétérit auparavant. Le sens alors peut en être diversement modifié, et, s'il y a plusieurs verbes, le rapport d'antériorité exprimé d'une manière plus ou moins précise (1). Ainsi l'on dit :

了 *liaò* (n. pr.) 過 *kouò* (n. pr.) 說 *chouě* dixi

« J'ai dit, *jam dixi*. »

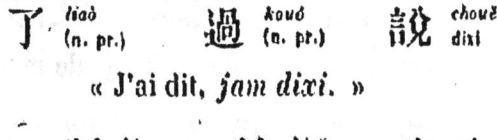

« Il avoit entretenu chez lui plusieurs femmes du second rang. »

354. Les adverbes qui marquent le prétérit, et qu'on place avant le verbe, sont :

曾 *tséng* [162] 已 [163] 經 *king*

ou, en en réunissant deux ensemble :

經 *king* 曾 *tséng*   經 *king* 已

355. 有 *yeoù* [avoir], placé avant le verbe, marque aussi le prétérit, sur-tout au sens négatif :

―――――

(1) Toutefois on ne doit pas, à l'exemple de quelques grammairiens, chercher dans l'emploi de ces diverses marques de temps, des expressions qui répondent exactement à nos imparfaits, à nos plus-que-parfaits, etc. Ces sortes de nuances sont peu d'usage dans le style chinois, et l'on en trouveroit à peine quelques exemples dans les livres.

II.ᵉ PARTIE, STYLE MODERNE.

說 *chouĕ dictum.* 有 *yeoŭ habeo.* 沒 *mŏă non.*

« Je n'ai pas dit. » Exactement comme en français.

356. Le futur s'exprime ordinairement par l'addition d'un de ces trois mots :

要 *yaŏ velle.* 將 *tsiang item, mox [Cf. 346.]* 會 *hoĕi unire.*

相 *siang, minister.* 將 *tsiang (n. t.)* 親 *tsin (p. c.)* 今 *kin nunc.*

拜 *păi honorabitur.* 又 *yeŏu ampliùs.* 父 *foŭ pater.*

« De plus, son père sera honoré de la charge de ministre. »

係 *hi, nodos.* 千 *tsien mille.* 脫 *thŏ solvam.* 要 *yăo (n. t.)*

« Je leverai cet embarras. »

說 *chouĕ dices.* 會 *hoĕi (n. t.)* 講 *kiăng eloqueris.* 會 *hoĕi (n. t.)*

« Vous parlerez, vous vous expliquerez. »

357. Les marques des temps sont ordinairement omises, quand le sens est suffisamment indiqué par la présence des adverbes de temps, ou le rapport des verbes qui précèdent ou qui suivent : c'est là le cas le plus ordinaire, et c'est ce qui explique la rareté de l'emploi des particules qui n'ont d'autre usage que de marquer le temps.

358. L'impératif, quand on parle à des inférieurs, s'exprime en mettant le pronom de la deuxième personne avant le verbe :

來 *lăi veni.* 你 *ni tu.*   罷 *pă ab.* 去 *khiŭ abi.* 你 *ni tu.*

« Viens. »   « Va-t'en. »

359. Par urbanité, on fait ordinairement précéder l'impératif du mot *tshing*, qui signifie *prier, inviter* :

袍 *phao, pallium.* 尊 *tsūn, honoratum.* 了 *liào (n. pr.)* 寬 *kouān exue.* 請 *thsīng rogo.*

« Quittez, je vous prie, votre manteau. »

360. Le prohibitif s'exprime, ou par les particules prohibitives [273], ou par les mots

要 *yào velis* 不 *poù ne* ou 休 *hieòu cave* ou 要 *yào velis* 別 *pié aliter*

我 *'ò me.* 哄 *hoúng decipere* 要 *yào velis* 不 *poù ne* 你 *nĭ tu*

« Ne me trompez pas. »

話 *hoá, verba.* 這 *tchè hæc* 說 *chouō dicas* 休 *hieòu cave ne*

« Ne dites pas ces sortes de choses. »

忘 *vâng oblivisci* 休 *hieòu cave ne* 言 *yân* 我 *'ò me,* 哥 *kō*
了 *liaò (n. pr.)* 要 *yào velis* 語 *iù verba* 的 *tí (n. g.)* 哥 *kō frater*

« Monsieur, n'oubliez pas ce que je vous dis. »

着 *tchŏ (v. a.)* 信 *sin credere* 要 *yào velis* 別 *pié aliter*

« Ne croyez pas cela. » [Cf. 350, 382.]

361. L'optatif s'exprime par les mots

巴 *pā*   恨 *hén oderim*
不 *poŭ* ou   不 *pçā non*   qui répondent à *utinam*, plût à Dieu,
得 *tĕ*   得 *tĕ assequi*   ou que ne puis-je (1).

Ces deux expressions se prennent l'une pour l'autre.

---

(1) Souvent aussi on peut les rendre au positif par *de tout cœur, volontiers.*

II.ᵉ PARTIE, STYLE MODERNE.

狗 *keòu* canibus 吃 *khī,* vorare. 肝 *kān* jecur 把 *pà* dare 與 *fù* (n. d.) 他 *thā* ejus 的 *tī* (n. g.) 心 *sīn* cor 得 *té* utinam 剜 *khoā* avellam 出 *tchhoū* foras 我 *ô* ego 恨 *hén* 不 *poŭ*

« Que ne puis-je lui arracher le cœur et le foie, et les donner à dévorer
« aux chiens ! »

362. Le sens passif se marque, comme dans le style antique [173],
par l'addition du verbe 見 *kian* [voir] :

殺 *chà* occidere 見 *kian* videre — être tué (se voir tué).

363. Plus souvent encore le passif est marqué par la particule 被
péi, qui se met avant le verbe ; et si le sujet de l'action est exprimé, il
se place après la particule et avant le verbe :

謫 *tŏ,* castigatus est. 廷謹 *thing khian* imperatore 被 *péi* ab 朝 *tchhāo* 父親 *fōu thsīn* pater

« Mon père a été puni par S. M. »

笑 *siào,* irridert. 恥 *tchhì* dedecorari 人 *jīn* hominibus 被 *péi* ab 恐 *khoùng* vereor

« Je crains d'être déshonorée et tournée en ridicule. »

364. 吃 *khī* [manger, avaler] forme aussi quelques expressions
qui ont le sens passif, mais qui semblent contenir une métaphore po-
pulaire :

打 *tà* verberare 吃 *khī* manducare — être frappé.

話 hod, verba. 笑 siad irrisionis 人 jin hominum 吃 khi manducare

« Être raillé par les autres. »

365. Le participe se forme par l'addition de 的 ti [341, Cf. 145]:

的 ti, quæ. 我 ّْo meam 箇 kò (p. n.) 沒 moů non
意 i mentem 中 tchoûng assequens 一 i una

« Il n'y en a pas une qui me plaise; » mot-à-mot, *me plaisant*.

的 ti, qui. 來 lái venientes! 凡 fán omnes

« Tous les *venans*, ou tous ceux qui viennent. »

366. Indépendamment de la réunion des verbes synonymes ou presque synonymes [343], et des verbes auxiliaires [345, Cf. 389], il n'est pas rare de trouver deux ou plusieurs verbes de suite sans conjonction. Ces verbes alors appartiennent à des sujets différens : le premier ou les premiers doivent être pris au sens transitif, et leur complément, sujet de celui ou de ceux qui suivent, peut être, suivant les cas, exprimé ou sous-entendu :

知 tchī 門 mén men 報 paó nuntiare 來 lái venit
道 tào, scire. 慶 khìng khìng 西 si 回 hoéi reversus est

« Il revint le dire à *Si-men-khing*; » mot-à-mot, *pour qu'il le sût*.

邊 pian, juxtà. 身 chin corpus 在 tsái esse 留 lieóú retinebat

« Il les retenoit près de lui; » mot-à-mot, *il les retenoit être à ses côtés* (1).

---

(1) *Chin-pian*, à côté du corps, se dit des femmes qu'on épouse ou qu'on entretient chez soi : *chin-pian-jin*, une compagne, une concubine.

II.ᵉ PARTIE, STYLE MODERNE.   141

下 hiá/sub.   地 ti/terrâ   在 tsàï/esse   潑 phò/effudit

« Il la répandit par terre; » mot-à-mot, *il répandit être par terre*.

On dit de même, *offrir prendre, présenter manger, envoyer être, chasser être, porter être, placer être,* pour, *envoyer dans, chasser en tel endroit, porter ou placer dessus ou dedans,* etc., comme nous disons, *faire savoir, laisser courir, envoyer dire,* etc. [Cf. 346, 361, 392.]

§. VI. Des Adverbes.

367. On fait fréquemment usage d'adverbes composés, soit de la répétition d'un même mot [175], soit du groupement de deux adverbes synonymes, soit d'une préposition, d'une postposition ou d'une marque de rapport qui en tient lieu, et jointe à un substantif qui exprime le temps, le lieu ou la manière. On dit, par exemple :

慢 mán / 慢 mán } lentement, tout doucement.   日 jí / 日 jí } tous les jours, journellement, quotidie.

ou, en réunissant des synonymes :

方 fāng / 纔 thsái } à présent, alors.   略 liô / 寡 kouâ } un peu.

ou, en faisant l'ellipse d'une préposition :

明 míng/crastino / 日 jí/die } demain.   那 nà/illo / 裏 lî/loco } là.   這 tchè/hoc / 般 pān/modo } ainsi.

ou, en exprimant la postposition :

端 *touān* / *rectè* } bien, véritablement.
的 *ti* (p. g.)

怎 *tsèng* / *quomodo* } comment.
的 *ti* (p. g.)

§. VII. Des Prépositions et des Conjonctions.

368. Beaucoup de prépositions sont des mots qui, dans le style antique, sont plus habituellement pris comme substantifs ou comme verbes [Cf. 180, 181], tels que :

裏 *li* doublure d'habit — dans, lieu.
替 *thì* ruiner — pour, à la place de, à.

隨 *soûi* suivre — suivant.
到 *tào* parvenir — jusque, à.

369. Quoique pris comme prépositions, ces mots se construisent comme s'ils avoient conservé leur signification primitive, c'est-à-dire que ceux qui sont originairement substantifs se placent ordinairement après [Cf. 298], et ceux qui sont verbes, avant leur complément :

替 *thì pro*
他 *thā eā* } pour elle, en sa faveur.

隨 *soûi secundùm*
便 *pian commodum* } à volonté.

至 *tào usque*
此 *thseù hoc* } jusqu'ici.

家 *kiā domûs*
裏 *li interiùs* } dans la maison.

370. Les mêmes mots, construits comme on vient de le dire, peuvent encore faire l'office de conjonctions, et on doit alors les considérer comme étant les complémens d'une autre préposition exprimée ou sous-entendue. Dans ce cas, le verbe qu'ils régissent

doit être pris comme nom d'action, et la place qu'il occupe est déterminée par la règle des noms en construction [79, 298] :

重 *tchhoûng* iterùm	了 *liaò* (n. pr.)	成 *tchhíng*	乾 *khian* firma
⺀ *tchhoûng* iterùmque	時 *chi* tempore	作 *tsó* perficiendi	娘 *niang* mulier,
謝 *siè* gratias agam	我 *ó* ego	完 *houân* finiendi	你 *nì* tu
你 *nì* tibi.	自 *tseú* ipse	備 *pí* præparandi	自 *tseú* ipsa

« Madame, quand vous aurez achevé de tout préparer, je vous renou-
» vellerai mes remercîmens. » — *Khian-niáng*, femme ferme, est
un compellatif usité, en parlant aux femmes d'une condition médiocre. — Les quatre verbes *tchhíng*, achever, *tsó*, faire, *houân*, terminer, et *pí*, préparer, sont régis par le mot *chi*, temps, lequel est lui-même gouverné par *iû*, dans, qui est sous-entendu, *dans le temps de*, pour *lorsque* (1).

---

(1) *Chí*, ainsi placé à la fin d'un membre de phrase, se prend, comme le *wenn* des Allemands, tantôt pour *quand*, *lorsque*, tantôt pour *si* ; et, dans ce dernier sens, l'hypothétique est ordinairement exprimée au commencement :

時 *chí*, tempus.	作 *tsó* faciendi	他 *thâ* illius	若 *jó* si
	聲 *chíng* clamorem	不 *poû* non	是 *chí* sit (ui)

« Si elle ne crie pas. »

作 *tsó* faciendi	手 *koùeí* nobilis	娘 *niang*	若 *jó* si
時 *chí* tempus.	乎 *cheoû* manus	子 *tseù* domina	得 *té* assequar

« Si madame veut bien me rendre ce service. »

§. VIII. Des Interjections.

371. Les interjections les plus usitées sont, au commencement de la phrase :

呀 *yá* oh! 兀 *wŏ* ou 的 *ti* 兀 *wŏ* holà! hò!

et à la fin :

哩 *li* 呢 *ni* 那 *ná* 呵 *hò* etc.

Toutes signifiant *oh*, et marquant l'admiration, l'étonnement, etc.

§. IX. Des Particules et des Idiotismes, ou Façons de parler irrégulières.

372. Le mélange des styles étant autorisé dans un grand nombre de compositions, et notamment dans celles que l'on appelle 俗半文半 *pán wén pán soŭ* [moitié littéraires, et moitié vulgaires], il n'y a guère de particules usitées dans le style antique qui ne puissent se trouver employées dans les livres écrits en style moderne [283]. On ne parlera ici que de celles qui sont particulières à ce dernier, et l'on fera connoître en même temps les locutions irrégulières les plus usitées, lesquelles sont ordinairement formées de particules ou d'autres expressions détournées de leur usage primitif.

373. 也 *yé* n'est pas seulement une finale insignifiante [Cf. 198]; on le met aussi au commencement ou au milieu des phrases, et il signifie *item, etiam*, de plus, même, et :

株 *tchū* arbores	也 *yé* et	株 *tchū* arbores	也 *yé* et
依 *ī* inhæerentes	有 *yeoŭ* erant	近 *kin* prope	有 *yeoŭ* erant
山 *chān* monti.	幾 *kī* aliquot	水 *choŭi* aquam	幾 *kī* aliquot

« Un bocage étoit près de la rivière ; un autre sur le revers de la
» montagne (1). »

人 *jîn* homo. 個 *kô* unus 是 *chì* est 不 *poŭ* non 也 *yĕ* et

« Aussi, ce n'est pas un homme. » (*yĕ chì,* c'est même.... *yĕ poŭ chì,* ce n'est pas même...., *vel non*).

不 *poŭ* non 口 *kheoŭ* os 不 *poŭ* non 乎 *cheoŭ* manus
開 *khâi,* aperitur. 也 *yĕ* et 動 *toŭng* movetur, 也 *yĕ* et

« Il n'osa ni remuer la main, ni ouvrir la bouche. » (*yĕ poŭ,* pas même). [Cf. 379, 381, 382, 385.]

Dans ces phrases et autres semblables, on pourroit remplacer *yĕ* par 亦 *ì,* qui a la même signification.

374. On le met entre les deux membres d'une phrase interrogative [401] :

也 *yĕ* vel 不 *poŭ* non 意 *ì* propositum 道 *tchà* hoc 你 *nì* tu
不 *poŭ* non 巧 *khiaò* egregium, 巧 *khiaò* egregium 箇 *kô* (p. n.) 道 *taò* dic
妙 *miaò,* excellens. 妙 *miaò* excellens 也 *yĕ* vel 主 *tchù* 我 *'ò* meum

« Dites-moi si mon projet est bon ou mauvais. » — *yĕ,* dans ces sortes de phrases, signifie *ou.*

375. 只 *tchì* [seulement], répond à notre façon de parler, *ne que,* et s'emploie seul, ou joint à d'autres mots pour constituer diverses locutions :

---

(1) Cette expression *yĕ-yeoŭ, item erant,* est commune dans les descriptions, et l'on se plaît à la répéter plusieurs fois de suite.

苦 khoŭ, miserum. 得 tĕ poterat. 叫 kiaò vocare. 只 tchĭ solùm.

« Il ne pouvoit que se dire malheureux. »

要 yaò volo. 不 poŭ non. 是 chĭ est. 只 tchĭ solùm. 我 'o ego.

« Mais c'est ce que je ne veux pas. » — *Tchĭ-chĭ* peut presque toujours se rendre par *mais*, quand on fait une objection [Cf. 349] :

信 sin, credes. 你 ni tu. 只 tchĭ solùm. 說 choué dicere.
不 poŭ non. 怕 phà timeo. 來 laí venit.

« Je parlerois bien, mais vous ne me croirez pas. » — Dans cette locution, qui est très-commune, l'idée de *crainte* est souvent prise en un sens ironique [Cf. 407].

他 tha, illum. 跟 kēn sequi. 得 tĕ potuerunt. 只 tchĭ solùm.

« Ils ne purent que le suivre. » — (*Tchĭ-tĕ*, on ne peut que, il faut bien, il n'y a qu'à....)

等 tĕng modo. 這 tchè hoc. 好 haò bene. 只 tchĭ solùm.

« C'est bien à-peu-près comme cela. » (*Tchĭ haò*, c'est bien, il n'est bon que, il n'y a qu'à.....)

心 sin, animum. 放 fàng relaxare. 管 kouàn cura. 只 tchĭ solùm.

« Ayez l'esprit en repos. » — (*Tchĭ kouàn*, ne songez qu'à.)

376. 止 tchĭ [*sistere*], tient souvent la place du précédent :

如 joú sicut. 不 poŭ non. 如 joú sicut. 愛 'di diligit.
子 tseù, filium. 止 tchĭ solùm. 身 chin corpus, 之 tchĭ eum.

« Il l'aime, non comme un fils, mais comme soi-même. »

377. 又 *yeóu* [*iterùm*], se prend pour *même*, et répond, comme *yĕ* [373], au *vel* des Latins, dans les phrases où l'on met les choses au pis, avec cette différence qu'il se place au second membre de phrase :

煩 *fán* 又 *yéou* 怠 *tái* 由 *yeóu*
惱 *nao̍*, irascar. 無 *woú* non 慢 *màn* malè tractes, 你 *ni* tu

« Quelque mal que vous me traitiez, je ne me fâcherai pas : *vel si me malè habeas, et ego non irascar.* »

378. Répété deux ou plusieurs fois, il équivaut à ces façons de parler, où l'on applique à plusieurs propositions une même formule d'affirmation ou de négation :

又 *yeóu* item 高 *kao̍* altum, 官 *kouān* munus
富 *foù* dives. 家 *kiā* domus 又 *yeóu* item

« *Et* sa charge étoit élevée, *et* sa maison étoit riche. »

379. 就 *tsieoù* [aussitôt, tout de suite], ne marque pas seulement la succession prompte, immédiate, d'un fait à l'égard d'un autre, mais il sert encore, suivant les cas, à particulariser une assertion, et à indiquer la certitude d'une conséquence, la promptitude et la rapidité d'une action :

餓 *ó* fame 就 *tsieoù* certè 凍 *touńg* frigore 不 *poŭ* non
死 *sé* morietur, 是 *chí* erit 死 *sé* moritur, 是 *chí* est

« Si ce n'est pas de froid qu'il meurt, ce sera certainement de faim. »

他 *thā* ille. 是 *chí* est 就 *tsieoù* quidem 必 *pí* certè 想 *siáng* puto

« Si je ne me trompe, c'est lui-même. »

知 *tchi*	我 *'ŏ*	就 *tsiéou*	別 *piĕ*	莫 *mŏu*
scio.	ego	quidem	alios	ne
道 *tào,*	也 *yĕ*	是 *chi*	人 *jin*	說 *chouĕ*
	etiam	est	homines,	dicas

« Non-seulement les autres, mais moi-même je le savois. » — Remarquez *moŭ-chouĕ, ne dicas,* pour *non-seulement.*

不 *poŭ*	我 *'ŏ*	一 *ĭ*	你 *ni*
non	ego	unum	tu
吃 *khĭ*	也 *yĕ*	百 *pĕ*	就 *tsiéou*
biberem.	et	centum	quidem
	是 *chi*	年 *nian*	跪 *khouĕi*
	est	annos	genua flecteres

« Vous auriez beau rester cent ans à genoux, que je ne boirois pas. » — Dans cette phrase et dans la précédente, *yĕ* correspond à *tsiéou,* et marque l'opposition des deux membres de la proposition [373].

380. 還 *hoán* [encore], se dit souvent dans un sens vague et indéterminé :

當 *táng*	還 *hoán*	當 *táng*	還 *hoán*
conforme	adhuc	conforme	adhuc
耍 *chouă,*	是 *chi*	眞 *tchin*	是 *chi*
joco?	est	vero,	est

« Est-ce sérieusement ou par plaisanterie? »

醫 *ī,*	心 *sin*	還 *hoán*	心 *sin*
remedium.	cordis	adhuc	cordis
藥 *yŏ*		將 *tsiang*	病 *ping*
		instat	morbo

« Aux maux du cœur, il faut un remède de cœur. »

381. 連 *lián* [contigu, continuation], signifie *ensemble,* et marque la connexion, la liaison de deux choses simultanées :

知 *tchi, scio.* 不 *poù non* 也 *yè et* 我 *ŏ ego* 連 *liēn etiam*

« Moi-même je ne l'ai pas su. »

有 *yeoù habebitis* 連 *liēn et* 有 *yeoù habebo* 不 *poù non*
着 *tchŏ* 妹 *méi* 了 *liaò (n. pr.)* 特 *tě solùm*
落 *lŏ connubium* ⎱ *méi sorores* 着 *tchŏ* 愚 *iù stolida*
了 *liaò (n. pr.)* 都 *toū quoque* 落 *lŏ connubium,* 姉 *tseù soror natu major*

« Non-seulement je vais être établie, mais vous, mes sœurs, vous allez
» l'être aussi. »

382. 便 *pian* [commodité, occasion], peut souvent se traduire par *même, bien*, et indique une sorte de concession conditionnelle :

活 *hŏ, libentissimè.* 也 *yè et* 夢 *mèng somnio* 便 *pian vel*
快 *khoúai* 見 *kian videre* 是 *chi sit*

« Que je le voie, fût-ce même en songe. »

菲 *toù, venenum.* 得 *tě assequens* 罵 *mà jurgat* 便 *pian et* 罵 *mà jurgiis*

« Pour des injures, il en dit des plus cruelles. »

龍 *pà desine.* 買 *mài emeto,* 買 *mài emet* 買 *mài emete,*
便 *pian et* 不 *poù non* 便 *pian et*

« Achetez, si vous voulez ; sinon, qu'il n'en soit plus question. »

383. 且 *tsièi* indique la nécessité d'une action qu'on recommande
ou qu'on va faire :

叔 _choŭ, patruo._ 叔 _choŭ_ 間 _wĕn, petam à_ 且 _thsiĕ, jam_ 我 _'ŏ ego_

« Je vous demanderai, mon oncle.... »

其 _khi, hanc_ 且 _thsiĕ, jam_ 不 _poŭ, non_ 是 _chi, sit_
說 _chouĕ, narrationem._ 終 _tchoūng, absolve_ 是 _chi, sit,_ 與 _fŭ, vel_

« Vraie ou fausse, achevez-nous cette histoire. »

384. 却 *kiŏ* [véritablement, en effet], sert à marquer l'opposition, la préférence qu'on accorde à une chose sur une autre :

當 _tāng, consentio_ 我 _'ŏ ego_ 做 _tsŏ, agis_ 你 _nĭ, tu_
眞 _tchīn, vero._ 却 _kiŏ, quidem_ 夢 _mĕng, somnias_ 便 _pian, potiùs_

« Vous rêvez sans doute, car j'en suis certain. »

何 _hŏ quis_ 却 _kiŏ, verè_ 相 _siāng_ 這 _tchĕ, ille_
人 _jīn, homo?_ 是 _chi, est_ 公 _koūng, dominus_ 位 _'wĕi (p. n.)_

« Enfin, quel est ce jeune homme? » — *Siang-koung* [monsieur], est le titre qu'on donne aux jeunes gens d'un état honorable.

385. 到 *taŏ*, ou 倒 *taŏ* [parvenir, tomber], se prend souvent pour la préposition *jusque* [368], et quelquefois aussi dans un sens adverbial et absolu, comme signifiant *jusque là, encore, à toute force, au contraire* :

罷 _pà, absit._ 也 _yĕ, et_ 到 _tăo, huc usque_

« Jusque là, c'est bien, ou encore passe. »

IIe PARTIE, STYLE MODERNE.

疑 *i,* dubitari. 分 *fēn* partes 有 *yeoù* habet 到 *tào* adhuc 這 *tchè* hic
可 *khò* possunt 三 *sān* tres 也 *yè* et 話 *hóa* sermo

« Il y a bien quelque chose à dire là dessus, *ou* il reste encore quelque » sujet de doute; » *sān-fēn*, trois parties. Un tout est composé de dix parties, d'où vient que *chĭ-fēn*, dix parties, signifie *absolument, tout-à-fait* [306]. On dit *une partie, trois parties*, etc., pour marquer *un peu, moins de moitié*, et *six parties, huit parties*, pour dire *beaucoup, presque entièrement :*

好 *haò,* bene. 倒 *tào* adhuc 的 *tĭ* (p. r.) 吃 *khĭ* comedens

« S'il mangeoit, cela seroit encore bon. »

倒 *tào* è contrà 口 *kheoù* oris 雖 *soūi* etsi 文 *wén* litterariæ
有 *yeoù,* habebantur. 才 *thsái* dotes 無 *wóu* non habebantur, 才 *thsái* dotes

« Il n'avoit pas d'instruction, mais beaucoup de babil. »

386. 叫 敎 交 trois caractères qui se prononcent également *kiáo*, se prennent l'un pour l'autre, à cause de l'identité de prononciation (1) [20]; ils peuvent souvent se rendre par *faire, obliger à*, et alors ils donnent au verbe le sens transitif :

做 *tsó* agere 叫 *kiáo* jussit 那 *nà* quis
官 *kouān,* magistratum! 他 *thā* illum 箇 *kò* (p. n.)

« Qui l'a obligé d'accepter une charge? »

---

(1) Le premier signifie *appeler*, le second *enseigner*, et le troisième *s'unir*.

好 *hảo* bene 肚 *toù* ventre 教 *kido* cogis
悶 *mén,* angi. 裏 *lí* in 我 *ò* me

« Vous me faites cruellement souffrir. » [Cf. 341, 350.]

387. Très-souvent il faut les traduire par *apprenez-moi*, et ils forment des façons de parler interrogatives :

著 *tchỏ* efficere? 猜 *thsái* divinare 如 *jou* 叫 *kido* doce
　 得 *tě* possim 何 *hỏ* quomodo 我 *ò* me

« Comment voulez-vous que je devine? »

的 *tí* (p. r.) 兒 *cứt* (p. e.) 箇 *kỏ* (p. n.) 有 *yeoù* habere 教 *kido* doce
上 *chảng,* sursùm. 看 *khản* respicere 眼 *yản* oculum 半 *pản* dimidium 我 *ò* me

« Comment oserois-je lever les yeux? »

On dit dans le même sens : 道你 *ni-táo,* ou 說你 *ni choue,* *dic tu :*

笑 *siaò,* risu. 不 *pỏu* non 好 *hảo* bonum 你 *ni* tu
　 好 *hảo* bonum 笑 *siaò* risu 道 *táo* dic

« N'est-ce pas ridicule? » [Cf. 374.]

388. 可 *khỏ* [il convient], forme les adjectifs verbaux facultatifs au sens passif [170, 254]; mais il forme aussi les assertions ou invitations mitigées, comme nos façons de parler *il se peut, vous pouvez :*

麼 *mỏ* (p. i.) 道 *táo* scire 知 *tchi* 可 *khỏ* potes 你 *ni* tu

« Le savez-vous bien? »

我 ŏ me　寶 chī verè　你 nǐ tu
說 choŭ loqui,　對 toùi ad　可 khŏ potes

« Vous pouvez me parler franchement. » [Cf. 393, 394.]

389. 來 lái [venir], et 去 khiù [aller], s'emploient souvent ensemble pour marquer l'opposition ou le mouvement en sens divers [Cf. 349] :

去 khiù it.　訪 fǎng quærens　來 lái venit.　訪 fǎng quærens

« Il cherche de tous côtés. »

去 khiù it.　想 siǎng cogitando　來 lái venit.　想 siǎng cogitando

« Ses pensées errent çà et là. »

390. 來起 khĭ-lái [surgendo venire], sont deux mots qui s'emploient après un autre verbe, soit ensemble, soit séparés par le complément de ce verbe, dans le sens de *se mettre à, commencer* :

來 lái, venit.　起 khĭ surgendo　說 choŭ dicere

« Il se mit à parler. »

來 lái, venit.　筆 pĭ penicillum　起 khĭ surgens　提 thí sumens

« Il saisit le pinceau, il se met à écrire. »

391. 打 tà [*verberare*], se joint à d'autres verbes ou à des substantifs, pour former des expressions verbales, dont plusieurs ont de l'analogie avec celles que nous composons en nous servant de notre verbe *faire* (1) :

---

(1) Le P. Basile a rédigé une table de 119 idiotismes formés avec le verbe *Tà* (voy. le *Dictionnaire* imprimé, pag. 919). M. Klaproth en a joint une soixantaine à ce nombre (*Supplément*, pag. 31).

心 *sin,* animum. 的 *ti* (n. g.) 他 *thâ* ejus 動 *toûng* movit 打 *tà* percussit

« Il a fait impression sur son esprit. »

水 *choúi,* aquam. 打 *tà* percutere « Faire, ou puiser de l'eau. » (Cf. 351.)

392. 把 *pà* [capere], reçoit, en composition avec d'autres verbes, des acceptions aussi variées que celles du verbe *prendre*, et souvent il est impossible de le traduire exactement ; il se construit comme 將 *tsiang* [346], et doit le plus souvent être entendu de la même manière :

瞟 *piào,* respicere. 偷 *theôu* furtim 眼 *yán* oculos 把 *pà* capere

« Jeter un coup d'œil à la dérobée. »

了 *liào* (n. pr.) 他 *thâ* eum 都 *toû* omnia 心 *sin* cordis 把 *pà* caplens
說 *chouě* dixit 對 *toúi* ad 話 *hoá* verba 真 *tchin* veri

« Il lui a dit tout ce qu'il avoit au fond du cœur. »

偷 *theôu* furtim 眾 *tchoúng* (n. pl.) 睛 *tsing* pupillas 不 *poŭ* non
看 *khán,* inspiciebat. 人 *jîn* homines 把 *pà* capiens 轉 *tchouàn* vertens

« Elle les regardoit à la dérobée, sans détourner les yeux. »

背 *péi* tergum 丟 *tieôu* abjecit 老 *laò* senem 把 *pà* caplens
後 *heôu* post 在 *tsáï* esse 人 *jîn* hominem [1] 我 *ŏ* me
了 *liaò* (n. pr.) 腦 *naò* cerebri 家 *kiâ* hominem 這 *tché* hanc

« Parce que je suis vieille, il ne songe plus à moi. »

II.ᵉ PARTIE, STYLE MODERNE. 155

土 thoŭ, terram. 爲 'wĕi œstimat 銀 yên argentum 把 pă capiens
糞 fên stercus 視 chĭ respicit 金 kīn aurum

« Il regarde l'or et l'argent comme du fumier. »

393. 見 *kian* [*videre*] s'entend aussi par catachrèse des autres perceptions, soit des sens, soit de l'intelligence :

見 *kian*, video, 不 *pŏŭ* non 看 *khàn* videndo

« Je ne vois pas. »

見 *kian*, video, 不 *pŏŭ* non 聽 *thīng* audiendo

« Je n'entends pas (1). »

見 *kian* videre
利 *lì* lucrum
} « Avoir le gain en vue. »

愚 *iù* stupida
見 *kian* visio
} « Mon avis. » [125.]

可 *khŏ* potest
見 *kian* videri,
} « On voit, vous voyez, il est visible ou évident que...... » [393.]

高 *kāo* alta
見 *kian* visio
} « Votre opinion. » [350.]

招 *tchāo*, advocare. 見 *kian* visum 人 *jîn* viri 大 *tá* magni 蒙 *mêng* accepi

» Votre seigneurie a daigné m'appeler. »

敎 *kiào*, docere. 見 *kian* videatur « Daignez m'instruire, veuillez me dire..... »

Comme en latin : *Visum est conscribere*, etc.

394. 待 *tài* [*expectare*] se prend souvent dans le sens indéfini de *traiter*, *agir*, et souvent aussi comme conjonc-

_____

(1) En ce sens, *kian* est toujours placé après le verbe principal ; s'il étoit mis avant, il formeroit le sens passif [173, 362].

tion, pour *à peine, au moment où, quand,* et quelquefois, *voici, ecce :*

待 *tài* babui 好 *hao* bonum 我 *ó* ego
他 *thá,* eum. 意 *ì* animum 將 *tsiang* accipiens

« Je l'ai accueilli avec bienveillance. »

來 *lái,* ad. 待 *tài* ecce 去 *khiù* eo 我 *ó* ego

« Je m'en vais, me voici. »

了 *liao* (n. pr.) 待 *tài* ecce 庚 *kéng* ætatis 筆 *pì* penicillo 你 *nì* tu
去 *khiù* ab. 我 *ó* ego 帖 *thiě* schedulam 寫 *siè* scribere 可 *khò* potes
 　 　 遂 *soúng* feram 來 *lái* ad. 個 *kò* unam 親 *thsin* proprio

« Écris de ta main le *billet d'âge* (1), et je m'en vais le porter. »

也 *ye* (p. f.) 打 *tà* verberat 來 *lái* ad 耍 *yào* volo 我 *ó* ego
 　 我 *ó* me 又 *yeòu* iterum 說 *choue* loqui 待 *tài* statim ac

« Au moment où je vais parler, il me frappe. »

兒 *eul,* (p. d.) 些 *siě* pauxillum 睡 *choui* dormire 待 *tài* vix 我 *ó* ego

« A peine commençois-je à sommeiller. »

去 *khiù* ire. 耍 *yào* velim 待 *tài* statim 欲 *yò* cupido 我 *ó* mea

---

(1) *Kéng-thiěi,* le *billet d'âge,* est un morceau de papier rouge sur lequel on écrit huit caractères qui marquent l'année, le mois, le jour et l'heure de la naissance d'une fille. On l'envoie au fiancé, qui fait déterminer, d'après ces élémens astrologiques, le jour heureux pour le mariage. Voyez Duhalde, t. III, pag. 40, et la traduction françoise du *Hao khicou tchouan,* t. I, pag. 88.

« Si mon intention est d'y aller.... » — Dans cet exemple et dans le quatrième de ce paragraphe, *tái-yáo*, *expecta velim* ou *dùm velim*, équivaut à notre hypothétique *si*, vulgairement *dès que*....

395. — *I* [un] se prend souvent dans un sens indéfini, pour *un certain*, *quidam* [310], et forme diverses façons de parler très-usitées :

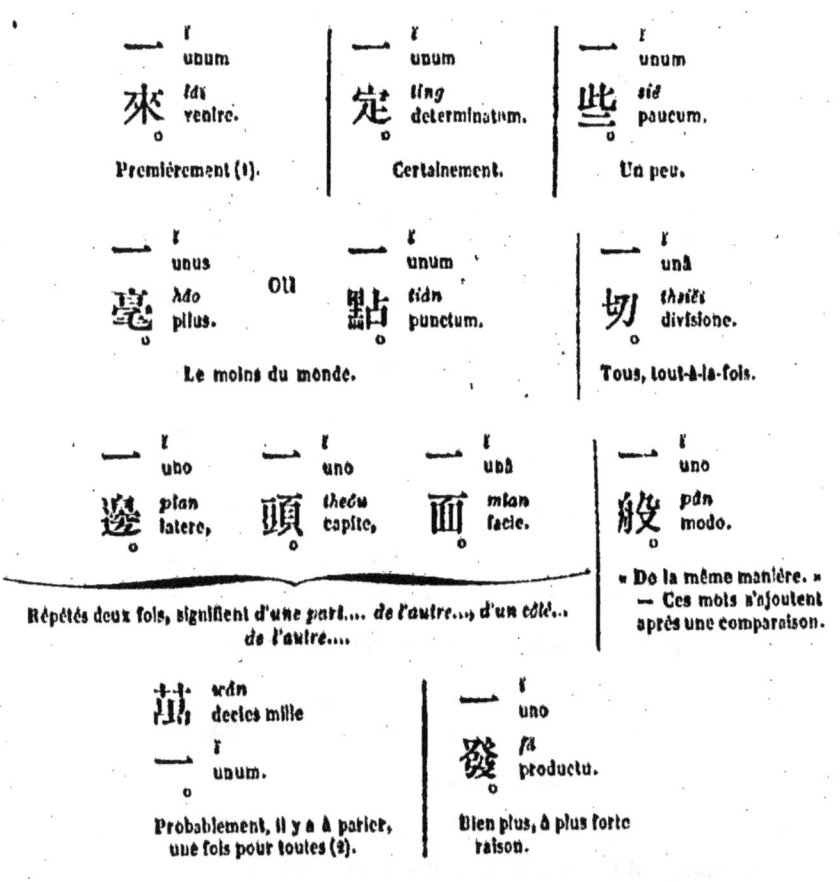

———

(1) On dit *eúl-lái*, secondement ; *sán-lái*, troisièmement, etc.
(2) *Wán-wán*, voudroit dire *absolument*, *sans exception*, *de toute manière*.

396. *I* est très-souvent précédé et suivi du même mot répété deux fois, et pris d'abord comme verbe, et ensuite comme nom d'action :

訪 *fǎng,* quæstionem. — *ĭ* unam 訪 *fǎng* quærere

« S'enquérir, s'informer. »

瞸 *tsiŭn* visionem — *ĭ* unam 瞸 *tsiŭn* videre

« Regarder, jeter un coup d'œil. »

Et quelquefois en supprimant *ĭ* :

笑 *siào,* risum. 了 *liaò* (n. pr.) 笑 *siào* risit

« Il fit un éclat de rire. »

想 *siǎng,* cogitationem. 了 *liaò* (n. pr.) 想 *siǎng* cogitavit

« Elle réfléchit un moment. »

的 *tí* (p. r.) 坐 *tsó* sedent, 坐 *tsó* sedentes
走 *tseoù,* ambulant. 走 *tseoù* ambulantes 的 *tí* (p. r.)

« Les uns sont assis, les autres se promènent. »

397. Répété deux fois avec des termes opposés, il signifie *tantôt :*

下 *hiá,* infrà. — *ĭ* modò 上 *chàng* suprà, — *ĭ* modò

« Tantôt en haut, tantôt en bas. »

往 *wǎng,* eundo. — *ĭ* modò 來 *lái* veniendo, — *ĭ* modò

« En allant et en venant. »

398. 來原 *youân-lâï,* et quelquefois 來從 *thsoùng-*

lãi, sont des expressions usitées pour rattacher une proposition à celle qui précède, comme si l'on disoit, *ainsi donc,* ou *eh bien*...; mais souvent il est impossible de les rendre exactement :

是 chì erat
你 nì, tu.
來 lái atqui
正 tching recto
誰 choúi quis?
原 youán
道 táo dicebam
是 chì est
我 'ŏ ego
只 tchĭ solùm

« Je disois : Qui est-ce? et justement, c'étoit vous. »

399. 道難 *nán-táo* [*difficile dictu*] est une expression qui se place au commencement des phrases, pour marquer l'interrogation. La phrase peut être terminée par 成不 *poŭ-tchhíng* [*non perfectum*], qui s'emploie aussi seul, quoique plus rarement :

着 tchŏ
我 'ŏ, de me?
還 hoán adhùc
想 siáng cogitat
難 nán
道 táo nùm

« Est-ce qu'il pense encore à moi? »

成 tchhíng (n. int.)
不 poŭ
了 liaŏ (n. pr.)
錯 tshŏ erravi
聽 thing audiendo
是 chì est
我 'ŏ ego
難 nán
道 táo nùm

« Est-ce que j'ai mal entendu? »

400. La manière d'interroger la plus ordinaire consiste à répéter le verbe, la première fois affirmativement, et la seconde négativement :

肯 khěng vis?
不 poŭ non
肯 khěng vis

« Voulez-vous? » [Cf. 374, 383, 387.]

401. On peut faire l'ellipse du verbe dans le second membre

160 GRAMMAIRE CHINOISE.

de la phrase, laquelle finit alors par une négative ordinairement précédée de *yé* [Cf. 374] :

也 *yé* vel 這 *tché* hæc 可 *khó* potest
無 *woû*, non? 非 *fēi* res 有 *yeoǔ* habert

« Cela est-il possible ? »

未 *wéi* nondùm? 了 *liaò* (n. pr.) 飯 *fàn* cœnam 晚 *uǎn* vesperi 吃 *khì* comedisti

« Avez-vous soupé ? »

曾 *tsêng, dùm?* 不 *poǔ* non- 了 *liaò* (n. pr.) 來 *lâi* venit

« Est-il venu ? »

402. Dans le style familier, on se sert ordinairement de 庅 *mò* (1), qui se place à la fin de la phrase :

庅 *mò* (p. i.) 安 *'ān* jucundum 平 *phîng* 路 *loû* iter 一 *i* unum

« La route est-elle agréable ? » [Cf. 388.]

Au lieu de *mò*, on met quelquefois 那 *nà* ou 波 *pó*.

403. 庅 *mò* peut être précédé de l'un de ces trois mots :

扎 *a* 什 *chî* 怎 *tsěng*

Mais l'expression composée qui en résulte, au lieu de se mettre à la fin, se place au commencement de la phrase, ou immédiatement avant le mot sur lequel porte l'interrogation [342] :

---

(1) Abréviation de 麼 cl. 200, tr. 3.

| 得 tě posse | 怎 mò quomodo | 酬 tě negotium | 的 tě quod | 肚 tòu ventre |
| 出 tchhoŭ, ex? | 看 khàn videre | 怎 tsèng | 來 laï | 裏 li in |

« Comment voir ce qui est dans le cœur? »

On dit aussi simplement 怎 tsèng ou 的怎 tsèng-li.

404. 非莫 moŭ-feï ou 不莫 moŭ-poŭ, au commencement de la phrase, marquent l'interrogation, comme le mot latin *nonne*; et l'on peut aussi mettre à la fin la particule *mò* :

| 鬼 kouèi, phantasmata? | 見 kian vidit | 是 chi est | 莫 moŭ non |
| 了 liaò (n. pr.) | 他 thà illo | 非 feï ne | |

« Est-ce qu'il a le délire? »

| 花 hoä flores | 是 chi est | 莫 moŭ non |
| 的 tí, qui? | 偷 theoŭ furans | 不 poŭ no |

« N'est-ce pas celui qui vole les fleurs? »

405. 少多 tò-chaò [*multum parumve*, 400] marque une interrogation qui porte sur le nombre ou la quantité :

| 人 jin, homines? | 少 chaò paucive | 多 tò multi | 有 yeoŭ habentur |

« Combien y a-t-il de personnes? »

406. 敢 kàn [*audere*] est un mot employé dans la civilité chinoise, où l'on fait fréquemment usage, en manière d'excuse ou de compliment, des formules

| 敢 kàn audeo. | 不 poŭ non | ou | 敢 kàn ausim? | 豈 khi qui |

qu'on peut répéter jusqu'à trois fois de suite.

407. On s'en sert en émettant une assertion un peu hasardée, ce qui suppose l'ellipse du verbe *croire* ou *dire* :

我 ngò me.	哄 hoùng decipis	你 nì tu	是 chi est	敢 kàn audeo

« Je crois que vous me trompez. »

On se sert, dans le même sens et de la même manière, des mots

多 tō multùm	管 kouàn curo	怕 phà timere.
管 kouàn curo.	情 tshing affectum,	et [Cf. 313.]

408. La préférence accordée à une chose sur une autre s'exprime de diverses manières [Cf. 221, 251, 304] :

背 péi tergum vertere	不 poŭ non	寧 ning præstat
理 lì, rationi;	可 khò debet	死 sù mori,

ou bien :

理 lì, rationi.	敢 kàn audere	死 sù mori,	寧 ning præstat
背 péi tergum vertere	不 poŭ non	可 khò posse	

« Il vaut mieux mourir que de tourner le dos à la raison. »

更 kéng magis	金 kīn aureæ	座 tsŏ (p. n.)	塔 thă turris	有 yeòu habetur
高 kaō, alta.	塔 thă turri	比 pì comparata	一 ĭ una	銅 thoùng ænea

« Il y a une tour de bronze plus haute que la tour d'or. »

Ces façons de parler se varient de plusieurs manières. Ainsi l'on dit, en se servant de 還 *hoân* [*adhuc*], ou de 又 *yeòu* [*item*] :

thoûng thă pĭ kĭn thă hoán kaô, ou yeoŭ kaô, turris ænea comparata turri aureæ adhuc alta, pour magis alta.

On peut aussi se servir de 過 koŭo [superare], et dire : Thoûng thă koŭo kĭn thă kaô, turris ænea superat aureæ turris altitudinem, ou bien, thoûng thă kēng kaô koŭo kĭn thă, turris ænea altior vincit turrim auream, ou thoûng thă pĭ kĭn thă kaô koŭo, turris ænea comparata turri aureæ altitudine superat.

On peut encore retourner la phrase, et dire, en employant 如不 poŭ-joŭ [251], kĭn thă poŭ joŭ thoûng thă kaô, turris aurea non sicut ænea turris alta, ou bien, avec 得不比 pĭ poŭ tĕ : kĭn thă pĭ poŭ tĕ thoûng thă kaô, turris aurea comparata non attingit turris æneæ altitudinem. Il paroît superflu de multiplier les exemples, et d'expliquer plus en détail ces formules et d'autres du même genre, parce que le sens en découle de lui-même par une traduction littérale. [Cf. 101, 102, 212, 221, 264, 265, 304.]

409. La quantité dont une chose l'emporte sur une autre, s'exprime après l'adjectif :

| 尺 tchhĭ, pede. | 一 ĭ uno | 高 kaô altum |

« Plus haut d'un pied. »

Si l'on disoit ĭ tchhĭ kaô, le sens seroit, haut d'un pied.

| 分 fēn, denariis. | 三 sān tribus | 多 tō multum |

« Trois deniers de trop. »

410. Le mot qui exprime le surplus d'une quantité se met après le nom de nombre et avant le substantif :

| 年 nian, anni. | 多 tō multum | 十 chĭ decem |

« Dix années, et davantage. » [Cf. 116.]

411. La répétition d'un même substantif marque la continuité, et quelquefois la pluralité [Cf. 175] :

時 *chi tempore*
時 *chi tempore.*
} en tout temps, à toute heure.

年 *nian anno*
年 *nian anno.*
} chaque année, tous les ans.

人 *jin homo*
人 *jin homo.*
} chaque homme, tous les hommes.

家 *kia domus*
家 *kia domus.*
} toutes les familles, chaque maison

412. La répétition d'un adjectif, ou d'un autre mot pris adverbialement [367], est d'un très-grand usage, et s'emploie de différentes manières. Tantôt on place un seul mot deux fois de suite, comme :

的 *ti (p. r.)* 洞 *toùng profundum* 洞 *toùng profundum* 黑 *hĕ nigrum*

« Dans le milieu des ténèbres. »

Tantôt on joint deux termes synonymes, ou presque synonymes, répétés chacun deux fois :

泡 *paò saturitatem*
{ *paò*
醉 *tsoùi ebrietatem*
{ *tsoùi*
吃 *khĭ comedendo*
得 *tĕ assecutus*

« Après avoir bien bu et bien mangé. »

Tantôt, enfin, on répète deux fois une phrase courte, pour en renforcer le sens :

了 *liaó (n. pr.)* 是 *chi est* 了 *liaó (n. pr.)* 是 *chi est*

« C'est cela même, c'est cela. »

是 *chi, est.* 正 *tching recté* 是 *chi est* 正 *tching recté*

« Oui, tout justement. » — *Tching-chi* est l'expression habituellement usitée pour dire *oui*.

II.ᵉ PARTIE, STYLE MODERNE. 165

笑 *siào, risu.* 可 *khò, dignum* 笑 *siào, risu* 可 *khò, dignum*

« Cela est très-ridicule. »

413. Souvent il y a répétition, non de termes, mais d'idées, sans que le sens soit considérablement modifié :

覺 *kiò, sentit.* 不 *poù, non* 知 *tchī, scit,* 不 *poù, non*

« Il ne s'aperçoit pas. »

語 *iù, alloquitur.* 自 *tseù, se ipsum* 言 *yán, dicit,* 自 *tseù, sibi ipsi*

« Il se parle à lui-même, *ou* il dit à part soi. »

足 *tsoù, sufficiens.* 意 *ì, animus* 滿 *màn, plenum,* 心 *sīn, cor*

« Entièrement satisfait, n'ayant rien à desirer. »

Ou, en se servant des noms de nombre, dans un sens tout-à-fait indéterminé :

友 *yeoù, socii.* 四 *séu, quatuor* 朋 *phéng, amici,* 三 *sán, tres*

« Quelques amis. »

活 *hò, vivus.* 八 *pā, octo* 死 *sùu, mortuus,* 七 *thsī, septem*

« A moitié mort, à peine vivant. »

Ces phrases, variées de mille manières par la combinaison de termes analogues ou antithétiques, sont un des ornemens les plus habituels du *wen-tchhang* ou style littéraire, et de la poésie, et contribuent, avec le goût de l'allitération et les formules usitées pour la gradation, la division, l'énumération, à donner à ce style le parallélisme et les formes régulières et symétriques qui en font la beauté, et dont on trouve déjà des traces dans les monumens de la haute antiquité.

RÉSUMÉ.

En général, dans toute phrase chinoise où il n'y a rien de sous-entendu, les élémens dont elle se compose sont arrangés de cette manière : le sujet [156], le verbe, le complément direct, le complément indirect [158].

Les expressions modificatives précèdent celles auxquelles elles s'appliquent : ainsi l'adjectif se met avant le substantif, sujet ou complément [95]; le substantif régi avant le mot qui le régit [79] ; l'adverbe avant le verbe [177] ; la proposition incidente, circonstantielle, hypothétique, avant la proposition principale à laquelle elle se rattache par un adjectif conjonctif, ou par une conjonction exprimée ou sous-entendue [166, 167].

La position relative des mots et des phrases, déterminée de cette manière, supplée souvent à tout autre signe dont l'objet seroit de marquer leur dépendance mutuelle, leur nature adjective ou adverbiale, positive ou conditionnelle, etc. [79, 80, 139, 177].

Si le sujet est sous-entendu, c'est que c'est un pronom personnel, ou qu'il a été exprimé plus haut, et que le même substantif, qui est omis, se trouve dans la phrase précédente, dans la même qualité de sujet, et non dans une autre.

Si le verbe manque, c'est que c'est le verbe substantif [152], ou tout autre aisé à suppléer, ou qui a déjà trouvé place dans les phrases précédentes avec un sujet ou un complément différens.

Si plusieurs substantifs se suivent, ou bien ils sont en construction l'un avec l'autre [79], ou bien ils forment une énumération, ou enfin ce sont des synonymes qui s'expliquent et se déterminent les uns les autres [285].

Si l'on trouve plusieurs verbes de suite, qui ne soient pas synonymes [353], ni employés comme auxiliaires [345], c'est que les premiers doivent être pris comme adverbes [177], ou comme noms verbaux sujets de ceux qui suivent [165], ou ceux-ci comme noms verbaux complémens de ceux qui précèdent [361].

Ce peu de mots est le résumé le plus précis qu'on puisse faire de toute la phraséologie chinoise.

APPENDICE.

§. 1.ᵉʳ *Des Signes relatifs à la Ponctuation.*

En général, les livres chinois qui traitent de philosophie ou de sujets scientifiques, sont rarement ponctués. Les particules finales, celles qui marquent la division des membres de phrase, la symétrie de ces derniers, font aisément trouver le sens, et ne permettent guère à celui qui a lu une période jusqu'au bout, de la supposer coupée autrement qu'elle ne doit l'être.

Les éditions classiques des *King* et de leurs commentateurs, ainsi que les livres historiques et les romans, sont souvent ponctués. Un ○ placé à droite et un peu au-dessous du dernier caractère, marque la fin de la phrase ou du membre de phrase.

Ce même ○ se place aussi à côté d'une série de caractères, dans les passages sur lesquels on veut fixer plus particulièrement l'attention des lecteurs. Si l'on veut ponctuer un passage ainsi noté, on met un point noir ● au lieu du zéro. Les ronds dont on vient de parler sont souvent remplacés par une sorte de larme ، imitant le coup de pinceau que le maître met, dans les livres qui sont le sujet d'une leçon, à côté des caractères sur lesquels il se réserve de donner une explication spéciale. Ces deux sortes de signes répondent à nos guillemets, et l'on s'en sert à peu près dans les mêmes cas où nous faisons usage des lettres italiques.

On a vu [55] un autre emploi du cercle, apposé à l'un des coins d'un caractère, pour indiquer qu'il passe à un ton différent de celui qu'il avoit primitivement. C'est encore un usage imité de ce qui se pratique dans les écoles, où les maîtres, se servant d'encre rouge, mettent un coup de pinceau à ces caractères qui doivent être lus à un ton inaccoutumé, et prendre, en conséquence, une signification particulière.

La répétition d'un caractère employé deux ou trois fois de suite dans une même phrase, ou même à la fin d'une phrase et au commencement de la suivante, est indiquée, dans les livres d'une impression commune, par un double trait ⟨ , ou par un simple coup de pinceau. C'est ainsi qu'on en a usé dans l'impression de cette grammaire (p. 74, 141, et ailleurs).

Le commencement des articles est souvent indiqué par un ⌐⌐ qui occupe la place d'un caractère; la fin se marque par un point °, ou par un petit tiret à gauche et au-dessous du dernier caractère.

Les caractères qui servent à exprimer les noms étrangers, dans les livres traduits du sanskrit, de l'arabe ou de quelque langue européenne, sont quelquefois accompagnés d'une ligne à la droite, ce qui fait l'effet d'un mot souligné. Les citations de noms d'auteurs ou de titres de livres sont, dans les éditions soignées, enveloppées dans un parallélogramme, quelquefois imprimées en blanc sur un fond noir ; elles précèdent toujours le passage cité.

Les lacunes dont on veut constater l'existence dans un texte, sont annoncées par une ou plusieurs cases laissées vides, et répondant à un ou plusieurs caractères. Quelquefois un mot ou deux placés en note en cet endroit, avertissent qu'il y manque quelque chose.

Beaucoup de livres sont imprimés sans *alinéas*. Dans d'autres, on revient au haut de la ligne après la fin de chaque paragraphe. Dans les pièces administratives, diplomatiques ou autres, où l'on vient à parler officiellement, soit de l'empereur régnant, soit de personnes ou de choses auxquelles on doit marquer un profond respect, on interrompt la ligne pour reporter les termes qui les désignent au haut de la ligne suivante, sans que cette disposition indique aucune interruption dans le sens. On la conserve dans l'impression de certains livres ; et le cadre qui entoure chaque page s'ouvre et se relève pour faire place à un ou plusieurs mots qui dépassent le niveau des autres lignes. On ne s'astreint guère à cet usage que dans les sujets relatifs à la religion ou à la politique.

§. 11. *Des Notes, des Commentaires, de la Forme et de la Division des Livres.*

Les notes sont ordinairement imprimées avec un caractère moitié plus petit que celui du texte ; elles se placent à deux colonnes dans l'endroit du livre auquel elles se rapportent : souvent même elles interrompent la phrase. Les notes relatives à la prononciation sont habituellement rejetées dans la marge supérieure.

Les commentaires s'impriment aussi avec un caractère plus fin que le reste du livre, et sont distribués par sections, après chacune des phrases du texte. Les expressions de ce dernier sont presque toujours reprises l'une après l'autre, et expliquées par des expressions synonymes ou des définitions. Quand il y a plusieurs commentaires, ils sont distingués les uns des autres par des titres particuliers : souvent alors les pages sont partagées par une ligne horizontale, en deux divisions ; celle d'en bas contient le texte et l'un des commentaires, et celle d'en haut un commentaire différent.

Peu de livres chinois ont un frontispice : quand il existe, il offre le titre du livre en gros caractères, une ligne à droite et en haut, où l'on indique le nom de l'auteur ou de l'éditeur ; une ligne en bas et à gauche, pour désigner le lieu où l'on conserve les planches gravées qui ont servi à l'impression, et souvent, dans une ligne horizontale et supérieure, la date et les circonstances relatives à la publication. *Voyez le frontispice même de cette Grammaire.*

Presque toujours il y a plusieurs préfaces. Celle de l'auteur est ordinairement la dernière ; les autres sont composées par les éditeurs ou les rédacteurs : la première de toutes est celle de l'écrivain qui a fait l'édition ou dirigé la réimpression. Chaque préface est datée à la fin, et signée de son auteur, qui y ajoute souvent ses sceaux [12] ; c'est là qu'il faut chercher l'époque de l'impression d'un livre, et les noms des auteurs ou éditeurs.

Tous les grands ouvrages ont des *index* ou tables des divisions, plus ou moins détaillés, et un exposé du plan qui a été suivi dans la rédaction. Si l'édition a été publiée par l'autorité impériale, les mots 製御 *iù-tchi* [fait par l'empereur], placés devant le titre, en avertissent; et le décret qui y est relatif se joint aux autres pièces préliminaires, avec la liste de ceux qui y ont concouru. On trouve souvent dans ces pièces des indications curieuses pour la bibliographie et l'histoire littéraire.

Le titre du livre est toujours placé à la première ligne de chaque division, et reproduit comme titre courant, avec l'indication de la partie ou section, et le numéro de la page, à l'endroit où la feuille est pliée. La pagination recommence à chaque grande division. Les numéros répondent chacun à un feuillet ou double page, *recto* et *verso*.

Les grandes divisions sont appelées 卷 *kiouán, livre* ou *chapitre*. Elles contiennent ordinairement cinquante ou soixante doubles pages, quelquefois davantage. Il faut les indiquer dans les citations, avec le numéro de la page et le titre de l'édition : comme elles sont constantes dans chaque édition, elles font retrouver aisément le passage indiqué. Ordinairement deux ou trois *kiouán* reliés ou brochés ensemble forment un 本 *pèn*, volume ou cahier. Plusieurs *pèn* enfermés dans une couverture de carton forment une *enveloppe;* mais ces divisions sont au gré du libraire, et sujettes à varier dans les différens exemplaires d'un même livre.

Les *kiouán* sont souvent subdivisés en 章 *tchâng* [articles], et ceux-ci en 節 *tsiët* ou paragraphes. Les *alinéas* ou des titres particuliers indiquent ces diverses subdivisions. Le dernier chapitre est ordinairement terminé par le mot 終 *tchoûng*, qui signifie FIN.

Les divisions, dans les romans et autres ouvrages d'imagination, sont appelées 回 *hoéï*. Les titres de chaque *hoéï* sont ordinairement accompagnés d'un *argument*.

Dans la plupart des ouvrages historiques ou philosophiques, le texte est imprimé en lignes pleines, c'est-à-dire, qui vont du haut

APPENDICE.   171

en bas de la page; les lignes des commentaires, des préfaces ou morceaux additionnels, commencent plus bas. La dimension la plus ordinaire des caractères est pareille à celle des types qu'on a gravés pour cette grammaire. Quelques ouvrages sont imprimés en caractères plus gros : les romans sont presque toujours en très-petits caractères, de l'espèce de ceux qu'on nomme *cursifs*.

Les planches qui servent à l'impression des livres sont stéréotypes, ou d'un seul morceau, à l'exception de celles de la gazette impériale (1), des journaux de province, et de quelques parties du calendrier, lesquelles se composent en caractères mobiles. Ces planches sont en bois. Les belles éditions sont quelquefois annoncées comme étant en planches de cuivre; les premières planches ont été faites en pierre, mais gravées en relief, et c'est de cette manière qu'on imprime encore les décrets et autres actes émanés de l'autorité impériale.

§. III. DE LA VERSIFICATION.

Les plus anciens vers chinois étoient irréguliers, composés de lignes d'un nombre égal ou presque égal de mots, mais soumis, en général, aux règles de la rime pour les finales, et à celles de l'allitération, c'est-à-dire au retour périodique et cadencé de certaines articulations et de certaines désinences. C'est dans cette espèce de prose mesurée que sont écrites les petites pièces dont se composent le *Chi-king* et quelques autres anciens livres du même genre. Le style des longs poëmes, tels que le Panégyrique de *Moukden*, y ressemble beaucoup. La poésie chinoise est parvenue par degrés à l'état où nous la voyons. Les vers modernes sont communément appelés

詩言五 *oŭ yân chī,* vers de cinq mots, ou 詩言七 *thsī yĭn chī,* vers de sept mots.

Ces deux dénominations font connoître leur longueur la plus ordinaire. Effectivement, quoiqu'on cite des vers de trois, de quatre, de six et de neuf mots, la mesure la plus ordinaire des

---

(1) Voyez le *Journal des Savans,* d'Octobre 1821, p. 605.

172 GRAMMAIRE CHINOISE.

vers est de cinq ou de sept mots, et, par conséquent, de cinq ou de sept syllabes.

Sous le rapport de la versification, on ne distingue que deux accens [Cf. 49], savoir :

平 *phíng* égal [50],   et   仄 *tsĕ* inégal.

Ce dernier comprend les trois tons *chǎng* [51], *khiù* [52] et *jĭ* [53].

Dans le vers de cinq mots, on ne fait pas attention à la valeur du premier ni du troisième. Le second et le quatrième doivent alterner; c'est-à-dire que si le second est *phíng*, le quatrième doit être *tsĕ*, et *vice versâ*. Le second et le troisième vers doivent être inverses du premier, par rapport à ces deux mots, et le quatrième vers, semblable au premier.

Dans le vers de sept syllabes, la première, la troisième et la cinquième sont *ad libitum;* la seconde et la quatrième doivent alterner, et la sixième être pareille à la seconde. Des quatre syllabes finales, dans le vers de cinq comme dans celui de sept, trois doivent être identiques pour la désinence et l'accent : il est d'usage que la finale du troisième vers ne rime pas, et l'on se dispense souvent aussi de faire rimer les autres.

Pour marquer les syllabes qui doivent être *phíng* ou *tsĕ*, et celles qui sont libres ou communes, les Chinois font usage des signes prosodiques suivans :

○ *Phíng*, égales.

● *Tsĕ*, inégales, c'est-à-dire, *chǎng*, *kiù* ou *jĭ*, à volonté.

◐ communes, c'est-à-dire, *phíng* ou *tsĕ*, à volonté.

Ils figurent, de cette manière, deux quatrains de vers de sept syllabes, lesquels comprennent les vers de cinq :

I.er Quatrain.

En partant d'une syllabe *égale* (la deuxième du premier vers).

II.e Quatrain.

En partant d'une syllabe *inégale* (la deuxième du premier vers).

Dans cet exemple, la deuxième syllabe du premier vers étant *égale*, la quatrième est *inégale*, la sixième, *égale*, la deuxième du second vers, *inégale*, la quatrième, *égale*, et ainsi de suite. La succession des syllabes *égales* ou *inégales* a lieu d'une manière inverse au second quatrain : la deuxième syllabe du premier vers étant *inégale*, la quatrième est *égale*, etc. On est libre de se donner cette première syllabe, sauf à se conformer aux conséquences de ce choix.

Dans certains vers, on nomme *œil* le troisième mot du vers de cinq syllabes, et le cinquième du vers de sept. Cet *œil* est l'objet d'une attention particulière : il faut que ce soit un mot *plein* [62], et non une particule; qu'il rime avec l'*œil* du vers suivant, ou qu'il alterne avec celui-ci, selon la règle qu'on se prescrit.

174 GRAMMAIRE CHINOISE.

Quant aux combinaisons de ces différentes sortes de vers, elles varient considérablement : on compte jusqu'à quarante sortes de poëmes, la plupart d'une étendue peu considérable. Il y en avoit six principales usitées dans l'antiquité. Le style des morceaux de poésie est, en général, fort élevé, concis, elliptique, rempli d'expressions allégoriques ou métaphoriques, de mots anciens ou peu usités, et d'allusions à des traits d'histoire ou à des usages, à des opinions ou à des faits peu connus. C'est ce qui rend la poésie chinoise très-difficile : on ne sauroit en donner une idée dans un ouvrage élémentaire. Il suffira de transcrire ici deux pièces de vers tirées, l'une du *Chi-king*, et l'autre d'un roman moderne, seulement pour faire voir l'application des règles qui ont été rapportées ci-dessus :

既 *ki*	其 *khi*	攜 *hi*	惠 *hoéi*	雨 *iù*	北 *pĕ*
亟 *ki*	虛 *hiu*	手 *chéou*	而 *eùl*	雪 *siouèi*	風 *foûng*
只 *tchi*	其 *khi*	同 *thoûng*	好 *hâo*	其 *khi*	其 *khi*
且 *tsiŏ*	邪 *siŏ*	行 HANG	我 *ŏ*	雱 PHANG	涼 LIANG

« Le vent du nord vient glacer nos climats. »

« La neige tombe à gros flocons. »

« Que l'être bienveillant qui m'aime, mette sa main dans la mienne,

» pour que nous marchions ensemble. »

« Comment peut-il être si long-temps ? »

« Déjà il eût dû s'empresser d'accourir (1). »

---

(1) Les interprètes voient dans cette pièce une allusion aux dangers qui menaçoient un état. Presque toutes les pièces du *Chi-king* sont expliquées dans le même sens. Les commentateurs chinois rapportent tout à la politique, comme ceux des poésies érotiques des Persans, à l'amour de Dieu. Il faut souvent beaucoup d'efforts pour percer le voile de ces allégories.

APPENDICE.   175

古 koù	天 thian	笑 siaò	六 loù
今 kīn	地 tī	罵 mà	經 kīng
聚 tscoù	戲 hī	皆 kiái	原 youán
訟 soùng	場 tchang	文 wèn	本 pèn
眼 yàn	觀 kouán	好 haò	在 tsái
須 siù	莫 mou	細 sì	人 jìn
深 chīn	矮 yaï	尋 thsìn	心 sīn

« Le contenu des six livres classiques a son fondement et sa source dans
» le cœur de l'homme. »

« Les plaisanteries, les injures, grâce aux ornements (de la poésie),
» peuvent être recherchées. »

« L'univers est un théâtre où se joue une longue comédie. »

« C'est un spectacle curieux que les débats des hommes dans tous les
» temps. »

N'oublions pas d'avertir, en terminant, que la poésie s'imprime, dans les livres chinois, tantôt en autant de lignes qu'il y a de vers, tantôt en distiques, un vers au-dessous de l'autre, séparé par un espace blanc, tantôt en lignes suivies, de sorte que la ponctuation seule avertit de la coupe des vers. On insère ainsi de petites pièces de poésie dans les romans, dans les pièces de théâtre, et dans d'autres morceaux de littérature légère.

§. IV. *Aperçu des principaux Ouvrages qu'on peut consulter à la Bibliothèque du Roi.*

En attendant que je puisse, dans la *Catalogue des livres chinois de la Bibliothèque du Roi* (ouvrage dont la rédaction m'occupe depuis plusieurs années), présenter un tableau complet de la littérature chinoise (1), j'ai cru qu'il pourroit être agréable aux étudians d'avoir ici, en quelques lignes, l'aperçu des principales richesses de cette espèce qui sont à leur disposition, et dont la connaissance sommaire peut, suivant les vues de chacun, provoquer des recherches et des travaux de genres différens. Je me borne à une mention rapide des ouvrages principaux, ne pouvant essayer d'entrer dans des détails, même superficiels, au milieu d'une matière immense et, pour ainsi dire, inépuisable.

Livres classiques. Les meilleures éditions des cinq *King*, des quatre livres moraux et des autres ouvrages réputés classiques et antérieurs à l'incendie des livres, se trouvent à la Bibliothèque du Roi, ainsi que les commentaires les plus estimés de ces mêmes livres, notamment ceux de *Tchou-hi* et les paraphrases en style vulgaire connues sous le nom de *Ji-kiang*, ou lectures journalières. On fera bien de consulter sur-tout les n.ᵒˢ CII, CVII, CXIV, CXIX, CXXI et CXXVII du catalogue de Fourmont (2).

Philosophie. La collection des anciens philosophes chinois (Fourm. CCXCI), les œuvres de *Tchouang-tseu* et de *Lao-tseu* (CCLXXXIV et suiv.), sont ce qu'on possède de mieux en ce genre.

---

(1) Voyez l'exposé que j'ai donné du plan de cet ouvrage, et quelques détails sur le fonds des nouvelles acquisitions faites depuis le catalogue de Fourmont, dans mon *Mémoire sur les livres chinois de la Bibliothèque du Roi*, 1818, in-8.ᵒ — J'ai relevé dans ce mémoire les principales erreurs que Fourmont a commises dans son Catalogue. On doit chercher dans ces remarques l'explication des contradictions qu'on pourra observer entre les indications de ce savant et plusieurs de celles qu'on trouvera plus bas.

(2) On sait que plusieurs de ces livres ont été traduits : le *Chou-king*, par Gaubil (Paris, 1770, in-4.ᵒ); le *Chi-king*, par le P. de la Charme (manuscrit à la Bibliothèque du Roi); le *I-king*, par le P. Régis; les *Sse-chou* et le Livre de l'obéissance filiale, par le P. Noël (*Pragæ*, 1711, in-4.ᵒ). On a aussi une notice du *I-king* (à la suite du *Chou-king* de Gaubil, p. 399); un extrait du *Tchhun-thsieou* (*Comment. Acad. Petropolit.* t. VII, p. 335 et planch.). On a aussi le *Confucius Sinarum philosophus* (*Lutet.* 1687, in-f.ᵒ); le *Lun-iu* de M. Marshman (Serampore, 1810, in-4.ᵒ); le *Taï-hio* du même, à la suite de sa *Clavis sinica* (Serampore, 1814, in-4.ᵒ); le *Tchoung-young*, dans les *Notices et extraits des Manuscrits*, tom. X, p. 269, et séparément. Ces trois derniers ouvrages offrent le texte accompagné de traductions.

Les principaux articles de jurisprudence sont la collection des lois (Fourm. CLX) et le code de la dynastie des *Ming* (CXI).

THÉOLOGIE. On possède, à la Bibliothèque du Roi, la collection presque complète des ouvrages composés en chinois par les missionnaires. Ces livres peuvent être fort utiles aux commençans qui aiment à s'exercer sur des textes dont le sens leur est connu d'avance.

MYTHOLOGIE. Le Livre des montagnes et des mers (Fourmont, XXVII), le *Lou-sse* de *Lo-pi*, connu par les extraits qu'en a donnés le P. Prémare (Disc. prélim. du *Chou-king*), l'Histoire des dieux et des esprits, en soixante volumes (faisant partie d'une collection qui doit en avoir six mille), un vocabulaire théologique en samscrit, en tibétain, en mongol, en mandchou et en chinois (1), sont les principaux articles de cette section.

DICTIONNAIRES. Outre un assez grand nombre de copies plus ou moins complètes des vocabulaires composés par les missionnaires en chinois et en latin, ou en français, ou en espagnol (2), on possède les meilleurs dictionnaires originaux ; le *Tseu-'wei* (F. II), petit dictionnaire fort usuel, le *Tching-tseu-thoung* (Y), ouvrage rempli d'une vaste érudition, le dictionnaire impérial de *Khang-hi* (XI), dont tous les articles sont remplis de citations empruntées aux meilleurs écrivains. Dans ces trois ouvrages, les caractères sont disposés suivant l'ordre des clefs ; l'ordre tonique a été suivi dans le *Thoung-wen-to* (F. X). Pour les caractères anciens, on a deux éditions du *Choue-wen* (F. VII), la règle et la base de la littérature et de la paléographie à la Chine, le dictionnaire des caractères *Tchouan* (F. XIV), une édition des *King*, dans les mêmes caractères, un superbe recueil de monumens et de vases antiques, avec des inscriptions dont un grand nombre remontent au temps des *Chang* (entre 1766 et 1122 avant notre ère), et les trente-deux volumes de l'éloge de *Moukden*, en trente-deux sortes de caractères différens (3).

---

(1) Voyez la notice que j'en ai donnée dans les *Mines de l'Orient*, t. IV, p. 183.
(2) Voyez la description qu'en a donnée M. Langlès.
(3) Voyez la traduction de ce poëme par le P. Amiot (Paris, 1770, in-8.°), et les spécimens des 32 sortes d'écritures à la suite du *Monument de Yu*, par Hager, 1802, in-f.°

LITTÉRATURE et POÉSIE. Les ouvrages de cette espèce qu'on pourra parcourir d'abord, sont le *Kou-wen-youan-kian* (F. XLV), vaste et magnifique collection dont Duhalde a donné des extraits (1), et qui, sous le rapport de la typographie, est peut-être le plus beau livre de la Bibliothèque royale; l'histoire littéraire en quatre-vingts volumes, faisant partie de la collection en six mille volumes dont on a parlé plus haut; les poésies de *Tou-fou* (F. CLII), celles de l'empereur *Khang-hi*, l'éloge de *Moukden*, etc.

ROMANS et PIÈCES DE THÉATRE. On possède à la Bibliothèque du Roi les meilleurs romans chinois (2), le *Chout-hiu-tchouan* (F. CCCV), le *San-koue-tchi* (LXXXVIII), le *Hao-kieou-tchouan* (XXVIII) (3), le *Iu-kiao-li* (XXIX) (4); plusieurs romans dialogués (XXXI, XXXV), et la collection de cent pièces de théâtre, composées par divers auteurs, pendant la dynastie des *Youan* ou Mongols (entre 1279 et 1368) (F. XXXIV) (5).

GÉOGRAPHIE. Les ouvrages qui méritent le plus d'attention sur cette matière, sont la petite géographie intitulée *Kouang-iu-ki* (Fourm. XXXVI), la Géographie générale des *Ming* (XXXVIII), et sur-tout l'immense recueil des géographies et statistiques provinciales, en deux cent soixante gros volumes, avec beaucoup de cartes et de plans.

CHRONOLOGIE et HISTOIRE. C'est en ce genre sur-tout que la Bibliothèque royale est le plus riche : je me borne à indiquer en ce moment la Table chronologique de tous les règnes et des principaux événemens de l'histoire de la Chine et des contrées voisines, année par année, en cent volumes; l'abrégé chronologique intitulé

---

(1) Tom. II, p. 387.

(2) La Bibliothèque de *Monsieur*, à l'Arsenal, en possède aussi plusieurs qui ont fait autrefois partie de la collection du marquis de Paulmy.

(3) C'est le roman qui a été traduit en français sous le titre de *Hau-kiou-choaan*, histoire chinoise; Lyon, 1766, 4 vol. in-12.

(4) Cet ouvrage, traduit en français, paroîtra incessamment.

(5) Deux de ces pièces ont été traduites, l'une en français par le P. Prémare (Descript. de la Chine, par Duhalde, t. III, p. 339), l'autre en anglais par M. Davis (Lond. 1817, in-8.°), et en français, par M. de Sorsum (Paris, 1818, in-8.°).

Thoung-kian-kang-mou (LXII) (1), le *Sse-ki* de l'illustre *Sse-ma-thsian* (LXVI), et toute la série des grandes annales, c'est-à-dire des histoires particulières de chaque dynastie, avec la vie des personnages célèbres et les notices sur les peuples étrangers (LXVII — LXXXII); le Dictionnaire biographique (XCII); l'Histoire du Japon, manuscrit rapporté par M. Titsingh, et l'Histoire des peuples étrangers connus des Chinois, en soixante-dix volumes.

SCIENCES ET ARTS. On peut consulter plusieurs éditions de l'histoire naturelle médicale, avec planches, intitulée *Pen-thsao* (CCCXXV), divers ouvrages de médecine et de chirurgie (CCCXIV et suivans), différens traités d'astronomie, d'uranographie (CCCXXXV et suivans), des élé..ns de géométrie (CCCL), plusieurs ouvrages sur le labourage, l'art de la guerre et la musique, et notamment soixante-dix volumes sur ce dernier art, formant une portion de la grande collection *Kou-kin-thou-chou*.

ENCYCLOPÉDIE ET MÉLANGES. Enfin, les ouvrages les plus curieux à consulter sont, l'Encyclopédie figurée, ou le recueil de planches sur toutes sortes de sujets classés méthodiquement, avec des explications, en cent seize livres; l'édition japonaise de ce même ouvrage, avec une foule d'additions relatives, pour la plupart, aux localités et productions du Japon, aux opinions particulières et aux procédés des Japonais (2); le dictionnaire universel et par ordre de matières, en chinois et en mandchou; un recueil de dissertations sur les livres classiques, les monnaies, les antiquités, la littérature, en cent soixante volumes, que Fourmont (CCCIV) a pris pour un livre de cabale; et par-dessus tout, l'excellent ouvrage de *Ma-touan-lin*, intitulé *Wen-hian-thoung-khao* (LVII), le plus beau monument de la littérature chinoise, vaste collection de mémoires sur toutes sortes de sujets, trésor d'érudition et de critique, où tout ce que

---

(1) Celui qui a été traduit en français par le P. Mailla (Paris, 1777—1783, 12 vol. in-4.°), mais avec beaucoup de suppressions et d'interpolations.

(2) Voyez la notice que j'ai donnée de ces deux ouvrages, dans mon mémoire cité ci-dessus, p. 12, et l'extrait plus étendu de l'Encyclopédie japonaise, qui fera partie du t. XI des Notices et extraits des Manuscrits.

l'antiquité chinoise nous a laissé de matériaux sur les religions, la législation, l'économie rurale et politique, le commerce, l'agriculture, l'administration, l'histoire naturelle, la géographie physique et l'ethnographie, se trouve réuni, classé, discuté avec un ordre, une méthode et une clarté admirables; ouvrage enfin qui, comme j'ai eu l'occasion de le dire ailleurs (1), vaut à lui seul toute une bibliothèque, et qui, quand la littérature chinoise n'en offriroit pas d'autres, mériteroit qu'on apprît le chinois pour le lire.

---

(1) Voyez la vie de *Ma-touan-lin*, dans la Biographie universelle, t. XXVII, p. 461.

TABLE

DES CARACTÈRES CHINOIS

Employés dans ce Volume, et dans l'Édition du Tchoung-young, *arrangés suivant l'ordre des 214 Clefs.*

Nota. Les caractères contenus dans cette table y sont arrangés d'après l'ordre des 214 clefs [25, 32], et, sous chaque clef, d'après le degré de complication du groupe additionnel [33]. Le chiffre placé au-dessous de chaque caractère indique la page de la grammaire où l'on en trouvera l'explication. Le chiffre précédé de la lettre T indique la page de l'édition du *Tchoung-young*, que j'ai donnée en 1817. Ces derniers renvois se rapportent à la pagination des exemplaires tirés séparément et destinés aux étudians. Pour avoir celle du même ouvrage, dans le tome X des *Notices et Extraits des Manuscrits*, il faut ajouter au nombre indiqué 264, nombre égal à celui des pages qui précèdent, dans ce volume, la première page de la *Notice des Quatre Livres moraux*. Un très-petit nombre de caractères qui ont été employés dans d'autres ouvrages, n'offrent pas de renvois, mais seulement l'indication de leur principale acception. On s'est attaché à rectifier les erreurs très-peu importantes qui avoient pu échapper, relativement à l'accentuation de certains mots; ce qui sert à expliquer les différences qu'on pourra trouver, à cet égard, entre la table et les pages de la grammaire auxquelles elle renvoie. On n'oubliera pas, au reste, que ce qui est relatif à la prononciation des caractères, est, même à la Chine, ce qu'ils ont de moins important.

On a pris soin de placer, autant que l'a permis l'ordre analytique suivi dans cette table, à côté les uns des autres, les caractères dont la forme offre quelque analogie, et qu'on pourroit, pour cette raison, confondre les uns avec les autres. Ainsi rapprochées, les différences qui les distinguent se feront mieux remarquer, et la prononciation et les renvois qu'on trouvera placés sous chaque caractère, serviront à retrouver sa véritable signification.

Les difficultés qu'on pourra rencontrer dans l'usage de cette table [39, 41], seront levées dans la suivante, qui en est le supplément indispensable.

Pour les termes dissyllabiques, voyez la troisième table.

1.re Clef.	且 thsiěï 91.	3.e	乏 fǎ 3.	6.e	井 tsing (puits)	京 king (capitale)	令 ling 125.
一 ĭ p. 11.	世 chì 49, 69.	丶 tchù p. 11.	乘 tchhing T. 16.	亅 khioŭeï p. 11.	况 hoàng 100.	亥 hái 52.	他 thǎ 122.
丁 ting 51.	丘 khieoù 48.	主 tchù 86.	5.e	了 liaò 135.	些 siě 117.	9.e	仙 sîan 2.
七 thsĭ 49.	丙 pìng 51.	4.e	乙 ĭ p. 11.	予 iù 52.	亟 kĭ T. 21.	入 jin p. 11.	以 ĭ 97.
万 wǎn 49.	丢 tieôu 154.	丿 phiĕï p. 11.	九 kieòu 49.	事 ssé 2.	8.e	仁 jin 81.	代 tǎi T. 104.
三 sân 49.	並 pìng T. 104.	乃 nǎï 99.	乞 khĭ 109.	7.e	上 theoù p. 11.	仄 tsě 172.	伐 fǎ T. 48.
上 chàng 51.	2.e	久 kieòu 49, T. 88.	也 yě 82, 144.	二 eŭl p. 11.	亡 uǎng 102.	介 kiäï 124.	仲 tchoŭng 51.
下 hià 51.	丨 kouèn 11.	之 tchĭ 78.	乾 khîan 143.	于 iû 83.	交 kiaô 151.	什 chĭ 129.	任 jin T. 75.
不 poŭ 102.	个 kŏ 116.	乍 tchá 25.	亂 loŭan T. 76.	云 yûn 105.	亦 ĭ 104.	从 thsoŭng 7.	伊 ĭ 56.
丑 tchheoŭ 52.	中 tchoŭng 2.	乎 hoû 83.		五 où 49.	亨 héng 51.	今 kîn 56.	伍 où 49.

TABLE.

伏 foŭ T. 21.	侫 ning T. 16.	俅 khieoŭ 74.	個 kŏ 116.	偕 kiái 42.	儒 joŭ 39.	兕 eŭl 110.	六 loŭ 49.
休 hieoŭ 99, 138.	佳 kiá 117.	俗 soŭ 8.	倍 péi T. 96.	做 tsó 150.	儕 tchhái 58.	兇 ssé 60.	令 hî 105.
件 kiàn 116.	併 píng (avec)	保 paò 76.	們 mên 122.	偷 theoŭ 154.	優 yeoŭ T. 95.	11.ᵉ 入 jĭ p. 11.	兵 píng 69.
伯 pĕ 101, 110.	使 ssé 96.	俞 iŭ (consentir)	倒 tào 151.	備 pí 46.	10.ᵉ 儿 jîn p. 11.	内 néi 76.	其 khî 56.
佑 yeoŭ T. 59.	來 lái 134.	俟 ssé 105.	倚 ì T. 43.	傳 tchhoŭán 105.	元 wŏ 144.	全 thsioŭán T. 143.	典 tiàn (doctrine)
你 nì 119.	侍 chí 75.	信 sìn 55.	借 tsiéi 3.	傾 khíng T. 59.	兀 wŏ	兩 liàng 117.	13.ᵉ 冂 khioŭng p. 11.
似 ssé T. 52.	依 ì 144.	修 sieoŭ 96.	倫 lûn T. 99.	僅 kìn 125.	兄 hioŭng 95.	12.ᵉ 八 pá p. 11.	冕 miàn T. 16.
位 'wéi 53.	侯 héou 101.	俱 kiŭ 39.	倭 wŏ (japonois)	像 siáng 44.	兄 hioŭng 95.		
何 hô 10.	便 pián 149.	俺 'àn 197.	假 kià 3.	儀 ì T. 15.	先 sían 43.		
作 tsŏ 71.	係 hí 130.	併 píng (avec)	偏 phián T. 8.	儉 kiàn 87.	克 khĕ 43.	公 koŭng 101.	

14.ᵉ 一 mǐ p. 11.	16.ᵉ 几 khǐ p. 12.	分 fēn 115.	刻 khě T. 12.	勉 miǎn T. 51.	21.ᵉ 匕 pǐ p. 12.	24.ᵉ 十 chī p. 12.	25.ᵉ 卜 poǔ p. 12.
冥 míng T. 155.	凡 fǎn 73.	刑 hìng T. 113.	前 thsiān 74.	勞 laô 73.	化 hoǎ T. 84.	千 thsiān 49.	26.ᵉ 卩 tsiěǐ p. 12.
15.ᵉ 冫 pīng p. 11.	17.ᵉ 凵 khǎn p. 12.	列 liĕ T. 113. 初 thsoū 53.	剛 kāng T. 107.	勸 khioǔan 120.	北 pě T. 43.	午 'oū 52. 半 pǎn 144.	卯 maǒ 52. 危 'uĕi T. 76.
冰 pīng 131.	凶 hioūng 71.	別 piĕǐ 138.	19.ᵉ 力 lǐ p. 12.	20.ᵉ 勹 paǒ p. 12.	22.ᵉ 匚 fāng p. 12.	卉 chǐ (v. chi, cl. 1)	卻 khiŏ 150.
况 hoǔng 100.	出 tchhoū 101.	利 lǐ 88.	功 koūng 48.	勺 chŏ T. 92.	匠 tsiang 109.	卑 pēǐ T. 55.	卷 kioūan 170.
凉 liǎng 174.	18.ᵉ 刀 taô p. 12.	到 taô 117.	加 kiā 52.	勿 uĕ 103.	23.ᵉ 匸 hǐ p. 12.	卓 tchŏ 92. 南 nán T. 43.	卯 tsǐ 95.
凍 toūng 117.	刃 jīn 69.	剖 khoū 139. 制 tchì T. 99.	劭 tsoū 35. 勇 yoǔng T. 71.		匹 phǐ 51.	博 pŏ T. 80.	
凝 ǐng T. 96.							

TABLE. 185

27.e 厂 hǎn p.12	公 khiǔ 7	**30.e** 口 khèou p.12	合 hŏ T.8	告 káo 132	咱 tsǎ 117	唯 'uéi T.84	嗚 'oû 84
厚 hèou T.76	參 thsān 7	古 koù 7	吉 kí 106	呀 yā 115	咸 hian 39	問 uén 42	嘛 mā 112
原 yoûan 158	**29.e** 又 yèou p.12	右 yèou 3	后 hèou 89	呂 liù (vertèbres)	哉 tsāi 99	善 chén 41	嘉 kiā T.59
厥 kioûei 59	及 kí 54	只 tchi 115	向 hiang 117	呢 ní 115	哀 'āi 59	喜 hi 94	器 khi T.64
厦 hià corps de logis	友 yèou 78	叫 kiáo 151	同 thoung 7	周 tcheou T.16	哄 hoùng 138	喟 khouéi 75	嚭 phi T.143
厭 yǎn 84	反 fǎn T.35	可 khò 72	君 kiùn 58	味 uéi T.8	哥 kŏ 120	嘡 hoâng 74	嚴 yán 90
28.e 厶 ssè p.11	叔 choū 150	吃 kí 139	否 feòu 105	呵 hŏ 115	哩 li 115	喪 sāng T.63	**31.°** 口 uéi p.12
去 khiù 131	取 thsiù 55	各 kŏ 59	舍 hán (contenir)	呼 hoū 84	哲 tchè T.96	嗻 yán 65	四 ssè 49
	受 chèou 135	名 míng 48	吳 'oú 52	命 míng 41	哈 hán (manger)	喇 lā 112	回 hoêi 170
				和 hŏ 89, 112	唐 tháng 95	嘗 tchháng T.67	

因 yên T. 59.	在 tsái 66.	報 paó 79.	声 chíng 8.	36.ᵉ 夕 sí p. 12.	天 yâo T. 153.	38.ᵉ 女 niû p. 13.	姊 tseù 145.
困 khouên T. 71.	地 tí 45.	場 tchháng 175.	壹 ỵ 49.	夗 p. 12.	天 thiên 40.	奴 noû (esclave)	姐 thsiếï 125.
固 kóu 75.	坂 fàn 7.	塔 thá 50.	壽 cheóu T. 59.	外 wái 42.	夫 foû 55.	奴 noû (esclave)	妻 thsï 78.
囿 yéou 85.	坎 fàn 7.	塗 thoû T. 44.	34.ᵉ	夙 soû T. 103.	失 chỵ T. 40.	如 jou 96.	妾 thsiếï 436.
國 kouě 59.	均 kiûn T. 40.	塞 sế T. 43.	34.ᵉ 夂 tchỵ p. 12.	多 tó 38.	夷 ỵ T. 52.	好 haó 41.	始 chỵ 41.
園 yoûan 111.	坐 tsó 72.	塵 tchhîn (poussière)	35.ᵉ 夊 soûi 'p. 12.	夜 yě T. 103.	奉 foung 121.	妃 féi 59.	姓 síng 47.
圖 thoû (carte)	執 tchỵ T. 39.	增 thsêng T. 134.	35.ᵉ 夊 soûi 'p. 12.	夢 mếng 84.	奏 tseóu T. 112.	奸 khiên 129.	姬 kí 136.
32.ᵉ 土 thoû p. 12.	培 phéi T. 59.	33.ᵉ 士 ssé p. 12.	奕 piân 8.	37.ᵉ 大 tá p. 12.	契 khí 120.	妖 yaô T. 87.	威 'wéï T. 95.
土 thoû p. 12.	堂 tháng 125.	士 ssé p. 12.	夏 hiá 43.	大 tá p. 12.	奚 hỵ 55.	妙 miaô 145.	娘 niâng 143.
圡 thoû 8.	堯 yaô 46.	壬 jîn 51.		太 tháï 114.	奢 ché 87.	妹 méi 110.	嫦 foû 2.

TABLE.

媒 *méi* 135.	孤 *koū* 54.	守 *cheōu* T. 39.	容 *yoúng* 131.	寡 *kouà* 53.	將 *tsīang* 68, 131.	**43.°** 尢 *wâng* p. 13.	屬 *choū* 58.
婿 *si* 117.	孥 *noū* T. 53.	安 *'ân* 55, 98.	宰 *tsăi* T. 143.	寶 *chī* 35.	專 *tchouān* T. 99.	尤 *yeóu* 46.	**45.°** 少 *tchhĕ* p. 13.
39.° 子 *tseŭ* p. 12.	孩 *hái* 111.	宋 *soúng* T. 100.	害 *hái* 130.	寧 *níng* 87.	尊 *tsūn* 126.	就 *tsiéou* 95.	**46.°** 山 *chān* p. 13.
孔 *khoŭng* 48.	孫 *sún* T. 59.	完 *houán* 143.	宴 *yàn* (festin.)	寉 *chīn* T. 80.	尋 *thsín* 119.	**44.°** 尸 *chī* p. 13.	岅 *fàn* 7.
字 *tseú* 35.	孰 *choú* 46, 63.	宗 *tsoūng* 40.	家 *kiā* 89.	寫 *siĕ* 156.	對 *toúi* 112.	尺 *tchhĭ* 163.	峻 *tsiún* T. 95.
存 *thsún* 68.	學 *hiŏ* 41.	官 *kouān* 36.	寅 *yén* 52.	寬 *khouān* 138.	**42.°** 小 *siaò* p. 13.	尼 *ní* 48.	崇 *thsoúng* T. 96.
孝 *hiáo* 41.	孽 *niĕ* T. 87.	定 *tīng* 131.	密 *mĭ* 7.	寶 *pào* T. 18.	少 *chaò* 93.	居 *kiū* 61.	嶽 *yŏ* T. 92.
孟 *mĕng* T. 9.	**40.°** 宀 *mían* p. 12.	宜 *i* 84.	富 *foú* 83.	**41.°** 寸 *thsún* p. 12.	尚 *cháng* 142.	屋 *uŏ* T. 112.	
季 *kí* T. 60.	宅 *tsĕ* 53.	室 *chĭ* T. 55.	寒 *hán* 125.	射 *ché* T. 52.			
		客 *khĕ* 86.	寐 *tchhá* T. 39.				

47.ᵉ	49.ᵉ	祭 noŭ (bru.)	年 nîan 73.	序 siù 98.	廢 fèi T. 44.	57.ᵉ	58.ᵉ
巛 tchhouǎn p. 13.	己 kì p. 13.	帝 tì 48.	并 pîng (avec.)	庚 kēng 51.	廣 kouǎng 49.	弓 koŭng p. 13.	彐 kî p. 13.
川 tchhouǎn 13.	己 ì 13, 136.	幣 tài 104.	幸 hing T. 52.	府 foù 111.	— 54.ᵉ	弗 fŏ 102.	彙 'wèi, lŏŭi collection
州 tcheoŭ 40.	巳 ssé 13, 68.	師 ssé 65.	— 52.ᵉ	度 toù T. 56.	夊 yèn p. 13.	弟 tì 95.	— 59.ᵉ
— 48.ᵉ	巴 pā 138.	席 sì 102.	幺 yaŏ p. 13.	座 tsŏ 50.	廷 thîng 55.	彄 sùn 8.	彡 sān p. 13.
工 koŭng p. 13.	巽 sùn p. 8.	常 tchhâng T. 155.	幽 yeoū T. 155.	庶 chŭ 38.	建 kiàn T. 100.	彊 khiâng 58.	形 hîng 1, 3.
左 tsŏ 3.	— 50.ᵉ	幬 taŏ T. 104.	幾 kì 74.	康 khâng (paix.)	— 55.ᵉ	彌 mî 100.	— 60.ᵉ
巧 khiaŏ 145.	巾 kin p. 13.	— 51.ᵉ	— 53.ᵉ	庸 yoūng T. 6.	廾 koŭng p. 13.	疆 kiāng T. 91.	彳 tchhĭ p. 13.
差 tchhā T. 8.	布 poù T. 67.	干 kān p. 13.	广 yàn p. 13.	廈 hiă (grande maison.)	— 56.ᵉ		彼 pĭ 59.
	帖 thiĕï 156.	平 phîng 15.	庅 mŏ 160.	廟 miaŏ 49.	乇 ĭ p. 13.		往 wàng 57.

TABLE.   189

征 tchîng 57.	徵 tchîng 103.	忠 tchoûng 129.	性 sing 96, T. 32.	恨 hèn '38.	情 thsîng 162.	愧 kouéi T. 112.	憫 min 54.
很 hèn 115.	德 tě 43.	念 niěn 60.	怪 kouěi 69.	悠 yéou T. 91.	惜 sĭ 83.	愠 yún T. 112.	憾 hǎn T. 47.
律 liŭ T. 101.	徼 kido T. 52.	忽 hoŭ 75.	恐 khoŭng 139.	患 hoàn T. 52.	惟 wéi 43.	愼 chín 43.	應 îng répondre
後 héou 62.	— 61.e 心 sin p. 14.	快 khouči 149.	怒 choŭ T. 48.	悔 hoěi T. 44.	想 siàng 147.	慶 khing 128.	懷 hoáï T. 75.
待 tái 155.	必 pi 44.	怎 tsěng 142.	息 sĭ 58.	悖 péi T. 100.	愈 iù 100.	憂 yeoŭ T. 60.	懼 kiú 91.
得 tě 39, 133.	忌 kí T. 35.	怒 noŭ T. 32.	善 yáng 125.	悟 'oŭ 127.	意 ĭ 2.	慢 màn 111.	— 62.e 弋 kŏ p. 14.
從 thsoŭng 7.	忘 wǎng 138.	思 ssé 98.	恭 koŭng 135.	惑 hoě T. 75.	愚 iù 54.	慅 thsaó T. 51.	戊 méou 51.
御 iŭ 53.	志 tchí 59.	息 tái 146.	恥 tchhì T. 72.	惠 hoěi (bienfaisant.)	愛 'ái 59.	慟 toŭng 60.	戍 siŭ 52.
復 foŭ 72.	忍 jĭn 75.	怨 youán 90.	恒 hěng 62.	惡 'ŏ 44, 105.	感 kǎn (émotion)	憲 hiàn T. 59.	戎 joŭng T. 60.
微 wěi 103.		怕 phá 146.	恤 siŭ T. 137.	悶 mén 61.	惱 naŏ 147.	憚 tàn T. 35.	

戒 kiaï T. 32. 成 tchhing 49. 我 'ŏ 52. 或 hoĕ 128. 戲 hi 175. 63.ᵉ 户 hoù p. 14. 所 sŏ 62. 戾 li T. 47. 房 fáng 109.	64.ᵉ 手 cheoù p. 14. 才 thsaï 120. 打 tà 153. 丞 cheoù (main.) 扶 foù 101. 技 ki 57. 把 pà 151. 抑 , 91. 承 tchhing T. 56.	招 tchaô 155. 拜 pái 118. 持 tchhi T. 76. 指 tchi 2. 按 'án 54. 拾 chi 49, 129. 拿 ná 131. 拳 khioŭan T. 40. 振 tchin T. 92. 捌 pá 49.	授 chéou T. 8. 接 tsiĕ'i 69. 措 tsŏ T. 80. 掌 tchàng 43. 提 thi 153. 揚 yáng T. 39. 搶 yán T. 56. 援 youán T. 52. 撮 thsŏ T. 93. 擇 tsŏ 117.	攫 'hoǔ T. 39. 擒 hi (conduire) 65.ᵉ 支 tchi p. 14. 66.ᵉ 支 phoŭ p. 14. 攸 yeoŭ T. 21. 改 kài T. 48. 攻 koŭng T. 21. 放 fáng 90.	政 tchíng 82. 故 koù 61. 教 kiaó 82, 151. 敏 mìn T. 68. 救 kieòu 88. 敝 pí 124. 敢 kàn 64. 散 sàn T. 8. 敦 thun T. 96. 敬 king 62.	數 soù 135. 斂 liàn T. 76. 斃 (fin.) 67.ᵉ 文 wĕn p. 14. 68.ᵉ 斗 tcoù p. 14. 69.ᵉ 斤 kin p. 14. 斯 ssĕ 61.	新 sin 71. 70.ᵉ 方 fáng p. 14. 於 iu 83. 施 chi 63. 旅 liu T. 64. 71.ᵉ 无 woù p. 14. 旣 ki 69.

72.ᶜ 一 日 *jĭ* p. 14.	昨 *tsŏ* 74. 昭 *tchaŏ* T. 32.	73.ᶜ 一 曰 *youĕi* p. 14.	74.ᶜ 一 月 *youĕi* P. 14. v. la 130.*	75.ᶜ 一 木 *moŭ* p. 15.	束 *toŭng* 71. 果 *kŏ* 96.	栽 *tsái* T. 59. 桑 *sáng* 101.	76.ᶜ 一 欠 *khian* p. 15.
旨 *tchĭ* 122.	是 *chí* 39, 60.	曲 *khioŭ* T. 84.	有 *yeoŭ* 66.	未 *wĕi* 101.	林 *lin* 132.	梓 *tseŭ* (planches)	次 *thseŭ* T. 84.
昆 *kouĕn* T. 71.	時 *chi* 91.	更 *kĕng* 114.	朋 *phĕng* 165.	末 *mŏ* T. 8.	柏 *pŏ* 4.	梵 *fán* (Indien.)	欲 *youĕ* 52.
昌 *tchháng* 36.	晚 *wán* 118.	曷 *hŏ* 105.	服 *foŭ* 103.	本 *pĕn* 7.	柴 *thsĭ* 49.	極 *kĭ* 46.	欽 *khín* 49.
明 *míng* 2.	智 *tchí* T. 143.	書 *choŭ* 4.	望 *wáng* 54.	朱 *tchŭ* T. 6.	柴 *tchhái* 65.	楚 *thsoŭ* 78.	欺 *khí* 67.
易 *ĭ* 134.	暗 *'án* 129.	替 *thí* 112.	朕 *tchĭn* 53.	朽 *hieoŭ* 119.	柔 *jeoŭ* T. 43.	樂 *lŏ, yŏ* 26, 42.	歟 *iŭ* 88.
昔 *sĭ* 97.	暨 *kí* 42.	最 *tsoŭi* 46.	朝 *tchhaŏ* 26.	材 *thsái* T. 59.	柯 *kŏ* T. 48.	樹 *choŭ* T. 68.	77.ᶜ 止 *tchĭ* p. 15.
星 *síng* T. 92.	曉 *hiaŏ* 118.	會 *thsĕng* 68, 136.	期 *kí* T. 39.	杞 *khĭ* T. 99.	株 *tchŭ* 144.	橋 *khiaŏ* (pont.)	
春 *tchhŭn* T. 27.		會 *hoĕi* 2, 137.		來 *laĭ* 8.	格 *kĕ* 38.		正 *tchíng* 3, 7.

此 thseù 59.	殰 i 60.	毒 toŭ 119.	84.ᵉ 气 khí p. 13.	汝 joŭ 54.	波 pŏ 160.	海 hǎi 40.	溥 phoŭ T. 107.
武 woŭ 48.	79.ᵉ 殳 chù p. 15.	81.ᵉ 比 pí p. 15.	氣 khí T. 28.	汜 ssĕ 101.	泉 thsouan T. 107.	淡 tǎn 113.	滿 màn T. 12.
歷 lí T. 119.	殷 yĕn T. 16.	82.ᵉ 毛 mao p. 15.	85.ᵉ 水 choŭi p. 15.	沒 moŭ 137.	洋 yáng 77.	淫 yĕn T. 16.	漢 hàn T. 12.
歸 kouēi 43.	殺 chà 26.	毫 hao 157.	永 yòung T. 103.	沙 chá 25.	洩 siĕi T. 92.	深 chîn 46.	漏 léou T. 112.
78.ᵉ 歹 yà p. 15.	穀 i T. 107.			河 hŏ 40.	洞 toúng 161.	淵 youān T. 47.	潑 phŏ 151.
				治 tchí 73.	津 tsīn (pont.)	淸 thsīng 120.	潛 thsian T. 11.
步 id.	80.ᵉ	83.ᵉ	求 khieoù 43.	沼 tchaò T. 21.	洲 tcheoù (île.)	溫 wēn T. 96.	潼 thoung nom de fleuve
死 ssĕ 59.	毋 woŭ p. 15.	氏 chí p. 15.	汗 hán (sueur.)	法 fă 103.	活 hŏ 64.	測 thsĕ T. 91.	濛 mēng 101.
殆 tăi T. 16.	母 moŭ 38.	民 mín 40.	江 kiāng (fleuve.)	泡 phaó 134.	流 lieoŭ T. 43.	源 youān 41.	濯 tchŏ T. 21.
殖 tchĭ T. 92.	每 mèi 122.		池 tchhí 70.	泪 loŭi 2.	浩 haŏ T. 111.	溢 ĭ T. 108.	灑 chà 25.

TABLE.

86.ᵉ 火 hŏ p. 15.	熹 hi T. 6. 燕 yĕn T. 153.	88.ᵉ 父 foŭ p. 15.	92.ᵉ 牙 yá p. 15.	94.ᵉ 犬 khioŭan p. 15.	95.ᵉ 玄 hioŭan p. 16.	琴 khín T. 53. 琵 phí 112.	99.ᵉ 甘 kân p. 16.
烏 'oŭ 84.	營 íng T. 21.	爺 yé 122.	93.ᵉ 牛 nioŭ p. 15.	狄 ti T. 52.	玄 id.	琶 phá 112.	甚 chín 46.
栽 tsâi T. 99.	87.ᵉ 爪 tchaò p. 15.	89.ᵉ 爻 yaò p. 15.		狗 keoŭ 439.	兹 tseü 50.	瑟 sĕ T. 55.	100.ᵉ 生 sĕng p. 16.
烹 phĕng 69.			牝 phín 110.	猜 thsâi 153.	率 soŭ 92.	璘 lín (éclat.)	
焉 yĕn 92.	爭 tsĕng T. 112.	爾 eúl 54.	牡 meoŭ 110.	猶 yeoŭ 95.	96.ᵉ 玉 iŭ p. 16.	97.ᵉ 瓜 koŭ p. 16.	甥 sĕng 110.
然 jân 93.	爲 'weí 99.	90.ᵉ 爿 pân, tchhoŭang p. 15.	牣 jín T. 21.	獨 toŭ 70.			101.ᵉ 用 yoúng p. 16.
無 woŭ 102.	爵 tsiŏ 72.		物 wĕ 39.	獲 hoŏ T. 68.	王 wâng 41. 玩 wán T. 8.	98.ᵉ 瓦 wă p. 16.	
照 tchào T. 108.		91.ᵉ 片 phiàn p. 15.	特 tĕ 149.	獸 chéou 70. 獻 hiàn (offrir.)	理 li T. 8.		
煩 fân 147.							

| 102.e 田 *thian* p. 16. 由 *yeou* 44. 甲 *kia* 51. 申 *chin* 52. 男 *nan* 101. 畏 *'uéi* T. 75. 略 *liŏ* 144. 異 *ĭ* 43. 畱 *lieou* 140. | 當 *táng* t1, 103.° 疋 *sou* p. 16. 疑 *ĭ* 154. 104.° 疒 *ni* p. 16. 疢 *kieou* T. 79. 疾 *tsĭ* 53. 病 *ping* 68. | 105.° 癶 *pŏ* p. 16. 癸 *kouéi* 51. 癸 *fă* 8. 登 *tēng* T. 53. 發 *fă* p. 8. 106.° 白 *pĕ* p. 16. 百 *pĕ* 49. 的 *tĭ* 112. 的 sya. du préc. | 皆 *kiai* 39. 皇 *hoâng* 48. 107.° 皮 *phî* p. 16. 108.° 皿 *ming* p. 16. 盂 *pēi* 135. 盉 *hŏ* 59, 104. 盡 *hŏ* 59, 104. 盖 *kái* (couverture) | 盒 *hŏ* 111. 盎 *ĭ* 46, 100. 盛 *tchhîng* 77. 盡 *tsin* T.8. 盧 *lou* T. 68. 109.° 目 *mou* p. 16. 相 *siâng* 37. 省 *sing* 52. 看 *khàn* 130. | 眞 *tchin* 148. 眩 *hiouán* T. 75. 眼 *yăn* 152. 着 *tchŏ* 132. 衆 *tchoûng* 38. 朕 *tsiùn* 154. 睛 *tsing* 154. 睨 *nĭ* T. 48. 睡 *chouĭ* 156. 睹 *tou* T. 32. | 睿 *jouĭ* T. 107. 瞵 *lin* (regarder.) 110.° 矛 *meou* p. 16. 矜 *king* T. 76. 111.° 矢 *chĭ* p. 16. 矣 *ĭ* 105. 知 *tchĭ* 26. 短 *chĭn* T. 56. | 矮 *yài* 175. 矯 *kiao* T. 43. 112.° 石 *chĭ* p. 16. 破 *phŏ* 117. 113.° 示 *khĭ* p. 17. 社 *chĕ* T. 67. 祀 *ssé* T. 80. 祖 *tsou* 49. |

TABLE.

神 chin 38.	114.ᵉ	稱 tchhíng 92.	117.ᵉ	筆 pí 58.	簡 kiàn T. 111.	素 soù 69, T. 138.	維 'wéi T. 95.
祭 tsí T. 56.	肉 jeoù p. 17.	穆 moù T. 95.	立 lí p. 17.	等 těng 58, 122.	貓 tchéou nom d'hom.	索 sǒ T. 138.	緊 kǐn 115.
祥 tsiǎng T. 87.	禽 khín T. 92.	116.ᵉ	竝 píng (tous.)	策 thsě T. 67.	119.ᵉ	細 sì 132.	緒 siù T. 60.
祿 loù 72.	115.ᵉ	穴 hiouěi p. 17.	章 tchǎng 170.	箇 kǒ 116.	米 mǐ p. 17.	終 tchoūng 150.	緣 yoúan 113.
禍 hǒ T. 87.	禾 hǒ p. 17.	空 khoūng 96.	童 thoúng 39.	管 kouǎn 146.	精 tsīng 162.	銅 kioúng T. 111.	繆 miéou T. 100.
禎 tching T. 87.	秋 thsieoū T. 27.	窈 yaǒ T. 155.	端 touǎn 112.	節 tsiě 170.	糞 fèn 155.	絕 tsiouěi 114.	繙 fǎn T. 12.
福 foǔ T. 87.	秘 pí (mystère)	窮 khioúng 91.	118.ᵉ	篆 tchoùan 5.	120.ᵉ	絧 thoùng (toile.)	繫 hí T. 92.
禘 tí T. 67.	移 í 71.	竈 tsào (foyer.)	竹 tchoú p. 17.	篇 phiān T. 8.	糸 mì p. 17.	統 thoùng 56.	繼 kí T. 76.
禮 lǐ 70.	程 tchhíng T. 8.			笑 sido 139.	篤 toù T. 59.	納 nǎ T. 39.	經 kíng 36, 136.	纔 thsái 141.
禱 taǒ 90.	稟 pìn T. 76.			第 tí 51.	簋 tsǒ 102.	純 chún T. 95.	綸 lùn T. 108.	纘 tsouǎn T. 60.

121.e	123.e	翰 hàn 132.	127.e	聚 tsiù T.143.	130.e	能 nèng 69.	132.e
缶 feòu p. 17.	羊 yáng p. 17.		耒 loŭi p. 17.	聞 wén 2.	肉 joù p. 17. v. la 74.e	脩 sieoù T. 32.	自 tseù p. 18.
122.e	美 mĕi 88.	125.e	耕 kĕng 58.	聰 thsoŭng T.107.	肖 siào T. 36.	脫 thŏ 137.	臭 hièou T. 115.
网 wăng p. 17.	羣 kiŭn 40.	老 laŏ p. 17.		聲 chíng 3.	肚 toŭ 152.	腦 nào 154.	133.e
罕 hăn 88.	義 i 41.	考 khaŏ T. 99.	128.e	聽 thíng 155.	肝 kân 139.	膺 íng T. 40.	至 tchí p. 18.
罟 koŭ T. 39.	124.e	者 tchě 80.	耳 eŭl p. 17.		肫 tchŭn T. 144.	131.e	致 tchí T. 35.
罵 má 149.	羽 iù p. 17.	126.e	耶 yê 86.	129.e	肯 khĕng 159.	臣 tchhín p. 17.	臺 tháï 70.
罷 pá 135.	習 sĭ 89.	而 eŭl p. 17.	耻 tchhí 98.	聿 iù p. 17.	育 yoù T. 35.	臨 lín T.107.	134.e
	翔 thsiáng T. 15.	耍 choŭá 148.	耽 tân T. 55.	肆 ssé 49.	背 pĕi 151.		臼 khieoù p. 18.
	翁 hî T. 56.		聖 chíng 44.		胡 hoû 105.		臾 iù T. 3.
			聃 phíng 131.				

與 *iù* 86.	舞 *woŭ* T. 16.	**140.ᵉ**	菊 *kioŭ* 135.	蒱 *phoŭ* T. 68.	**141.ᵉ**	斗 *teoŭ* 5.	**144.ᵉ**
典 *hing* T. 87.	**137.ᵉ**	艸 *thsaŏ* p. 18.	蓉 *'ân* T.131.	藷 *chi* T. 87.	虍 *hoŭ* p. 18.	蛟 *kiaô* T. 92.	行 *hing* p. 18.
舉 *kiŭ* T. 15.	舟 *tcheoŭ* p. 18.	花 *hoâ* 114.	華 *hoâ* 75.	蕾 *hioŭ* 136.	虛 *hiŭ* 35.	蜜 *mî* 7.	衍 *yân* (inondation)
釁 *tchhin* poussière	般 *pân* 111.	苟 *keoŭ* 70.	萬 *wân* 49.	蕩 *tâng* T. 111.	處 *tchhoŭ* 57.	蜩 *khŏ* 5.	**145.ᵉ**
135.ᵉ	船 *tchhoŭân* 109.	若 *jŏ* 96.	落 *lŏ* 119.	薄 *pŏ* T. 76.	處 *tchhoŭ* 8.	蠻 *mân* T.108.	衣 *i* p. 18.
舌 *chĕ* p. 18.	**138.ᵉ**	苦 *khoŭ* 115.	菩 *tchú* 132.	薦 *tsiân* 47.	虜 *loŭ* 58.	**143.ᵉ**	衽 *jin* T. 43.
舍 *chĕ* 123.	艮 *kên* p. 18.	茶 *tchhâ* 131.	葬 *tsâng* T. 63.	藏 *thsâng* T. 8.	號 *hâo* 49.	血 *hioŭei* p. 18.	袍 *phaô* 127.
136.ᵉ	**139.ᵉ**	草 *thsaŏ* 5.	蓋 *kâi* v. le suiv.	藥 *yŏ* 148.	**142.ᵉ**	衆 *tchoŭng* 38. v. la Clef 109.ᵉ	被 *péi* 139.
舛 *tchhoŭân* p. 18.	色 *sĕ* p. 18.	莊 *tchhoŭâng* T.107.	蓋 *kâi* 102.	蒙 *mêng* 56.	虫 *hoĕi* p. 18.		裏 *li* 111.
舜 *chún* 16.	色 *Id.*	莫 *mŏ* 102.			蚤 *tsaŏ* T. 103.		裔 *i* (racc.)

裕 iù T.107	覆 foŭ T.59	149.e 言 yǎn p.18	詩 chī 171	謚 chí 48	譌 'ǒ 8	150.e 谷 koŭ p.18	153.e 豸 tchhí p.18
補 poŭ T.131	147.e 見 kiǎn p.18	訓 hiún (explication)	詮 tsiouǎn T.143	譁 hoéi 48	識 chī 84	151.e 豆 téou p.18	貊 mě T.108
裳 tchǎng T.61	視 chí 63	託 thǒ 78	話 hoá 36	諸 tchoŭ 85	譯 ĭ T.12	豊 khí 70	154.e 貝 péi p.18
製 tchí 170	親 thsīn 58	記 kí T.143	語 iù 46	謀 meoŭ T.116	議 ĭ T.99		貞 tchīng 51
複 foŭ 47	覺 kiǒ 81	訪 fǎng 119	誠 tchhíng 81	謂 'wéi 80	譴 khiǎn 139	152.e 豕 chí p.18	財 thsǎi T.75
襲 sí T.12	觀 kouǎn 63	設 chě T.64	誤 'où 8	謳 tcheoŭ (injurier.)	譽 iú T.103	豝 pǎ 60	貢 koúng T.153
146.e 襾 yǎ p.18	148.e 角 kiǒ p.18	許 hiŭ 51	說 chouě 37	謝 siěi 143	讀 toŭ 132	象 siǎng 1	貧 pǐn 95
西 sí 106		註 tchŭ 3	誰 chouí 63	講 kiǎng 137	變 piǎn 8	豫 iú 73	貨 hǒ T.75
要 yaó 137		誠 chí T.76	請 thsǐng 138	謫 tsě 139	讒 tsǎn T.75		
			論 lún 96	謹 kīn 122	讓 jǎng 64		

		157.e	158.e	載 tsái T. 47.	161.e	退 thoúi T. 8.	運 yún 57.
貳 eúl 49.	賣 mái 154.	足 tsoŭ p. 19.	身 chin p. 19.	輩 péi 122.	辰 tchín p. 19.	建 iŭ en marchant.	過 kouó 93, 126.
貴 kouéi 83, 126.	賦 foú (éloge.)	跟 kên 146.	躬 koúng 58.	輶 yeoŭ T. 115.	農 noúng 109.	逌 tché 127.	道 taó 41, 130.
買 mái 131.	賴 lái 56.	跡 tsǐ (trace.)	躰 thǐ (membre)	轉 tchouán 3.	162.e	通 thoúng 7.	達 tá T. 35.
費 féi 65.	贊 tsán T. 84.	跪 kouéi 148.	體 thǐ Id.	160.e	辵 tchhŏ p. 19.	造 thsaó T. 47.	逵 'ucéi T. 18.
贊 tsán v. plus bas	155.e	路 loú 78.	159.e	辛 sín p. 19.	迎 íng T. 76.	連 lian 148.	遠 youán 84.
質 tchǐ T. 100.	赤 tchhǐ p. 18.	哈 khiéī T. 79.	車 tchhé p. 19.	胖 pí 65.	近 kín 43.	逮 tái T. 61.	遁 tún T. 44.
賜 ssé 56.	156.e	踐 tsián T. 61.	軌 kouéi T. 99.	辦 pián T. 80.	述 choŭ 69.	遂 soúi 132.	遵 tsún 122.
賤 tsián 91, 124.	走 tseoŭ p. 18.	踾 taó 72.	軒 hian 132.	辭 thseŭ 35, 72.	途 soúng 129.	遇 iŭ (rencontrer.)	選 sionán 47.
賞 cháng 36.	兂 tseoŭ 8.	曜 yŏ 71.	轄 loú T. 16.	追 toúi T. 63.	遊 yeoŭ 78.	遺 í 66.
賢 hian 46.	起 khǐ 153.						

還 hoăn 114, 118.	部 poŭ 9.	醫 i 83.	鉤 keoŭ T. 138.	169.ᵉ 門 mén p. 19.	陵 líng T. 52.	171.ᵉ 隶 tái p. 19.	雜 tsă mélange.
邇 eùl T. 39.	都 toŭ 39.	165.ᵉ 釆 pían p. 19.	銀 yén 117.	開 khăi 145.	陸 loŭ 49.	隸 lì 7.	離 lí T. 32.
邊 pían 43.	鄧 téng T. 134.		銅 thoŭng 113.	閣 ’àn T. 111.	陷 hián T. 39.		難 nán 133.
163.ᵉ 邑 i p. 19.	鄭 tchíng T. 16.	166.ᵉ 里 lĭ p. 19.	錦 kĭn T. 111.		陳 tchín 66, T. 64.	172.ᵉ 隹 tchoŭi p. 19.	173.ᵉ 雨 iù p. 19.
	164.ᵉ 酉 yoŭ p. 19.		錯 thsó 132.	170.ᵉ 阜 feoŭ p. 19.	陰 yĕn obscurité		
那 nă 127.		重 tchoŭng 79.	鑑 kían (miroir.)		隊 toŭi T. 108.	集 tsĭ T. 15.	雪 sioŭĕi 191.
邦 păng T. 16.	配 phéi T. 91.	167.ᵉ 金 kĭn p. 19.	168.ᵉ 長 tcháng p. 19.	阪 făn 7.	隨 soŭi 112.	雄 hioŭng 110.	雾 păng 174.
邪 yĕ 86.	酒 tsicoŭ 132.			阱 tsĭng T. 39.	險 hián T. 52.	㸦 yă (droit.)	零 líng 145.
郊 kiaô T. 67.	酬 tchhcoŭ T. 61.	鉄 foŭ T. 112.		阿 ŏ, ă 113.	隱 yĕn 43.	雌 thscŭ 110.	霜 choŭng T. 108.
郎 lăng 113.	醉 tsoŭi 164.	鉞 youĕi T. 112.		陛 pí 56.		雖 soŭi 68.	露 loŭ T. 108.

TABLE.

靈 ling p. 56.	177.ᵉ 革 kě p. 20.	181.ᵉ 頁 hiě p. 20.	182.ᵉ 風 foŭng p. 20.	餘 iŭ 51. 饗 hiǎng T. 59.	駭 kiǎi T. 144. 驅 khiŭ T. 39.	191.ᵉ 鬥 tĕou p. 20.	195.ᵉ 魚 iŭ p. 20.
174.ᵉ 青 thsĭng p. 49.	鞋 hiǎi 109.	順 chŭn T. 55.	183.ᵉ 飛 fĕi p. 20.	185.ᵉ 首 cheŏu p. 20.	驕 kiaŏ 62.	192.ᵉ 鬯 tchhǎng p. 20.	魯 loŭ 65.
175.ᵉ 非 fĕi p. 49.	178.ᵉ 韋 'wĕi p. 20.	須 siŭ T. 32.	184.ᵉ 食 chĭ p. 20.	186.ᵉ 香 hiāng p. 20.	188.ᵉ 骨 koŭ 20.	193.ᵉ 鬲 li p. 20.	鮮 siān 26. 鯉 li 4.
麋 mi T. 112.	179.ᵉ 韭 kieŏu p. 20.	頭 thĕou 111. 顔 yǎn 47. 願 youǎn 48.	飲 yĕn 101. 飯 fǎn 160.	187.ᵉ 馬 mǎ p. 20.	189.ᵉ 高 kaŏ p. 20.	194.ᵉ 鬼 koŭĕi p. 20.	196.ᵉ 鳥 niaŏ p. 20. 鳴 ming 2.
176.ᵉ 面 miǎn p. 20.	180.ᵉ 音 yĕn p. 20. 韶 chaŏ T. 16.	類 loŭi 102. 顧 koŭ T. 51. 顯 hiǎn 103.	飽 paŏ 161. 餓 'o 117.	馬 mǎ 8. 駕 kiǎ 121.	190.ᵉ 彭 picoŭ p. 20.	兒 koŭĕi 8.	鳶 yoūan T. 47. 鵲 koŭ T. 55.

鶴 hŏ T. 21.	200.ᵉ 麻 má p. 20.	點 tiĕn 157.	207.ᵉ 鼓 koŭ p. 21.	212.ᵉ 龍 loúng p. 21.
197.ᵉ 鹵 loŭ p. 20.	麼 mŏ 160.	204.ᵉ 黹 tchĭ p. 21.	208.ᵉ 鼠 chŭ p. 21.	213.ᵉ 龜 koŭeï p. 21.
198.ᵉ 鹿 loŭ p. 20.	201.ᵉ 黃 hoáng p. 21.	205.ᵉ 黽 mĭng p. 21.	209.ᵉ 鼻 pí p. 21.	龜 koŭeï T. 87.
麤 yeoŭ 160.	202.ᵉ 黍 chŭ p. 21.	鼃 yoŭan T. 92. 鼉 thŏ T. 92. 鼈 pieĭ T. 92.	210.ᵉ 齊 thsí p. 21.	214.ᵉ 龠 yŏ p. 21.
199.ᵉ 麥 mĕ p. 20.	203.ᵉ 黑 hĕ p. 21. 默 mŏ T. 96.	206.ᵉ 鼎 tĭng p. 21.	211.ᵉ 齒 tchhĭ p. 21.	

TABLE
DES CARACTÈRES

DONT LE RADICAL EST DIFFICILE A RECONNOÎTRE,

Arrangés d'après le nombre des Traits qui les composent.

Nota. Ceux des caractères contenus dans la Table précédente, dont le radical est difficile à reconnoître [39], sont rangés ici suivant le nombre des traits qui les composent, en commençant par un, deux, etc. Un chiffre romain placé à la tête de chaque section fait connoître de combien de traits sont formés les caractères qui s'y trouvent réunis. Ainsi, pour y chercher un caractère difficile, il faut compter le nombre total des traits qui s'y trouvent, et recourir à la section à la tête de laquelle ce même nombre est exprimé. Le chiffre placé au-dessous de chaque caractère est le numéro de la clef ou du radical auquel il appartient : il peut donc servir de renvoi, soit à la Table générale qui précède, soit à celle des 214 clefs [pag. 11 — 21], où l'on pourra recourir pour comparer le radical à son dérivé. — On n'a pas compris ici les caractères qui sont composés de deux radicaux seulement, parce que, à l'égard de ces sortes de caractères, il n'y a pas d'économie de temps ni de peine à recourir à la table des caractères difficiles : on les trouve aussi vite, en les cherchant successivement sous les deux radicaux, avec la chance de les rencontrer sous le premier auquel on aura rapporté le caractère.

Comme il peut arriver, sur-tout dans les commencemens, qu'on se trompe d'un trait en plus ou en moins, dans la supputation des traits d'un caractère [40], on fera bien de jeter les yeux sur la section qui suit et sur celle qui précède la section à laquelle on aura cru devoir le rapporter.

II.	己 49.	今 9.	天 37.	出 47.	母 80.	夙 36.	考 125.
七 1.	巳 49.	仄 9.	夫 37.	加 49.	民 83.	夷 37.	西 146.
乃 4.	才 64.	內 11.	巴 49.	北 21.	由 102.	字 39.	— VII.
九 5.	— IV.	六 12.	王 96.	半 21.	甲 102.	存 39.	况 7.
了 6.	不 4.	公 12.	— V.	卯 26.	申 102.	州 47.	兵 12.
— III.	丑 4.	今 12.	丘 4.	可 30.	— VI.	曲 73.	初 18.
下 1.	中 2.	切 18.	世 1.	左 48.	全 11.	有 74.	吾 24.
上 1.	之 4.	分 18.	且 4.	平 51.	危 26.	朱 75.	吳 30.
久 4.	予 6.	化 21.	主 3.	年 51.	后 30.	此 77.	尉 32.
也 5.	五 7.	午 21.	乎 4.	弗 57.	同 30.	死 78.	坐 32.
于 7.	井 7.	及 29.	乍 4.	必 61.	向 30.	永 85.	孝 39.
凡 16.	以 9.	友 29.	令 9.	正 77.	在 32.	百 106.	廷 61.

弟 57.	來 9.	孟 39.	IX.	甚 99.	專 41.	XI.	率 95.
我 62.	兩 11.	尙 42.	前 18.	皆 106.	差 48.	乾 5.	衆 109.
攸 66.	其 12.	幸 51.	南 21.	美 123.	師 50.	冕 43.	禽 114.
更 73.	典 12.	幷 51.	咸 30.	者 125.	席 50.	參 28.	章 117.
來 9, 75.	卓 21.	所 63.	哉 30.	胡 130.	書 73.	執 32.	脩 130.
每 80.	牟 24.	承 64.	哀 30.	重 166.	栽 75.	孰 39.	
求 85.	卷 26.	束 75.	奕 35.		裁 86.	將 41.	XII.
罕 122.	受 29.	果 75.	奏 37.	X.	烏 86.	密 46.	喜 30.
	俞 30.	武 77.	威 38.	乘 4.	眞 109.	御 60.	善 30.
VIII.	周 30.	毒 80.	幽 52.	唐 30.	能 130.	旣 71.	喪 30.
並 4.	夜 36.	者 125.	娶 57.	哥 30.	豊 151.	望 74.	報 32.
事 6.	奉 37.		拜 61.	奚 37.	酒 161.	焉 86.	尋 41.
亞 7.							尊 41.

就 43.	象 152.	載 159.	與 134.	燕 86.	XVIII.	
巽 49.	─── XIII.	農 161.	蜜 142.	翰 124.	歸 77.	
幾 52.	塞 32.	─── XIV.	─── XV.	與 134.	爵 87.	
最 73.	愛 61.	亂 5.	慶 61.	豫 152.	─── XIX.	
會 73.	感 61.	嘉 30.	憂 61.	頻 154.	甗 30.	
朝 74.	會 73.	嘗 30.	樂 75.	───	獸 94.	
期 74.	楚 75.	壽 33.	魯 195.	XVII.	─── XX. et au-dessus	
欽 76.	羣 123.	夢 36.	─── XVI.	應 61.	嚴 30.	
爲 87.	義 123.	爾 89.	學 39.	營 86.	獻 91.	
衆 109, 143.	聖 128.	疑 103.	暨 72.	聲 128.	變 149.	
童 117.	號 141.	聚 128.	歷 77.	膺 130.	靈 173.	
舜 136.	裏 145.	臺 133.	齋 86.	舉 134.	爨 134.	

TABLE
DES MOTS DISSYLLABIQUES
ET
DES EXPRESSIONS COMPOSÉES
Dont l'explication se trouve dans cette Grammaire.

Nota. Quoique l'on ait eu soin de placer à côté de chaque caractère cité dans cette grammaire, son interprétation littérale en latin, on a dû excepter ceux qui sont employés en construction avec d'autres pour former des mots composés. Pour ces derniers, on a réuni, par un tiret, les caractères qui servent à les former, et l'on s'est borné à indiquer le sens du composé, à côté de l'un de ces caractères. On trouvera dans la Table suivante toutes les expressions de ce genre, usitées, soit en *Kou-wen*, soit en *Kouan-hoa*, qui sont citées dans ce volume, avec le renvoi à la page où elles se trouvent expliquées, et où l'on doit chercher les caractères qui servent à les écrire. En jetant les yeux sur cette réunion de termes polysyllabiques, on y trouvera la matière d'une observation importante : c'est qu'en les employant, les Chinois peuvent, quand ils le trouvent bon, éviter l'inconvénient des homonymes [37]. Sur plus de quatre cents expressions polysyllabiques que le hasard a réunies dans ce volume, à peine y a-t-il deux ou trois exemples d'homonymies; et si l'on a égard à la différence des accens, il n'y en a pas du tout. De là, la faculté de transcrire, en lettres alphabétiques, ces polysyllabes qui ne prêtent à aucune équivoque, et que, par cette raison, nous nous bornons à présenter ici en lettres latines, pour qu'ils occupent moins d'espace.

Les chiffres placés après chaque mot renvoient aux pages de la Grammaire ; ceux qui sont précédés de la lettre T renvoient aux pages du *Tchoung-young*. Voyez la note en tête de la première Table.

CH

Chàng-chǐng, 25.
Chàng-ssé, 56.
Chàng-tǐ, T. 67.
Chaó-yân, 93.
Chaó-poŭ-tĕ̀, 117.
Chaó-tcoŭ, T. 16.
Chǐ-fĕn, 115.
Chǐ-ǐ, 98.

Chǐ-kǐng, T. 6.
Chǐ-tseŭ, 35.
Chǐ-tsoŭ, 49.
Chǐ-theoŭ, 111.
Chǐ-eûl, 111.
Chǐn-mǒ, 129.
Chǐn-pǐan-jǐn, 140.
Choŭ-choŭ, 150.

Choŭ-fâng, 109.
Chouĕ-taǒ, 130.
Chŭ-hoŭ, 87.
Chŭ-jǐn, T. 63.
Chŭ-kǐ, 87.
Chŭ-mǐn, 77.

F

Fân-Y, T. 12.
Fân-naǒ, 147.
Fâng-thsdǐ, 141.
Fâng-tseŭ, 110.
Foŭ-foŭ, T. 71.

Foŭ-yoûan, 111.
Foŭ-jǐn, 128.
Fóu-jǐn, 128.
Foŭ-kouĕ̀, T. 52.
Foŭ-sâng, 101.

Foŭ-sǐng, 47.
Foŭ-tseŭ, 55.
Foŭ-tseŭ, T. 71.
Foŭ-thsîn, 110.

H

Hdǐ-nĕ̀, 56.
Hdǐ-eûl, 111.
Hân-lǐn, 132.
Haó-haó, T. 111.
Hén-poŭ-tĕ̀, 138.
Hidǐ-tsiáng, 109.
Hiàn-hiàn, T. 59.
Hfan-khǐ, 120.
Hiàn-tsdǐ, T. 147.

Hidŏ-kǐng, T. 24.
Hicoŭ-yaǒ, 138.
Hǐng-chǐng, 3.
Hiŏ-sĕng, 119.
Hioûng-tǐ, 108.
Hĭu-tseŭ, 35.
Hǒ-chǔng, 112.
Hŏ-hŏ, T. 21.
Hŏ-ǐ, 72, 74.

Hŏ-jân, 75.
Hŏ-thsdǐ, T. 92.
Hŏ-tscĕ̀, 65.
Hŏ-eûl, 111.
Hoǒ-yŏ, T. 92.
Hoǎn-ndn, T. 52.
Hoǎng-hoǎng, 76.
Hoĉi-ǐ, 2.
Hoŭ-yân, 95.

I, Y

ĭ-fǎ, 157.
ĭ-haǒ, ib.
ĭ-hiáng, 117.
ĭ-kǐng, 136.
ĭ-lǎi, 99.
ĭ-lǎi, 157.
ĭ-mǐan, ib.
ĭ-pǎn, ib.
ĭ-pǐan, ib.
ĭ-sĕng, 109.

ĭ-sié, 157.
ĭ-theoŭ, ib.
ĭ-tǐ, T. 52.
ĭ-tiàn, 157.
ĭ-tǐng, ib.
ĭ-thoŭng, 56.
ĭ-tsĕ̀, 96.
ĭ-thsiĕ̀ǐ, 157.
ĭ-'wĕǐ, 55, 98.
ĭ-eûl, 93.

yân-iû, 138.
yân-ssé, T. 153.
yàn-eûl, 152.
yáng-yáng, 79.
yaǒ-niĕ̀ǐ, T. 87.
yĕ-chǐ, 145.
yĕ-ycoŭ, ib.
yĕ-poŭ, ib.
yĕ-poŭ-chǐ, ib.
yĕn-tseŭ, 117.

TABLE.

ycoŭ-yeoú, T. 95.
yŏ-ĭ, 148.
yŏ-yŏ, 76.
yŏ-kîng, T. 27.

yoûan-yoûan, T. 111.
yoûan-lâi, 158.
yoúng-ĭ, 135.
iŭ-kĭ, 53.

iŭ-tchĭ, 170.
iŭ-eûl, 111.

J

Jân-tsĕ, 86.
Jĭ-jĭ, 141.
Jĭ-theoŭ, 111.

Jŏ-tseù, 110.
Jin-hioûng, 120.
Jin-kiâ, 154.

Joŭ-hŏ, 152.

K, KH

Khân-kian, 130.
Kêng-thiĕĭ, 156.
Khĭ-jîn, 109.
Khĭ-kân, 161.
Khĭ-lâi, 153.
Kĭ-tân, T. 35.
Kĭ-tsiĕĭ, 136.
Kiâ-tsiĕĭ, 3.
Kidĭ-chĭn, T. 32.
Khîan-nîang, 143.

Khiân-tsĕ, 139.
Kiân-wĕ, 116.
Kiaô-hîng, T. 52.
Khieoŭ-khieoŭ, 74.
Khioûan-khioûan, T. 40.
Kiŭ-hoâ, 135.
Kiŭn-tchhîn, T. 71.
Kiŭn-tseù, 66.
Khŏ-ĭ, 98.
Kŏ-kŏ, 120.

Khô-tcoù, 5.
Koŭ-wên, 36.
Kouâ-jîn, 53, 96.
Khouâi-hŏ, 149.
Kouân-hoâ, 36.
Kouân-thsîng, 162.
Kouèi-chîn, 43, 108.
Kouên-tĭ, T. 71.
Khoùng-kiŭ, T. 32.
Khoûng-khoûng, 96.

L

Lĭ-mâ, 112.
Lâng-kiŭn, 113.
Laô-foù, 118.
Laô-yĕ, 121.

Laô-sîan-sêng, 121.
Lĭ-ĭ, T. 94.
Ling-thâi, T. 21.
Lîng-'dï, 126.

Liŏ-kouâ, 141.
Lùn-iù, T. 9.

M

Mâi-jîn, 109.
Mâi-mâi-tĭ, 114.
Mân-mân, 141.
Mĕi-tseù, 110.
Mên-sêng, 119.
Mêng-ssĕ, 101.

Mêng-tseù, T. 9.
Mîan-khîang, T. 72.
Miâo-haô, 49.
Ming-jĭ, 141.
Ming-'oŭ, 127.
Moŭ-chouĕ, 148.

Moŭ-fĕi, 161.
Moŭ-jŏ, 97.
Moŭ-poŭ, 161.
Moù-thsîn, 110.

N

Nă-koûng, T. 153.

Nà-lĭ, 141.

Nân-tâo, 159.

14

Nĭ-choŭĕ, 152.
Nĭ-khieoŭ, T. 136.
Nĭ-taó, 152.

Nĭan-hioŭng, 120.
Nĭan-thcoŭ, 120.
Ning-jĭn, T. 16.

Niŭ-tseŭ, 131.
Noŭng-foŭ, 109.

P, PH

Pá-poŭ-tĕ, 138.
Pĕ-foŭ, 110.
Pĕ-moŭ, ib.
Pĕ-síng, 98.
Péi-heóu, 154.
Pèn-foŭ, 119.
Pèn-taó, ib.
Pèn-tchcoŭ, 119.

Phêng-ycoŭ, T. 51.
Pí-hià, 56.
Phí-phá, 112.
Pĭ-poŭ-tĕ, 163.
Pí-tsoŭ, 112.
Pĭčĭ-yaó, 138.
Phĭn-tsián, T. 52.
Phíng-'àn, 160.

Poŭ-ĭ, 104.
Poŭ-yaó, 138.
Poŭ-joŭ, 97.
Poŭ-kàn, 161.
Poŭ-koŭ, 115.
Poŭ-siaó, T. 36.
Poŭ-tchhíng, 159.
Poŭ-tsêng, 160.

S, SS

Sêng-niŭ, 110.
Sĭ-sĭ, 132.
Sĭan-sêng, 120.
Siáng-hing, 1.
Sĭang-koŭng, 150.
Sĭang-ssé, 132.

Siaò-choŭĕ, 37.
Siaò-hiŏ, T. 24.
Siaò-jin, T. 35.
Siaò-tĭ, 118.
Siaò-tĭ, ib.
Siaò-tsičĭ, 131.

Siĕ-cŭl, 156.
Siouàn-thsĕ, 117.
Siŭ-iŭ, T. 32.
Sò-ĭ, 64, 98.
Soŭ-eŭl, 92.
Ssé-choŭ, T. 5.

T, TH

Tà-choŭĭ, 154.
Tá-foŭ, T. 62.
Tá-jĭn, 155.
Tá-kiá, 121.
Tà-koŭng, 135.
Tá-laò-yĕ, 121.
Tá-toŭng, 154.
Tái-hiŏ, T. 6.
Tái-yaó, 157.

Tái-màn, 147.
Tháng-tháng, T. 144.
Taó-kiá, 109.
Taó-loŭ, 108.
Tĕ-hèn, 115.
Tĕ-kĭ, ib.
Tĕ-kĭn, ib.
Tĭ-jàn, T. 111.
Thĭan-hiá, 68.

Thĭan-niŭ, 111.
Thĭan-tseŭ, 40.
Tô-chaò, 161.
Tô-kouàn, 162.
Touàn-tĭ, 142.
Thoŭng-nĭan, 124.
Toŭng-sĭ, 108.
Toŭng-toŭng, 164.
Thoŭng-tseŭ, 39.

TCH, TCHH

Tchào-moŭ, T. 64.
Tchhaò-thíng, 56.
Tchaò-tchaò, T. 92.
Tché-pán, 141.
Tchĭ-chĭ, 146.
Tchĭ-haò, ib.

Tchĭ-kouàn, 146.
Tchĭ-phà, ib.
Tchĭ-ssé, 2.
Tchĭ-taó, 110.
Tchĭ-tĕ, 146.
Tchĭ-tseŭ, 79.

Tchíng-chĭ, 164.
Tchíng-koŭ, T. 55.
Tchíng-thsĭang, T. 87.
Tchhíng-tsŏ, 143.
Tchhíng-tsoŭng, 49.
Tchŏ-loŭ, 149.

TABLE.

Tchŏ-tchŏ, T. 21.
Tchŏ-cùl, 91.
Tchoŭ-héou, T. 62..
Tchhoŭan-cheoŭ, 109.

Tchoŭan-tchú, 3.
Tchoŭi-wáng, T. 63.
Tchoŭng-yoŭng, T. 6.
Tchoŭng-kouĕ, 112.

Tchhoŭng-tchhoŭng, 143.
Tchù-ĭ, 145.
Tchŭn-tchŭn, T. 111.
Tchhŭn-thsicoŭ, T. 27.

TS, THS

Thsaó-thsaó, T. 51.
Tsĕng-kĭng, 136.
Tsĕng-tĭ, 142.
Thsĭ-tseŭ, 80.
Thstan-kĭn, 126.

Thsĭn-'dĭ, 80.
Tsiŏ-loŭ, 74.
Tsoŭ-hiá, 55.
Tsoŭ-thseŭ, 35.
Thsoŭng-yoŭng, T. 80.

Thsoŭng-ldi, 158.
Tsoŭng-miaó, 40.
Tsŭn-kiá, 121.

W, 'W

Wàn-fán, 160.
Wàn-ĭ, 157.
Wàn-sĕng, 118.
Wàn-wán, 157.
Wàn-wĕ, T. 35.

Wáng-jĭn, T. 18.
Wáng-tchŏ, 132.
'Wéi-youèĭ, 128.
'Wéi-ĭ, T. 94.
'Wéi-ján, 76.

Wĕn-tchhàng, 36.
Wŏ-tĭ, 144.
Woŭ-youán, 113.
Woŭ-taó, T. 43.

'àn-jàn, T. 111.
'án-án, 129.

cŭl-héou, 91.
cŭl-hoáng, 100.

cŭl-ĭ, 93.
oŭ-hoŭ, 85.

TABLE
DES ABRÉVIATIONS.

Nota. On a écrit en abrégé les termes grammaticaux qui revenoient souvent. On donne ici la liste de ces Abréviations, avec le renvoi au paragraphe où le sens de chacun de ces termes est plus particulièrement exposé.

n. g.	*nota genitivi* (81, 297).
p. r.	*particula relativa* (98, 302).
p. n.	*particula numeralis* (113, 309).
p. o.	*particula ordinalis* (117).
p. e.	*particula expletiva* (190, 289, 291).
p. f.	*particula finalis* (198, 223, 234, 278).
p. i.	*particula interrogativa* (210, 217, 223, 402).
p. a.	*particula admirativa* (183, 208, 223).
n. f.	*nota futuri* (161, 356).
n. pr.	*nota præteriti* (162, 163, 164, 351, 353, 354).
v. a.	*verbum auxiliare* (345).

DES PHONÉTIQUES CHINOISES,

PAR

L. LÉON DE ROSNY.

On entend par *phonétiques* certains signes qui, dans les écritures figuratives ou idéographiques, servent à représenter les sons de la langue orale.

L'écriture chinoise, à son origine (1), n'était autre chose que la représentation même des objets par des images plus ou moins fidèles, plus ou moins abrégées (2).

Cette écriture, uniquement composée de peintures, était incapable, comme on le comprendra facilement, de figurer des idées quelque peu abstraites, et par cela même, elle ne put suffire longtemps aux besoins toujours croissants d'une civilisation naissante. Aussi ne tarda-t-on pas à établir des combinaisons entre les images ou signes primitifs, afin d'en former des dérivés susceptibles de représenter des idées d'un ordre un peu moins matériel. Ces caractères composèrent la classe que

---

(1) Je dis à son origine, parce que, dans l'état actuel de nos connaissances, nous ne pouvons comprendre parmi les écritures les cordelettes nouées (analogues aux *quippos* des anciens Péruviens), ni les *kouas* ou trigrammes de Fo-hi.

(2) Ces sortes de figures sont approximativement les mêmes chez tous les peuples. C'est ainsi que, dans les antiques inscriptions chinoises (Cf. l'ouvrage intitulé : *Siao-tang-tsĭ-kou-lou*, passim; voy. également le *Toung-wen*, publié en chinois par Morrison), comme dans celles des anciens Égyptiens, le soleil était figuré par un cercle dont le centre était marqué par un point : chin. ⊙, égypt. ☉; la lune par un croissant : chin. ☽, égypt. ☾; une montagne par trois éminences : chin. ⋀⋀, égypt. ⌒⌒; un enfant par : chin. ♂, égypt. ⚲; un hippopotame par : chin. 🐗, égypt. —; un éléphant par : chin. 🐘, égypt. 🐃; arc par : chin. ☽, égypt. ⌒.

les Chinois désignent par l'expression 意會 *hôei-i*, sens combinés (voy. § I, 3). Mais il restait encore une condition importante à réaliser, c'était l'établissement de rapports entre la langue orale et l'écriture, ou, en d'autres termes, il fallait fixer par un procédé graphique le son par lequel on nommait chaque figure dans le langage. C'est ce qui donna naissance aux caractères phonétiques ou 聲形 *hîng-chîng*, qui ne sont autre chose que des signes figuratifs perdant leur valeur propre idéographique, pour ne plus représenter que les sons conventionnels qui leur ont été affectés. C'est ainsi que le signe 扁 (en chinois moderne 扁), par lequel on désignait les tablettes avec inscriptions placées au-dessus des portes, et que l'on appelait *pien*, entre dans la composition d'un assez grand nombre de caractères chinois, où il perd sa signification primitive pour ne leur donner à tous que le son qui lui est propre ; par exemple les groupes 偏徧幅媥搧楄編諞騙褊緶蹁鯿剼䮄篇萹瘺區遍 se prononcent tous *pien*, parce qu'ils ont pour *phonétique* le signe 扁 « tablette », qui se prononce *pien*.

Pour faire comprendre plus clairement encore le rôle immense que joue l'élément phonétique dans les écritures figuratives, nous examinerons, à titre d'exemple, les signes figuratifs suivants et quelques-uns de leurs composés. Le signe 𡿩 *niu*, en chinois moderne 女, signifie FEMME, en général ; si on y ajoute le signe 啇, qui, comme phonétique, représente le son *ti* (1), on a le caractère composé 嫡 femme-*ti*, qui signifie épouse (légitime).

Avec la phonétique 任 *jin* (2), on obtient 妊 *jin*, Femme-*jin* « femme enceinte ».
— — 石 *chi* (3), — 妬 *chi*, Femme-*chi* « femme stérile ».
— — 馬 *ma* (4) — 媽 *ma*, Femme-*ma* « mère ».

---

(1) Ce groupe seul signifie « base, racine ».
(2) « Fardeau, charge ». On remarquera que cette phonétique complète le sens idéographique du caractère composé 妊.
(3) « Pierre », d'où « *femme-pierre*, femme stérile ».
(4) « Cheval ».

Avec la phonétique 賓 *pin* (1), on obtient 嬪 *pin*, Femme-*pin* « épouse défunte ».
— — 賏 *ying* (2) — 嬰 *ying*, Femme-*ying* « petite-fille ».

Le signe 木 *moŭ*, en chinois moderne 木, signifie arbre (et de là bois) en général; si on lui joint le groupe 白 *pe*, on forme le caractère 柏 *pe*, arbre-*pe*, ou cyprès.

Avec la phonétique 寸 *tsun* (3), on obtient 村 *tsun*, Arbre-*tsun* « village ».
— — 己 *ki* (4) — 杞 *ki*, Arbre-*ki* « saule ».
— — 巴 *pa* (5) — 杷 *pa*, Bois-*pa* « râteau ».
— — 龍 *loung* (6) — 櫳 *loung*, Bois-*loung* « cage ».
— — 闌 *lan* (7) — 欄 *lan*, Bois-*lan* « balustrade ».

Ces exemples, que l'on pourrait facilement faire suivre d'une multitude d'autres du même genre, suffiront pour donner une idée exacte du rôle et de la combinaison des éléments phonétiques dans les caractères chinois. Nous allons maintenant étudier les éléments vocaux de la langue chinoise, et la manière suivant laquelle les Chinois en fixent la valeur.

La langue chinoise, comme on l'a vu dans les prolégomènes de cette Grammaire (§ II), est peu riche sous le rapport de la variété des sons. Si l'on ne tient point compte des nuances musicales dues aux accents ou tons, la langue chinoise ne renferme guère que 450 monosyllabes divers, suivant l'orthographe propre au dialecte mandarinique adopté dans cette grammaire (8). Dans les dialectes provinciaux, au contraire,

---

(1) « Hôte ».
(2) « Collet des habits ».
(3) « Le pouce ».
(4) « Soi-même ».
(5) « Adhérer ».
(6) « Dragon ».
(7) « Obstruer ».
(8) Dans le système de transcription proposé par le P. Prémare (*Not. ling. sin.*), le nombre des monosyllabes différents est élevé à 487; dans celui de Gützlaff (*Not. on chin. gramm.*), plus particulièrement adapté à l'orthographe anglaise, on atteint au nombre de 629.

où se sont conservées quelques désinences et inflexions de l'idiome des anciens Chinois, on a constaté environ 900 monosyllabes parfaitement distincts les uns des autres (1). La nécessité de transcrire les mots sanscrits qui s'introduisirent en Chine avec la doctrine bouddhique, amena les propagateurs de cette foi nouvelle à extraire un paradigme d'alphabet de la longue série des monosyllabes chinois primitifs. A cet effet, on choisit trente-quatre caractères idéographiques pour représenter par leurs inflexions initiales les sons initiaux ou consonnaires, puis quelques autres signes dont les désinences servissent à rappeler les sons finaux ou voyellaires. De cette façon, on forma une sorte d'alphabet disposé suivant l'ordre du *déva-nâgari*, et au moyen duquel on put figurer tous les sons de la langue chinoise, voire même, au besoin, transcrire des noms étrangers.

Voici la liste des sons initiaux de la langue chinoise, telle qu'elle est donnée dans les préliminaires du Dictionnaire impérial de Khang-hi (2):

CONSONNES. — DIVISION DES NEUF ESPÈCES DE SONS.

CLASSE ORGANIQUE.	FORTES.	ASPIRÉES.	FAIBLES.	NASALES.
I. Dentales.	k	kh	k	ng, '
II. Linguales.	t	th	t	n
III. Palatales.	tch	tchh	tch	ñ
IV. Labiales fortes.	p	ph (p')	p	m
V. — faibles.	f	fh	f	w
VI. Dentales-sifflantes.	ts	ths (ts')	ts	s s (m.)
VII. Chuintantes.	tch	tchh	tch	ch ch (m.)
VIII. Gutturales.	y	h	y	hh
IX. Linguo-dentales.	l	j, y		

Les sons finaux, qui comprennent les voyelles et les diphthongues,

---

(1) Voy., pour le dialecte du Fo-kien, par exemple, le *Dictionary of the Hok-këen dialect* de H. Medhurst, p. xxxix et suiv.

(2) *Khang-hi Tseu-tien, Teng-yûn*, première partie.

avec ou sans terminaison nasale, sont compris dans le tableau suivant :

VOYELLES.			
SIMPLES.	NASALES.		COMPOSÉES.
a	an,	ang	aï, ao
e	en,	eng	eï, eou
i	in,	ing	ia, ie, io, iou, iu
	ian,	iang	iaï, iao, ieï, ieou, ioueï
	ien	»	
	»	ioung	
	iun	»	
o	»	ong	oa, oe
	oan,	oang	oaï, oeï
	oen,	oeng	
ou	»	oung	oua, oue, oui, ouo
	ouan,	ouang	ouaï, oueï
	ouen,	oueng	
u	un		

Nous avons exposé ci-dessus que la plus grande partie des caractères chinois renfermait un groupe spécialement destiné à figurer le son, et que l'on nommait *phonétique ;* nous avons donné un exemple de la manière suivant laquelle les phonétiques indiquaient le son de la langue orale correspondant aux signes de l'écriture ; il nous reste à présenter quelques observations complémentaires et à expliquer la nouvelle disposition que nous avons cru devoir introduire dans l'organisation d'une table des principales phonétiques chinoises spécialement destinée aux commençants et aux orientalistes encore peu initiés dans la connaissance de l'écriture idéographique.

Si chaque groupe phonétique donnait invariablement un seul et même son à tous les signes chinois avec lesquels il est susceptible d'entrer en composition, il suffirait de se mettre dans la tête un millier de phonétiques chinoises **(1)** pour n'être jamais embarrassé sur la

---

(1) Le vocabulaire de M. Callery est disposé sous 1043 groupes phonétiques.

prononciation d'un caractère ; mais malheureusement il n'en est que très-rarement ainsi : le plus souvent une même phonétique figure plusieurs sons, parfois très-différents (1), suivant qu'elle se combine avec telle ou telle clef. C'est pourquoi il nous a fallu tenir compte de ces particularités qui constituent des exceptions à peu près aussi nombreuses que les règles. La table des phonétiques chinoises que nous publions aujourd'hui est disposée suivant une méthode entièrement neuve qui permet à l'étudiant de lire les différents caractères suivant leur véritable prononciation ; mais je dois avouer aussi sincèrement que notre liste est susceptible de recevoir bien des améliorations et une extension plus considérable, qualités que par des circonstances matérielles indépenpendantes de notre volonté nous n'avons pu assurer à cet appendice de la Grammaire chinoise d'Abel-Rémusat.

Nous terminerons ces remarques préliminaires par un exemple destiné à faciliter l'usage de la table qui suit.

La phonétique 乚, la première que nous donnons, se prononce *i*, et avec les clefs 46, c. à d. 山, — 130 月, — 137 舟, — 188 骨, — 196 鳥, elle forme les caractères 屹。屼。舡。骯。鳦, qui se prononcent tous *i*. Mais cette même phonétique 乚 entre également dans la formation de caractères qui se prononcent *ya* : ces caractères sont ceux qui résultent de l'union de notre phonétique 乚 avec les clefs indiquées dans notre table sous les nos 19, c. à d. 力, — 32 土, — 64 扌, 116 穴, 159 車, 195 魚, à savoir 劜。圠。扎。穵。軋。魛. Avec la clef 209, c. à d. 鼻, la même phonétique forme un caractère qui a pour son *yao*, c'est 鼿. Enfin elle donne lieu à quelques groupes qui se prononcent *kieou*, notamment avec les clefs 142, c. à d. 虫, — 157 足, — 167 金, qui produisent avec la phonétique les signes 虬。趴。釓 (2).

---

(1) Ce n'est pas ici le lieu de rechercher la cause de ce fait assez inexplicable au premier abord. Nous croyons être sur la voie d'une explication satisfaisante relativement à cette importante et difficile question.

(2) Nous avons suivi, pour le classement primordial de nos phonétiques, la succession adoptée dans le *Systema phoneticum* de M. Callery.

TABLE
Des principales Phonétiques chinoises.

UN TRAIT.

1 乚 i : 46, 130, 137, 188, 196. — ya : 19, 32, 64, 116, 159, 195. — yao : 209. — kicou : 142, 157, 167.

DEUX TRAITS.

2 丁 ting*; tseng : 116, 155, 157. — ta : 64.
3 刀 tao*; tsou : avec 145.
4 力 li*.
5 几 ki*; fou : 196. — kouen : 190.
6 九 kieou*; kouei : 40, 65, 85, 144, 159, 162, 185. — hiu : 72. — kao : 44.
7 匕 pi*; pin : 93.
8 八 pa*.
9 屮 kieou; kiao : 30, 53, 140, 149, 209. — cheou : 66.
10 卜 pou; fou : 9, 149, 156, 157. — waï : 36.

TROIS TRAITS.

11 亡 wang : 33, 61, 75, 167. — mang : 30, 45, 85, 102, 109, 112, 140, 143, 199.
12 丏 ou*.
13 干 kan*; han : 9, 27, 46, 57, 64, 72, 85, 163, 167, 169, 184, 187, 196, 209, 211. — ngan : 112, 153. — kien : 36. — kië : 149.
14 于 yu*; hiu : 30, 61, 72, 104, 109, 149.
15 丈 tchang*.
16 弋 ï*; youen : 196. — tt : 61.
17 工 koung*; houng : 9, 30, 46, 85, 86, 102, 112, 120, 142, 149, 150, 195. — kang : 64, 121, 130, 151, 167.

18 爿 kiàng : 75, 85, 112, 142, 145, 159. — kioung : 26.
19 寸 tsun*: 18, 61, 75. — tchcou : 104, 120, 130, 142, 164. — cheou : 40. — tao : 149.
19 才 tsaï*; pi : 109.
20 己 ki*; fei : 33. — pi : 32. — peï 164. — kaï : 66.
21 巳 sse*.
22 刃 jin*.
23 也 i*; to : 64, 149, 170. — ta : 9. — ti : 32, 190. — tchi : 85, 100, 187. — chi : 57, 135. — sié : 86.
24 子 tse*.
25 孑 kie.
26 乞 ki*; hi : 85, 162, 167. — i : 9, 18, 46, 104. — ko : 19, 94, 138. — ho : 120, 199, 211. — kou : 64, 112.
27 毛 to*; tse : 27, 40, 94, 112, 187. — tcha : 30, 38, 86.
28 千 tsien*.
29 勺 tcho*; ti : 18, 96, 106, 177, 187. — tiao : 61, 64, 115, 167. — yo : 113, 120. — po : 97, 130, 157.
30 夕 si*.
31 彡 san*.
32 夂 kieou*; licou : 102.
33 凡 fan*; poung : 150.
34 丸 wan*.
35 叉 tcha*; tchaï : 167, 177, 121.
36 川 tchouan : 85, 100, 167. — siun : 93,

120, 162, 167. — *chun* : 181. — *hiun* : 149.

37 夊 *jou**.
38 口 *keou**.
39 山 *chan*' : 85, 104, 149. — *sien* : 9, 115. — *hien* : 9.

QUATRE TRAITS.

40 斗 *teou** ; *toung* : 85.
41 方 *fang** ; *pang* : 9, 60, 113, 173.
42 无 *hang** ; *kang* : 9, 22, 30, 31, 64, 85, 86, 93, 94, 102, 112, 159, 164, 167, 197, 201. — *keng* : 32, 38, 115, 170.
43 文 *wen** ; *min* : 61, 73, 96, 112, 160. — *lin* : 30.
44 卞 *pien**.
45 允 *tchin** ; *tan* : 38, 109, 150, 128, 158. — » 140, 159.
46 火 *ho** ; *tchin* : 104.
47 心 *sin** ; *tsin* : 15, 30, 85.
48 元 *youan* : 75, 85, 140, 144, 170, 205. — *wan* : 18, 31, 33, 40, 46, 61, 64, 96, 142, 181, 195.
49 非 *sing** ; *keng* : 102, 127.
50 夬 *fou**.
51 云 *yun** ; *houan* : 61, 85, 194.
52 王 *wang**. Cf. phon. n° 156. 974
53 厄 *ngo** ; *ngaè* : 9. — *yaĕ*, *ngi*, *yi* : 30. — *yae*, *ngi* : 170.
54 反 *fan** ; *pan* : 30, 64, 75, 91, 98, 103, 167.
55 尤 *yeou**.
56 厷 *houng** ; *hioung* : 172. — *koung* : 130.
57 不 *feou* : 30, 85, 109, 120, 140, 196. — *peou* : 30, 64. — *peï* : 32, 75, 108, 130, 143, 190.
58 互 *hou**.

59 切 *tsiĕ* : 85, 110. — *tsi* : 103, 112.
60 牙 *ya** ; *hia* : 30, 142, 150, 163, 182. — *kia* : 61, 64. — *tchouan* : 116.
61 市 *feï** ; *peï* : 61, 70, 85, 187. — *tseu* : 147.
62 支 *tchi** ; *ki* : 9, 18, 38, 45, 53, 64, 77, 149, 156, 157, 160, 162, 163, 188, 194. — *koueï* : 19, 119, 181.
63 木 *mou* : 85. — *hieou* : 9, 190. — *hiao* : 126. — *song* : 60 (Cf. 爾).
64 予 *yu** ; *siu* : 32, 53, 140, 170. — *chou* : 64, 120, 135. — *tchou* : 75. — *yĕ* : 166.
65 引 *in** ; *chen* : 30, 111, 149. — *tchen* : 120.
66 丑 *nieou* ; *tcheou* : 30, 64 ; 75, 130.
67 夬 *kouaï* : 61, 95, 187. — *kiouĕ* : 18, 57, 64, 96, 104, 120, 121, 140, 148, 149, 172, 167, 196. — *hiuĕ* : 30, 78, 182. — *yuĕ* : 38, 167. — *meï* : 145.
68 夊 *moŭ**.
69 巴 *pa**.
70 毛 *mao** ; *mou* : 124, 127. — *hao* : 140.
71 夭 *yao*, *hiao* : 30. — *ngao* : 61, 64, 140, 190. — *siao* : 118. — *yu* : 184. — *wou* : 85.
72 丹 *tan* : 18, 32. — *toung* : 59. — *nan* : 95, 142.
73 月 *yuĕ*.
74 勿 *wou* : 85, 93, 140, 162. — *hou* : 21, 61, 72, 109, 118, 173, 196, 199. — *mou* : 32, 78. — *wen* : 9, 18, 30, 130.
75 及 *ki** ; *hi* : 30, 209. — *sa* : 149, 157, 167, 177, 187. — *tcha* : 64, 94.
76 欠 *kien* : 9, 140. — *hien* : 61, 75. — *kan* : 32, 64, 112. — *in* : 184. — *tchoueï* : 30, 86, 214.
77 斤 *kin* : 19, 140, 162, 167, 177. — *hin* : 33.

DES PHONÉTIQUES CHINOISES.

61, 72, 85, 104, 109, 140, 176. — *in* : 30, 85, 167, 211. — *ki* : 32, 70, 113, 142, 181. — *tsiang* : 22. — *so* : 63.

78 戶 *hou** ; *kou* : 172. — *tou* : 38.

79 爪 *tchao**.

• 80 殳 *che* : 49. — *i* : 32, 60, 104. — *kou* : 123, 130. — *teou* : 39, 64, 163, 188. — *chan* : 18, 140.

• 81 屯 *tun** ; *tchun* : 30, 72, 75, 109, 116, 130, 140, 143, 163, 164. — *tsuen* : 63. — *chouen* : 140.

• 82 化 *hoa* : 30, 75, 140, 194. — *ho* : 154. — *wo* : 21, 31, 142, 149, 157, 167, 195. — *hiue* : 64, 109, 177.

• 83 氐 *chi* : 61, 109, 135. — *tchi* : 50, 64, 115, 120. — *ki* : 61, 113, 140, 145, 159, 196.

84 卬 *ngang** ; *yang* : 9, 140. — *ing* : 162. — *i* : 64, 75.

85 比 *pi**.

86 凶 *hioung* : 61, 65, 140. — *hiu* : 20, 30, 130, 157, 164.

87 今 *kin** ; *king* : 8, 45, 76, 167, 172, 196, 203.

88 孕 *hi** ; *i* : 9.

• 89 分 *fen** ; *pen* : 32, 64, 103, 130. — *pan* : 64, 66, 97, 181, 196. — *pin* : 18, 96, 154, 163. — *tcha* : 46.

• 90 介 *kiai** ; *hiaï* : 61, 119, 113, 145, 149, 169, 221. — *haï* : 38, 39.

91 殳 *fou**.

92 爻 *hiao** ; *po* : 187.

• 93 公 *koung* : 61, 149. — *tchoung* : 9, 18, 38, 60, 61. — *soung* : 75, 140, 149, 181, 190.

94 丮 *tsiang** ; *tchouang* : 33, 38, 75, 94. — *tsang* : 62, 123.

95 止 *tchi**.

‡ 96 內 *na* : 38, 64, 130, 145, 153, 159, 173. — *no* : 30, 61, 130, 140, 149, 167, 195.

97 中 *tchoung**.

• 98 少 *tchao** ; *miao* : 9, 30, 33, 75, 95, 109, 115, 142. — *cha* : 13, 85, 112, 117, 150, 195.

CINQ TRAITS.

99 宁 *tchou**.

100 乇 *to** ; *che* : 142. — *i* : 163.

101 穴 *hiuĕ** ; *yŭ* : 195. — *pi* : 45.

102 氾 *fan**.

103 立 *li** ; *la* : 57, 64, 145. — *sa* : 182. — *i* : 124. — *ki* : 85, 130.

104 主 *tchou** ; *wang* : 60.

105 玄 *hiouen** ; *hien* : 18, 38, 57, 104, 120, 130, 137, 140, 154, 156.

106 必 *pi** ; *mi* : 40, 149. — *pié* : 64.

107 乎 *ping** ; *poung* : 20, 61, 85, 112, 169. — *tcheng* : 115.

108 未 *wei* : 30, 85, 135. — *mei* : 38, 72, 85, 107, 178, 194.

109 末 *mo**.

110 左 *tso**.

111 犮 *pa* : 32, 38, 64, 159, 194. — *fa* : 35, 190. — *po* : 64, 130, 140, 157, 167, 185, 188, 195. — *fou* : 15, 50, 113, 120, 124, 145, 182, 204.

112 丕 *pei** ; *waï* : 77.

113 右 *yeou**.

114 石 *chi* : 113, 115, 181, 208. — *tchi* : 64. — *tchĕ* : 75. — *tcho* : 69. — *to* : 85, 145. — *tou* : 38 (Cf. phon. n° 79).

115 布 *pou**.

116 正 *tching**.

117 去 *kiu** ; *kié* : 18, 19, 61, 94, 104, 142, 167. — *kia* : 30. — *fa* : 85, 111.

118 巨 *kiu**.

119 司 *ko** ; *ho* : 9, 30, 64, 76, 85, 113, 140,

142, 149, 181. — *ngo* : 38, 104, 145, 170.

120 丙 *ping**.

121 匝 *tsa**.

122 朮 *chou** ; *tchou* : 61, 86, 94, 156, 157. — *siu* : 149.

123 本 *pen** ; *po* : 167.

124 札 *tcha**.

125 甘 *kan** ; *han* : 76, 142, 163, 164. — *kien* : 64, 167, 190, 203.

126 世 *chi* : 154, 211. — *sié* : 9, 85, 104, 120, 177. — *i* : 30, 85, 75, 96, 124, 145, 149, 159, 177.

127 古 *kou** ; *hou* : 56, 61, 113, 130 (⼝月), 193, 199.

128 弗 *fou** ; *feï* : 72, 85, 94, 104, 112, 145, 149, 154, 190.

129 弘 *houng**.

130 尼 *ni**.

131 司 *sse**.

132 之 *fa* : 38, 104. — *fan* : 65, 75, 85, 94, 140, 149. — *pien* : 112, 116, 154.

133 民 *min** ; *mien* : 109.

134 召 *tchao** ; *chao* : 9, 19, 90, 120, 163, 180. — *tiao* : 18, 46, 118, 140, 153, 159, 162, 190, 208, 211.

135 加 *kia** ; *kie* : 9, 64, 140. — *ho* : 154. — *tcha* : 211.

136 乎 *hou**.

137 失 *tchě** ; *tié* : 72, 97, 109, 149, 157, 162, 167. — *ě* : 9, 19, 38, 85, 159.

138 生 *seng* : 80, 93, 94, 104, 109, 118, 154, 208. — *sing* : 38, 61, 72, 130, 175.

139 也 *i* : 70, 75, 90, 145, 162. — *to* : 64, 85, 86, 104, 112, 137, 157, 164, 170, 195.

140 乍 *tcha** ; *tseu* : 30, 116, 118, 137, 142, 162. — *tsou* : 113, 130, 164, 170. — *tso* : 9, 61 (⼿⼝), 72, 75, 164, 170. — *tsen* : 61 (⼝).

141 禾 *ho** ; *sou* : 104, 195.

142 包 *pao** ; *po* : 71, 173, 139. — *fou* : 75.

143 句 *kiu** ; *hiu* : 30, 38, 72, 76. — *keou* : 18, 46, 61, 64, 66, 75, 94, 97, 102, 118, 125, 140, 142, 149, 159, 163, 172, 195. — *heou* : 9, 209.

144 皮 *pi** ; *peï* : 60, 165, 170, 177. — *po* : 39, 85, 96, 112, 142, 157, 170, 181, 205.

145 氐 *ti** ; *tchi* : 27, 32, 60, 64, 85, 112, 113, 115, 120, 124, 130, 142, 154, 157, 185, 196.

146 代 *tai**.

147 付 *fou**.

148 白 *pě** ; *pa* : 50, 61, 145.

149 半 *pan**.

150 令 *ling** ; *leng* : 15.

151 参 *tchin** ; *tien* : 78, 95.

152 台 *taï** ; *haï* : 9, 30, 61, 75 (⽊⼝), 96, 98, 104, 108, 109, 119, 149, 154, 167, 184. — *chi* : 64, 85, 109, 118, 211. — *tchi* : 38. — *si* : 75 (⼝). — *yé* : 15.

153 奴 *nou** ; *na* : 64, 145. — *nao* : 30, 61, 149. — *lang* : 50.

154 幼 *yeou** ; *yao* : 9, 32, 46, 50, 64, 109, 112, 116, 120, 145, 149.

155 占 *tchan** ; *chan* : 86 (⽕⼝), 104, 140. — *tchen* : 119. — *nien* : 119. — *tien* : 9, 18, 32, 53, 63, 66, 86 (⼝), 96, 125, 170, 181, 203. — *tié* : 30, 50, 61, 154, 157.

156 此 *tseu** ; *tsi* : 85, 96, 109, 130, 195. — *tchaï* : 75, 112, 113, 157.

157 旦 *tan** ; *ta* : 30, 61, 118, 140, 177.

158 且 *tsié* ; *tsiu* : 9, 18, 30, 32, 46, 94, 130, 140, 142, 156, 172, 211. — *tsou* : 60, 61, 78, 80, 107, 113, 115, 119, 120. — *tchou* : 19, 78, 149, 157, 167, 170,

DES PHONÉTIQUES CHINOISES. 223

211.—tcha : 64, 75, 140.—tsang : 127.

159 甲 kia* ; hia : 29, 30, 31, 61, 75, 76, 86, 94, 140, 177, 195.—ya : 64, 196.—tcha : 169.

160 申 chin* ; kouen : 32.

161 只 tchi*.

162 央 yang* ; ing : 18, 72, 109, 140.

163 田 lien* ; si : 120.

164 川 yeou* ; tchcou : 9, 28, 40, 64, 119, 120, 130, 149.—tchou : 38, 137, 150.— siu : 45, 116, 145, 150. — si : 64, 113, 162.— miao : 53.

165 冉 jen*.

166 同 kioung* ; hioung : 149.

167 曲 tchoŭ : 9, 61, 76, 85, 190, 203.—tchŏ : 64, 111, 116, 140, 52, 181. — kiŭ : 44, 66, 73, 140, 183. — loŭ : 30, 75, 167. — nŭ : 75. — souï : 113.

SIX TRAITS.

168 宅 tcha*.

169 字 tseu*.

170 安 ngan* ; ngo : 130, 181. — yen : 72.

171 亦 ĭ* ; tsi : 157, 162.

172 衣 ĭ*.

173 交 kiao* ; hiao : 19, 61, 66, 75, 85. — yao : 30, 60, 111.

174 充 tchoung* ; toung : 120.

175 亥 hai : 30, 39, 64, 117, 157, 162, 169, 181, 193. — kaï : 9, 32, 33, 66, 72, 76, 79, 102, 109, 130, 140, 142, 149, 154, 170, 184. — hiaï : 44, 120, 158, 187, 188.—kiaï : 32, 86, 104. — ho : 75. — ko : 18, 30.

176 荒 houang*.

177 siang : 53, 113, 123, 149, 157. .ŏ : 30.

178 犬 kiuen*.

179 米 mi* ; chi : 64.

180 次 tseu*.

181 刑 hing* ; king : 140.

182 匡 kouang (Cf. ph. n° 59).

183 戎 joung* ; soung : 33, 190, 196.—tseu : 154.

184 式 che* ; tche : 9, 61.

185 夷 ĭ*.

186 灰 houeï* ; koueï : 61, 103, 149, 162.— tan : 46.

187 列 liĕ* ; li : 9, 46.

188 而 eull* ; naï : 41, 50, 104. — nŏ : 61.

189 成 tcheng* ; cheng : 72, 103.

190 夸 koua* ; kou : 18, 130, 145, 157.—hou : 38, 76, 97.

191 至 tchi* ; tiĕ : 30, 32, 109, 120, 125.

192 耳 eull*.

193 圭 koueï* ; houeï : 61.—kiaï : 9, 144.— hiaï : 177, 195.—hi : 102.—koua : 25, 64, 120, 132, 149.—wa : 30, 38, 85, 142, 205.

194 寺 chi* ; tchi : 46, 53, 64, 77, 85, 102, 104, 157.—tĕ : 93.—taï : 60. — leng : 118.

195 考 kao*.

196 戈 tsaï* ; tseu : 130.

197 吉 kĭ* ; hi : 30. — kiĕ : 5, 64, 75, 120, 145, 162.— hiĕ : 134, 181. — kia : 18, 104, 112, 115.—hia : 19, 203, 211.

198 亘 hiuen* ; houan : 30, 75, 85, 94, 116, 130, 140, 153. — yuen : 53, 85.

199 玑 koung* ; kioung : 157, 167.

200 共 koung* ; houng : 30, 85, 86, 150, 180, 191. — kioung : 15.

201 聿 yŭ : 162, 167. — loŭ : 9, 30, 40, 112, 157. — tsin : 85. — pĭ : 113.

202 限 ken*; hen : 30, 60, 61, 64, 94, 104, 149. — hien : 63, 75, 169, 170. — yen : 109. — in : 39, 167, 211.
203 丞 tcheng*.
204 邦 kie*; kia : 61. — yé : 211.
205 耒 lei*.
206 舟 tchou*; chou : 78, 85, 140, 167.
207 舌 chě : 190. — kŏ : 39, 128, 142, 157, 181. — hŏ : 9, 15, 68, 85, 115, 137, 156, 164, 176. — hŏa : 149. — koŭa : 18, 64, 75, 109, 118, 156, 162, 182, 196. — tiĕn : 61, 75, 90, 184. — sien : 167.
208 朵 to*.
209 向 siun*; hiuen : 64, 109, 120, 145.
210 多 to : 18, 104, 157, 170. — tchi : 9, 30, 32, 38, 44, 53, 64, 109, 130, 149, 156, 163. — ï : 15, 63, 75, 94, 115, 153, 162, 167, 196, 203.
211 危 weï : 46, 75, 110, 112, 163, 181. — koŭei : 9, 32, 38, 46, 61, 78, 113, 149, 157, 170.
212 后 heou*; keou : 32, 38, 140, 149.
213 行 heng*.
214 条 kiang : 61, 85, 115, 120, 170. — hiang : 9, 75, 94, 154, 157, 159, 170. — pang : 104, 130, 162, 180, 207. — houng : 112.
215 各 kŏ : 30, 60, 61, 75, 120, 142, 143, 145, 148, 169, 186. — hŏ : 9, 32, 94, 115, 153. — lŏ : 15, 18, 46, 64, 78, 85, 86, 96, 109, 118, 120, 164, 172, 187, 196. — lŭ : 102. — loŭ : 154, 157, 159.
216 舟 tcheou*.
217 兆 tchǎo : 25, 32, 70, 72, 93, 94, 115, 120, 123, 195. — tiao : 18, 40, 53, 61, 64, 90, 109, 112, 116, 123, 130, 147, 149, 156, 157, 158, 167, 173, 181. — tao :

30, 75, 85, 103, 163, 177, 187, 207. — yáo : 9, 53, 96, 184. — foŭ : 131.
218 伏 foŭ*.
219 休 hicou*; hao : 61.
220 任 jin*; pîng : 46.
221 州 tcheou*.
222 全 tsuen*.
223 合 hŏ : 30, 76, 108, 149, 163, 181. — kŏ : 9, 20, 142, 163, 195, 196. — kiă : 18, 50, 61, 63, 109, 145, 157, 178, 184. — hiă : 30, 75, 85, 86, 96, 104, 113, 173. — kï : 64, 120. — chï : 64 (扣). — na : 64 (🢒).
224 牟 meou*.
225 如 jou*; chóu : 61. — siu : 120.
226 因 in*; yen : 18, 30, 86, 130.
227 同 toung*.
228 回 hoeï*.

SEPT TRAITS.

229 完 wan : 75, 120, 159. — houan : 32, 64, 72, 85, 106, 109, 119, 140, 183, 195. — kouan : 118, 130, 140. — youen : 170.
230 沙 cha* : 75, 82, 145, 190, 195. — so : 9, 38, 64, 75, 109, 140, 163 (Cf. ph. n° 99).
231 良 lang*; leang : 9, 30, 61, 104, 109, 119, 157. — niang : 38.
232 弟 ti*.
233 辰 tchin*; chen : 38, 113, 130 (扣), 142, 167. — chouen : 30, 130 (🢒).
234 戒 kiaï : 61, 85, 149. — hiaï : 30, 64, 75, 187.
235 夾 kiă : 29, 53, 142, 181. — hiă : 32, 64, 75, 163, 167, 170, 178, 184. — kiĕ : 22, 27, 30, 38, 46, 50, 61, 76, 94, 104,

DES PHONÉTIQUES CHINOISES. 225

112, 115, 118, 120, 130, 143, 146, 151,
209, 211. — hiĕ : 9, 15. — tsiĕ : 65,
109. — chên : 170.

236 弆 wou* ; iŭ : 34, 45, 66, 76, 143. — yĭ :
145.

237 坙 king* ; hing : 38, 46, 98, 130, 157, 170.
— keng : 64, 93, 103, 118, 121, 143,
180. — hêng : 143. — ĭng : 192.

238 李 pŏ, poŭ* ; peï : 30, 61, 143.

239 志 tchĭ*.

240 却 kiŏ*.

241 豆 teóu* ; touàn : 111. — joù : 145. —
choŭ : 9.

242 更 keng* ; ĭng : 112, 177.

243 甫 fou* ; pou : 53, 80, 84, 65, 72, 113,
143, 155, 157, 162, 216, 267, 184, 195.

244 求 kicou*.

245 折 tchĕ* ; che : 119, 152.

246 甬 young* ; toung : 64, 66, 75, 93, 114,
118, 162, 207. — soung : 66, 143.

247 妻 tsin* ; sien : 130.

248 君 kiun* ; hiun : 66 (灬).

249 孚 fou* ; feóu : 52, 35, 46, 75, 85, 85, 93,
96, 104, 112, 113, 127, 142, 147, 156,
173, 194, 196. — piao : 78. — jou : 5.

250 坐 tso*.

251 每 meï* ; hóeï : 25, 61, 72, 169, 175. —
haï : 85, 86. — wou : 9.

252 廷 ting*.

253 告 káo* ; hao : 19, 30, 32, 61, 79, 85, 136.
— kiáo : 116. — koŭ : 75, 86, 93,
113, 164. — hoŭ : 161, 196.

254 利 li*.

255 我 ngo*.

256 角 kiŏ*.

257 爷 soung* ; poúng : 32, 113, 160, 193 (Cf.
phon. n°˙ 55, 207).

258 余 iu* ; siu : 9, 60. — tchou : 142, 170.
— lou : 53, 33, 45, 73, 85, 96, 115,
113, 143, 150, 160, 164, 196. — che :
155.

259 合 han*.

260 俞 hi* ; hin : 210. — tchi : 93, 121.

261 册 tchouang*.

262 艮 han* ; kan : 98, 115, 155, 176.

263 見 kien* ; hien : 9, 23, 39, 38, 49, 72, 96,
109, 119, 130, 142, 143, 157, 170. —
yên : 12. — tiên : 176.

264 貝 peï* ; paï : 30, 65.

265 里 li* ; maï : 30. — kóueï : 61.

266 呈 tching* ; ying : 25, 163.

267 肙 youen* ; kïouen : 157. — kiouen : 22,
33, 61, 64, 85, 86, 94, 109, 150, 159,
177, 195.

268 肖 siao* ; tsiao : 9, 45, 61, 143, 170, 203.
— chao : 83, 57, 61, 70, 75, 107,
115, 113, 130, 137, 142, 145, 182, 190,
195. — tchao : 155.

HUIT TRAITS.

269 宗 tsoung* ; tchoung : 46.

270 空 koung* ; hiúng : 53, 30, 63, 64, 75, 94,
104, 130, 153, 187, 189 (Cf. pb. n°47).

271 宛 youen* ; wan : 45, 73, 50, 61, 64, 75,
103, 112, 130, 142, 151, 157.

272 宜 ĭ*.

273 官 kouan* ; kien : 143. — tcŭ : 130.

274 姿 tsiĕ : 64, 75, 143, 195. — cha : 30, 118,
121, 173.

275 音 teóu : 20, 60. — feou : 78, 85. —
pcou : 45, 64, 93, 167. — poŭ : 130,
157, 163. — peï : 9, 32, 82, 86, 154,
164, 170.

15

276 於 *iu**; *ngò* : 159.

277 府 *fou**.

278 享 *chouen* : 85, 93, 164, 167. — *tchouen* : 32, 64, 115, 149, 196. — *tun* (ou mieux *tuen*) : 30, 57, 66, 80, 93, 201.

279 京 *king* : 9, 18, 19, 72 (☐), 195, 198, 203. — *kiang* : 57. — *liang* : 9, 15, 61, 72 (☐), 85, 109, 130, 149, 152, 164, 182. — *liô* : 18, 64.

280 炎 *yen* : 18, 63, 96, 131. — *chan* : 64, 109, 147. — *tan* : 9, 30, 61, 63, 85, 104, 120, 130, 142, 163, 197. — *hou* : 76. — *piao* : 182.

281 奉 *foung**; *poung* : 30, 96, 140. — *pang* : 75 (Cf. ph. n° 257).

282 長 *tchang**.

283 忝 *tien** (comp. de la ph. 天 *tien*).

284 武 *wou**.

285 妻 *tsi**; *si* : 75.

286 奇 *ki**; *i* : 9, 70, 75, 76, 93, 94, 104, 111, 115, 145, 153, 159, 167, 170, 181, 186, 211.

287 來 *laï**.

288 隹 *yaï**.

289 眞 *tche**; *chë* : 32, 64, 75, 78.

290 求 *tchô*; *tchoù* : 35, 154. — *foù* : 18.

291 倉 *yen* ; *yë* : 30, 78, 104, 139. — *ngan* : 30, 42, 52, 53, 78, 112, 173, 180, 176. — *ngò* : 65, 192, 195.

292 到 *tào**.

293 幸 *hing**; *iu* : 21.

294 取 *tsiu**; *tsëou* : 64, 70, 75, 118, 149, 163, 175. — *tcheou* : 139, 163, 211.

295 表 *piao**.

296 麥 *ting**; *leng* : 9, 66, 76, 78, 109, 115, 157, 187.

297 青 *tsing**; *tsaï* : 94.

298 亞 *ya**; *ngò* : 30, 32, 64, 96, 142, 195.

299 東 *toung**; *tchen* : 170.

300 飯 *ki**.

301 叔 *kien**; *hiên* : 154. — *këng* : 64, 167. — *kin* : 120, 140. — *chên* : 120. — *choû* : 117, 151.

302 或 *hoê* : 30, 50, 61 (☐), 64, 109, 116, 196. — *iù* : 32, 61 (☐), 75, 85, 115, 118, 130, 142, 163, 194.

303 雨 *liang**.

304 析 *sï**.

305 松 *soung**.

306 其 *ki**.

307 隶 *tdï**.

308 戔 *tsien**; *tchan* : 18, 46, 63, 75, 90, 94, 103, 112, 123, 124, 140, 150, 199, 211. — *tsan* : 78, 96, 151, 142, 159.

309 居 *kiu** (Cf. phon. n° 157).

310 叕 *tchô**; *tchoûe* : 113, 115, 130, 165. — *tò* : 18, 30, 64, 66, 145. — *tî* : 142.

311 南 *han**.

312 盂 *mêng**.

313 阿 *'o*, *a** (Cf. phon. n° 119).

314 禾 *tsaï**; *kouei* : 157.

315 非 *fei**; *pei* : 10, 61 (☐), 96, 145 (☐), 103. — *paï* : 9, 30, 64 (☐), 178.

316 卷 *kiuen** (Cf. phon. n° 178).

317 周 *tchï**.

318 知 *tchï**.

319 垂 *tchouï**; *choui* : 109. — *to* : 30, 32, 193. — *yeou* : 163.

320 釗 *kia**.

321 肥 *fei**.

DES PHONÉTIQUES CHINOISES.   227

322 朋 poung*; ping : 64.
323 周 tchou*; tiao : 15, 18, 59, 96, 113, 142, 149, 167, 172, 195. — tï : 9.
324 周 tao*.
325 忽 hoŭ*; woŭ : 65 (Cf. phon. n° 74).
326 兒 i*; eŭl : 50.
327 臾 iu*.
328 卓 fcou*; pou : 32.
329 卑 peï*; paï : 64, 94, 115, 119, 202. — pi : 12, 32, 38, 46, 60, 85, 86, 104, 109, 118, 120, 130, 140, 163, 167, 170, 199, 207.
330 肴 hiao* (Cf. phon. n° 93).
331 侖 lun*.
332 彔 loŭ*; pŏ : 18.
333 甾 tse*.
334 卓 tchŏ*; tchao : 43, 75, 93, 118, 122, 137, 153, 157, 159. — tao : 61. — tiao : 64.
335 虎 hoŭ*.
336 罔 wang*.
337 岡 kang*.
338 其 kiu*.
339 果 ko*; hŏ : 36 (多). — wŏ : 39, 64. — houŏ : 157, 159, 195. — kouŏ : 113. — lŏ : 9, 145, 158.
340 易 i*; tï : 12, 61, 64, 157, 162, 199. — sï : 38, 86, 145, 167. — ssé : 154. — sing : 134.
341 昆 kouen*; houen : 9, 64, 85, 86, 109, 115, 119, 143, 184.
342 昌 tchang*.
343 周 koŭ*; hoŭ : 85. — kŏ : 9, 118 (Cf. phon. n° 137).
344 具 pï*.
345 典 tien*; tun : 149.

346 尚 tchang : 39, 115, 154, 184. — chang : 9, 60, 61, 64, 66, 67, 157, 177. — tang : 9, 10, 32, 75, 93, 102, 163, 203.
347 杳 tă*.

NEUF TRAITS.

348 宣 siouen : 61, 85, 96. — hiouen : 30, 72, 75, 86, 109, 113, 140, 142, 148, 149 (Cf. phon. n° 193).
349 帝 ti*; chi : 30.
350 音 in : 30, 61, 104, 115. — hin : 75. — yen : 9, 203. — ngan : 32, 33, 61, 64, 72, 130, 143, 163, 176, 182, 198, 203.
351 原 yeoŭ*.
352 度 tou*; tŏ : 30, 64, 123, 149, 157.
353 亭 ting*.
354 复 foŭ*; pï : 61.
355 軍 kiun : 53, 107. — hiun : 86, 145. — yun : 30, 61, 72 (囲), 162, 163. — kouen : 145, 176, 211. — houen : 9, 53, 85, 104, 140, 142, 143, 157, 159, 184, 195, 211. — hoeï : 10, 64, 72 (囲), 75, 86, 94, 106, 154.
356 前 tsien*.
357 春 tchun*.
358 咸 kië* (Cf. phon. n° 215).
359 威 wei.
360 咸 hien : 30, 142, 143, 157, 211. — kien : 9, 15, 75, 61, 85, 96, 130. — han : 64, 123, 153, 154, 195, 196. — kan : 61, 161. — tchen : 113, 167.
361 面 mien*.
362 封 foung*; pâng : 50, 50+106, 64, 177.
363 者 tchĕ : 9, 64, 88, 155, 194. — tchou :

75, 85, 86, 94, 113, 118, 121, 130, 140,
142, 145, 149, 152, 153, 155. — *toŭ* :
23, 44, 72, 104, 109, 147, 154, 163,
169.

364 冐 *foŭ** ; *pĭ* : 9, 32, 61, 75, 85, 86, 102.
365 剌 *lĭ**.
366 覈 *yao**.
367 相 *siang**.
368 查 *tcha**.
369 甚 *chen* : 61, 104, 143, 113. — *tchen* : 62,
64, 65, 63, 75, 119, 115, 167, 191. —
tchĭn : 9, 85. — *tăn* : 20, 83, 213.
— *săn* : 119. — *kan* : 19, 32, 40,
62, 76.

370 某 *meoŭ** : 82, 143. — *meï* : 23, 73, 85,
86, 119, 199.

371 葉 *yĕ** ; *siĕ* : 33, 64, 85, 129. — *chĕ* : 57,
64, 172. — *tchĕ* : 13, 150. — *tiĕ* :
15, 30, 32, 57, 64, 64, 90, 91, 213,
142, 243.

372 南 *nan**.
373 朝 *hoŭ**.
374 柔 *jeoŭ** ; *naŏ* : 61, 91.
375 建 *kien**.
376 屐 *tcoŭ**.
377 叚 *kia** ; *hia* : 30, 60, 62, 64, 72, 86, 96,
109, 115, 142, 155, 157, 152, 162, 167,
173, 177, 178, 181, 195.

378 羕 *weï** ; *hoeï* : 145, 149. — *ĭ* : 113.
379 脩 *siu** ; *sĭ* : 52, 58.
380 眉 *meï**.
381 彳 *tching**.
382 癸 *koueï** ; *kiŭe* : 169.
383 重 *tchoung** ; *toung* : 19, 85, 160.

384 鼉 *tchă* ; *chă* : 96, 109.
385 秋 *tsicoŭ** ; *tsiao* : 50, 61 (𥤆), 167. —
tcheou : 61 (𥤇), 93.
386 香 *hiang**.
387 怱 *tsoung** ; *tchouang* : 91, 116.
388 扁 *pien** ; *pĭn* : 93. — *pan* : 67, 137.
389 律 *liŭ**.
390 皆 *kiaï** ; *hiaï* : 142, 153, 177, 187.
391 風 *foung** ; *fan* : 137. — *lan* : 46.
392 便 *pien**.
393 皇 *kouang** (Cf. phon. n° 89).
394 即 *tsĭ**.
395 侯 *heóu** ; *keóu* : 190.
396 保 *pao**.
397 俞 *iu** ; *chou* : 82, 130, 150. — *teou* : 9,
28, 33, 167.

398 叟 *tsoung**.
399 飛 *feï**.
400 象 *touan* : 145. — *tchouen* : 32, 40, 75,
92, 96, 113, 130, 157, 170, 196. —
youen : 64, 153, 142. — *hŏeï* : 9,
50, 104.

401 爾 *nao**.
402 其 *tching**.
403 其 *ing**.
404 苗 *miao** ; *mao* : 9, 38, 167.
405 則 *tse** ; *tsi* : 46.
406 昜 *ying** ; *chang* : 85, 113. — *tchang* :
33, 96, 102, 103 (𦍌), 130. —
tang : 9, 38, 61, 85, 112, 119, 156,
157, 162, 184 (Cf. phon. n° 516).

407 是 *chĭ** ; *tĭ* : 9, 18, 32, 38, 64, 120, 142, 147,
157, 164, 167, 170, 177, 181, 187, 196.

408 朓 miao*.
409 星 sing*.
410 曷 hŏ; ngŏ : 52, 53, 192. — kŏ : 73, 85, 150, 159. — kiĕ : 9, 21, 32+58 (去), 46, 61, 65, 112, 117, 123, 167. — hiĕ : 76, 91, 137. — yĕ* : 104, 123, 130, 147, 184. — hiĕ : 12, 109, 190. — yaï : 173, 181, 186, 202.
411 冒 tsŏ*; tsiĕ : 75. — Y : C).
412 思 ssé*; si : 140, 147, 195. — saï : 9, 61, 65, 130, 149, 181, 190, 195. — tsaï : 65.
413 畏 weï*.
414 胃 weï*; koueï : 30.
415 咢 ngŏ*.

DIX TRAITS.

416 家 kia*.
417 窓 wă*.
418 容 young*.
419 熒 ing*; young : 20, 75, 85, 86, 96, 113, 120, 142, 145, 149, 164. — kioung : 16+un tr. — king : 75 (朩). — lŏ : 93. — liao : 150.
420 旁 pang* (Cf. phon. n° 61).
421 㷠 teï*.
422 腊 tăng*.
423 兹 tse, tze*.
424 斋 tchoū*.
425 高 kao*; hao : 9, 84, 65, 140, 152, 163, 187, 195. — kiao : 8+16, 68. — hiuo : 78, 86, 94, 182. — hŏ : 30, 154, 159. — sŏung : 46.
426 篆 moung*; poung : 89.

427 郎 lang*.
428 家 tchoŭng*.
429 迷 mi* (Cf. phon. n° 173).
430 资 tsī*.
431 朱 soŭ*.
432 韭 kcou*; kiàng : 9, 157, 147, 181.
433 辱 joŭ*; nŏ : 65. — neoŭ : 157.
434 原 youen*.
435 至 tchi* (Cf. phon. n° 131).
436 柴 sŏ*; chĕ : 9, 193 (Cf. phon. n° 631).
437 馬 ma*; tchin : 15).
438 衣 youen*.
439 専 fou*; poŭ : 85. — pŏ : 24, 61, 65, 66, 81, 130, 140, 142, 145, 167, 154, 169, 190 (Cf. phon. n° 513).
440 骨 kŏ*; hŏ : 85, 124, 177.
441 剝 kŏ* (Cf. phon. r° 113).
442 栗 li*.
443 屑 siĕ*.
444 孫 sun*.
445 舀 tao*.
446 奚 hi*; ki : 85, 150, 172, 195. — hiai : 61, 130, 177, 185.
447 氣 hi*.
448 乘 tching*; ching : 43, 45.
449 番 yao*.
450 般 pan*.
451 扇 chen*.
452 僧 lieou*.
453 眞 tchin*; chin : 81. — tien : 32, 43, 64, 65, 56, 101, 112, 116, 156, 169, 181. — tchi : 63.

454 息 sī*.
455 皋 kao*; hao : 30, 106, 149.
456 烏 ou*.
457 尾 pi*.
458 蚤 sao*.
459 倉 tsang*; tsiang : 30, 61, 77, 90, 96, 149, 157. — tchouang : 15, 18, 61, 62, 104.
460 兼 kien*; hien : 38, 94, 104. — lien : 15, 50, 53, 65, 86, 112, 167, 184. — tchen : 154.
461 翁 oung*.
462 桑 sāng*.
463 甘 joung*.
464 時 chi* (Cf. phon. n° 494).
465 翜 tā*.
466 貨 sò*.

ONZE TRAITS.

467 密 mī*.
468 童 tchang*.
469 竟 king*; kiáng : 119.
470 啇 ti*; tsĕ : 9, 64, 149, 157, 187, 502. — chī : 162.
471 麻 má*; mó : 52, 64, 112, 182, 263, 494. — mi : 119, 120, 128. — mén : 115.
472 庸 yoūng*; joūng : 32, 61, 116.
473 康 kang*.
474 鹿 loū*; tchin : 52.
475 蓬 tchan* (tsan).
476 周 li*; tcht : 64, 102, 142, 194, 202.
477 郭 kò*.

478 孰 choū*.
479 羕 yáng*.
480 彗 sioúeï*; hioúeï : 30, 61, 72, 124, 149, 159. — sioué : 64, 173.
481 規 koueï*; houeï : 163.
482 殹 i*.
483 爽 choùang*; tchoùang : 9, 18, 112.
484 焉 yen*.
485 敖 ngao*; tchoueï : 154.
486 執 tchi*; tien : 32, 40.
487 連 lien*.
488 斬 tsan*; tsien : 32, 75, 86.
489 專 tchouen*; touen : 31, 32, 61, 64, 75, 85, 118, 119.
490 區 kiu*; kęóu : 18, 57, 64. — ngeou : 19, 30, 32, 40, 72, 76, 79, 85, 86, 93, 98, 109, 118, 130, 140, 142, 145, 149, 167, 177, 196. — iu : 9, 38, 116, 153, 163, 184. — tchou : 75.
491 曹 tsao*.
492 票 piao*.
493 莫 hán*; tán : 30, 76.
494 堇 kin*; fn : 163.
495 萌 man*; men : 75, 96, 119.
496 強 kiang*.
497 尉 weï*.
498 扁 leóu*.
499 陰 īn*.
500 造 tsáo* (Cf. phon. n° 233).
501 易 chang*; sang : 64. — tsiang : 111.
502 從 tsoung*; soung : 9, 48, 61, 128, 190. — tchouang : 64.

DES PHONÉTIQUES CHINOISES.   231

503 逢 foung*; poùng : 32, 61, 75, 118, 140, 180, 193 (Cf. phon. n° 257).
504 巢 tchǎo*; tsiǎo : 18, 19. — sdo : 120.
505 將 tsiang*.
506 國 loù*.
507 莫 mŏ*; mou : 19, 22, 23, 61, 72. — mă : 142.
508 斐曼畢 leou*; liu : 9, 10, 44, 46, 61, 145, 149.
509 曼 man*.
510 畢 pĭ*.
511 國 kouĕ*.
512 崔 tsouï*; souï : 120. — taï : 130.
513 集 kiŭ*.

DOUZE TRAITS.

湯 514 傷 tang* (Cf. phon. n° 406).
515 戠 tchĭ*; chĭ : 149.
516 童 toùng*; tchoùng : 18, 60, 61, 110, 116, 149, 144, 152, 157, 167. — tchouang : 30, 50, 64, 75, 94, 112, 127, 147, 159, 184, 188.
517 敦 tun*; toùi : 61, 86, 149, 167.
518 善 chen*.
519 粦 lin*; liĕn : 61.
520 勞 lao*.
521 絜 kiĕ*.
522 厥 kiouĕï*; kouĕï : 64, 157, 193.
523 寮 liao*.
524 壹 i*; yĕ : 30.
525 堯 yǎo : 9, 18, 46, 117. — jao : 33, 75, 130, 140, 142, 145, 163, 164. — hiao : 30, 61, 72, 85, 106, 130, 181, 187. — kiao : 9, 32, 65, 94, 113, 154, 156,

157, 159. — nǎo : 64, 75, 149, 167. — chǎo : 86.
526 彭 poung*.
527 喜 hĭ*; tchĭ : 119, 184.
528 惠 hoeï*; souï : 115, 120.
529 單 tan*; tiĕn : 112, 118. — sin : 140, 167, 195.
530 黃 hoang*; heng : 75, 167.
531 尋 sin*; tan : 61, 140.
532 閒 hien*; kien : 46, 75, 73, 85, 120, 140, 145, 147, 164, 167, 195.
533 答 tǎ*; tchǎ : 9, 18, 19, 149.
534 番 fan*; pan : 85, 112, 120, 142. — po : 9, 46, 61, 106, 163.
535 登 teng*; tching : 61, 64, 75, 85, 109, 116, 149, 178, 203.
536 喬 kiao*; kiŏ : 19, 52, 157.
537 然 yen*; nien : 33, 64, 157.
538 須 siu*.
539 象 siǎng*; chǎng : 181.
540 復 foŭ*; li : 44.
541 焦 tsiao*.
542 買 maï*.
543 眾 tchoùng*.
544 翁 hī*.
545 尊 tsun*.
546 曾 tseng*; sĕng : 9, 193.
547 幾 ki*.
548 華 hoa*; yĕ : 72, 86, 106.
549 路 lou*.
550 貴 kouĕï*; hoeï : 73, 85, 109, 143, 149, 169, 178. — wǎi : 153. — ĭ : 162.

551 罪 tan* ; tchen : 30, 50, 62, 85, 94, 149, 163, 170, 221. — chen : 142.

552 焦 tsï*.

553 棻 poŭ* ; pŏ : 32, 64, 75, 96, 203.

554 敞 tchăng*.

555 敝 piĕ* ; pi : 50, 55, 78+91, 94, 140.

TREIZE TRAITS.

556 意 ï*.

557 廉 liĕn* ; tchan : 149, 154.

558 亶 tchĕn* ; tan : 19, 32, 75, 112, 120, 130. — chen : 9, 20, 28, 64, 85, 113, 123, 142.

559 義 ï*.

560 雷 lĕï*.

561 雍 sŭ*.

562 戚 kùn* ; han : 30, 64, 64, 181.

563 達 tă*.

564 賁 fen* ; pen : 50, 76.

565 畺 kiang*.

566 禁 kin*.

567 楚 tsou*.

568 辟 pï* ; pŏ : 64, 75, 123. — mi : 60.

569 愛 ngaï*.

570 解 kiaï* ; hiaï : 32, 46, 64, 75, 85, 94, 143, 169, 177, 192.

571 微 wĕï*.

572 學 hiŏ* ; kiŏ : 103, 112, 147. — hŏ : 107. — hoang : 201 (Cf. pour ce dernier son la phon. n° 130).

573 奧 ngao* ; iŭ : 73, 85, 140, 170. — iŭ : 50.

574 遂 soŭï*.

575 會 hŏëï* : 120, 162, 173. — wĕï : 61, 109, 140. — koŭëï : 9, 18, 53, 70, 75, 85, 94, 113, 130, 145, 190, 195. — koŭaï : 20, 96.

576 卿 hiang*.

577 當 tang*.

578 敬 king*.

579 巢 sao* ; tsao : 9, 61, 64, 85, 95, 156, 157. — tsiao : 18, 50.

580 農 noung* ; nang : 30, 64, 82, 184, 190. — nao : 94.

581 睪 ï* ; chï : 119, 165. — tsĕ : 64, 85. — lŏ : 15, 167.

582 睘 hiouen* ; youĕn : 31. — siŏuen : 9, 75. — houan : 31, 32, 40, 64, 85, 96, 110, 123, 124, 159, 162, 167, 169, 183, 190, 196.

583 蜀 choŭ : 75, 196. — tchoŭ : 68, 69, 76, 86, 120, 130, 140, 148, 157. — tchŏ : 61, 64, 68, 85, 142, 167. — toŭ : 9, 64, 145, 173, 184, 188.

584 業 yĕ* ; niĕ : 60.

QUATORZE TRAITS.

585 寧 ning* ; neng : 9, 75, 94, 140, 149, 184, 190.

586 賓 pin* ; pien : 142.

587 齊 tsï* ; tchaï : 9, 42.

588 蒙 haŏ*.

589 需 jou* ; neou : 64, 75, 123, 130. — siu : 32, 120, 167.

590 臧 tsang*.

591 厭 yen* ; yĕ : 64, 176. — yă : 22.

592 壽 tcheou* ; tchoŭ : 167. — tao : 32, 50, 64, 75, 85, 86 (𭍊), 106, 113, 124, 158, 170.

DES PHONÉTIQUES CHINOISES. 233

593 臺 *taï* *.
594 鑒 *kien* : 18, 93, 109, 167. — *hien* : 75, 130, 137, 159. — *hién* : 197. — *lan* : 9, 61, 85, 86, 118, 140, 145, 147, 190.
595 蠶 *tsin** ; *nâi* : 39.
596 ? *in** ; *wèn* : 115.
597 燻 *hiun** ; *hiouen* : 32.
598 礙 *i** ; *hài* : 9. — *ngaï* : 61, 112. — *tchi* : 101. — *îng* : 151.
599 與 *iu** ; *sîn* : 46, 140, 165. — *kin* : 61.
600 獄 *yŏ** .
601 舊 *hŏ** ; *wŏ* : 112, 137, 142, 184, 196. — *hoŭ* : 38, 149, 174, 180. — *hóua* : 64, 195.
602 夢 *moŭng (méng)** .
603 贈 *ing** .
604 巖 *hièn** ; *ngan* : 9, 149. — *sì* : 170. — *chì* : 85.
605 遭 *kien** .
606 對 *touï** .
607 寫 *sie** .

QUINZE TRAITS.

608 廣 *kouang** ; *koung* : 61 (中○), 94, 119, 115, 167. — *kŏ* : 13, 57, 64, 128, 163 (Cf. phon. n° 530).
609 麃 *piao** .
610 養 *yang** .
611 膚 *li** .
612 憂 *yeou** ; *jao* : 64, 93, 157.
613 頡 *hiŏ** .
614 賣 *toŭ** ; *teoŭ* : 116, 162. — *tì* : 147. — *choŭ* : 154. — *soŭ* : 120, 140. — *iŭ* : 9.
615 爺 *tsiè** .

616 質 *tchi** .
617 魯 *loù** .
618 暴 *pao** ; *pŏ* : 30, 75, 85, 86, 94, 130, 145.
619 ? *loui, leï* *.

SEIZE TRAITS.

620 親 *tchin** .
621 龍 *loung** ; *tchoung* : 40, 120. — *sì* : 115. — *pâng* : 43.
622 裹 *hoaï** .
623 鴦 *têng** .
624 歷 *li** .
625 覽 *làn** .
626 賴 *laï** ; *lŭ* : 64, 190. — *làn* : 38, 61. — *tă* : 83, 94.
627 燕 *yèn** .
628 穌 *soŭ** .
629 盧 *loû** ; *liŭ* : 53, 118, 187.
630 頻 *pîn** .
631 戲 *hî** ; *ho* : 18, 30.

DIX-SEPT TRAITS.

632 甕 *kien** .
633 襄 *jang** ; *siâng* : 40, 75, 87, 94, 130, 167. — *niang* : 28, 119, 164. — *nang* : 73.
634 羲 *hi** .
635 霜 *chouang** .
636 闌 *lan** .
637 竄 *tsan** ; *tsŏi* : 120.
638 鮮 *sien** .
639 龠 *yŏ** ; *iŭ* : 181.
640 嬰 *ing** (Cf. phon. n° 603).

DIX-HUIT TRAITS.

641 tsă*.
642 niĕ*; tchĕ : 9, 52, 61, 75, 76, 98, 115, 130, 145, 149. — chĕ : 61, 64.
643 koŭeï*.
644 foŭng*; yén : 139.
645 kouan*; hoan : 30, 76, 94, 111, 149, 152, 153, 187, 194. — kioŭan : 19, 75, 181, 188.
646 kiu*.

DIX-NEUF TRAITS.

647 liouen*; loŭan : 31, 46, 50, 75, 187, 196. — tcăn : 18, 57. — măn : 142. — soŭan : 39. — piĕn : 66.
648 mĭ*.
649 li*; si : 72, 120, 157, 177. — chi : 145, 164. — chaï : 72, 85.

650 tsan*; tsouan : 18, 60, 75, 85, 110, 120, 167. — tsă : 30.
651 tiĕn*.
652 pien*.
653 lo*.

VINGT TRAITS.

654 tang*.
655 kŏ*; hŏ : 61.
656 yen*; ngăn : 112, 198, 211.

VINGT ET UN TRAITS.

657 pă*.
658 choŭ : 142, 145, 167. — tchoŭ : 30, 83, 64, 69, 85, 86, 109, 112, 120, 142, 157.

VINGT-CINQ TRAITS.

659 ling*.

Nous n'ajouterons que peu de remarques à la liste qui précède (1). Ainsi que nous l'avons annoncé, elle ne renferme point la série complète des phonétiques employées à la Chine; cependant on y trouvera la plupart (2) de celles qui sont d'un usage fréquent dans les textes. Les orientalistes qui voudraient entreprendre une étude approfondie

---

(1) On a généralement employé, dans cette liste de phonétiques, l'orthographe d'Abel-Rémusat, sauf un petit nombre de cas où il a paru utile de distinguer les sons terminés par *an* de ceux qui finissent par *en*, etc.

(2) Il est un certain nombre de phonétiques que nous avons dû supprimer de l'*abrégé* de notre travail, parce qu'elles manquaient dans le corps de caractères chinois de M. Marcellin-Legrand, le seul qu'il nous ait été possible d'employer pour l'impression de cette grammaire.

du système phonétique de l'écriture idéographique pourront compléter cette liste, suivant notre méthode, en se servant de dictionnaires chinois rangés par ordre de sons, ou *toniques* (1). Ils pourront également ajouter les numéros des clefs aux groupes phonétiques, dont nous avons bien noté individuellement les cas exceptionnels de prononciation, mais dont nous n'avons pu qu'indiquer collectivement — et au moyen d'un *astérique* (2) — les cas réguliers, parce que le nombre souvent considérable de ceux-ci nous aurait entraîné au delà des étroites limites fixées à notre travail.

Il nous reste encore quelques lignes. Nous en profiterons pour rappeler que la partie phonétique de l'écriture chinoise joue un rôle de beaucoup supérieur à celui de la partie purement figurative des caractères. Cette dernière partie, qu'on qualifie généralement du titre d'*idéographique*, est presque entièrement dépourvue d'importance en chinois moderne ; et quant aux images graphiques des anciens Chinois, elles présentent plutôt un objet de curiosité qu'un véritable intérêt pour la science. La comparaison des signes figuratifs de la Chine avec ceux des autres peuples de l'antiquité n'amènera jamais aux résultats qu'on voudrait obtenir. L'étude sérieuse et approfondie du système phonétique de l'écriture chinoise, au contraire, conduira à des découvertes de la plus haute utilité pour la philologie générale, et ces découvertes permettront sans doute de mettre en lumière des faits relatifs à une époque qui doit toucher de très-près aux origines du développement intellectuel de l'humanité.

---

(1) Le *Systema phoneticum scripturæ sinicæ* de M. Callery est l'ouvrage le plus commode pour entreprendre un tel travail.

(2) L'*astérique* *, placée seule après le son d'un groupe phonétique, indique que ce groupe conserve dans tous ses composés un seul et même son. Lorsque l'astérique est suivie d'une ou de plusieurs prononciations, sa présence indique que le premier son (le son qui la précède) est celui que donne généralement la phonétique aux clefs chinoises avec lesquelles elle se combine, si ce n'est dans certains cas particuliers que font connaître les diverses prononciations qui suivent cette même astérique.

Fautes d'impression importantes à corriger.

Page 48, note, au lieu de	功	lisez	功	*koâng.*
— 131, ligne 3, —	永	—	冰	*ping.*
— 201, col. 8, —	鳴	—	鸣	*ming.*
— 220, n° 52, —	Cf. phon. n° 156,	—	Cf. phon. n° 394.	
— 221, n° 83, —	氏	—	氏	
— *Ib.* n° 109, —	永	—	永	
— 222, n° 143, —	可	—	句	
— 224, n° 204, —	却	—	韧	
— *Ib.* n° 233, —	長	—	辰	

A l'exemple d'Abel-Rémusat, on a négligé d'indiquer dans cet errata les fautes ou les omissions d'accents affectés aux voyelles chinoises. Ces fautes sont, du reste, en petit nombre, et pour l'étude de la langue chinoise, en Europe surtout, elles ne sont d'aucune conséquence.

TABLE

DES MATIÈRES.

Préface...	page	1.
Prolégomènes...................................		1.
§ I.er Écriture..................................		Ib.
II. Langue orale.............................		23.
Grammaire chinoise.............................		35.
I.re PARTIE, STYLE ANTIQUE...................		38.
§. I.er Du Substantif........................		Ib.
II. De l'Adjectif............................		44.
III. Des Noms propres.....................		47.
IV. Des Noms de nombre..................		48.
V. Des Pronoms............................		52.
VI. Du Verbe................................		64.
VII. De l'Adverbe...........................		74.
VIII. Des Prépositions......................		76.
IX. Des Conjonctions......................		77.
X. Des Interjections.......................		Ib.
XI. Des Particules qui servent à former des idiotismes ou expressions particulières au Kou-wen.		Ib.
II.e PARTIE, STYLE MODERNE...................		107.
§. I.er Du Substantif........................		Ib.
II. De l'Adjectif............................		113.
III. Des Noms de nombre..................		115.
IV. Des Pronoms............................		117.
V. Du Verbe................................		130.
VI. Des Adverbes...........................		141.
VII. Des Prépositions et des Conjonctions......		142.
VIII. Des Interjections.......................		144.

§. IX. *Des Particules et Idiotismes ou façons de parler irrégulières*................ page 144.
APPENDICE.. 167.
§. I.er *Des Signes relatifs à la ponctuation*....... *Ib.*
　II. *Des Notes, des Commentaires, de la forme et de la division des Livres*............ 169.
　III. *De la Versification*...................... 171.
　IV. *Aperçu des principaux Ouvrages chinois qu'on peut consulter à la Bibliothèque du Roi.* 175.
TABLE *des Caractères chinois employés dans ce volume et dans l'édition du* Tchoung-young, *arrangés suivant l'ordre des 214 clefs*.................. 181.
TABLE *des Caractères dont le radical est difficile à reconnoître, arrangés d'après le nombre de traits qui les composent*............................ 203.
TABLE *alphabétique des Mots disyllabiques et des Expressions composées dont l'explication se trouve dans cette Grammaire*................................ 207.
TABLE *des Abréviations*........................... 212.
DES PHONÉTIQUES CHINOISES........................... 213.
LISTE *des principales Phonétiques chinoises*...... 219.

FIN.

PUBLICATIONS

DE JEAN-PIERRE ABEL-RÉMUSAT.

ESSAI SUR LA LANGUE ET LA LITTÉRATURE CHINOISES. *Paris et Strasbourg*, 1811, in-8e avec 5 planches (rare).   6 f. »»

RECHERCHES HISTORIQUES SUR LA MÉDECINE DES CHINOIS. *Paris*, 1813 (très-rare).

PLAN D'UN DICTIONNAIRE CHINOIS. *Paris*, 1814, in-8°.   1 f. 50

PROGRAMME du cours de langue et de littérature chinoises et de tartare-mandchou, précédé d'un discours prononcé à la première séance de ce cours, le 16 janvier 1815. *Paris*, 1815, in-8° (épuisé).

LE LIVRE DES RÉCOMPENSES ET DES PEINES, traduit du chinois, avec des notes et des éclaircissements. *Paris*, 1816, in-8°.   1 f. »»

DESCRIPTION D'UN GROUPE D'ÎLES PEU CONNUES situées entre le Japon et les îles Mariannes, rédigée d'après les relations des Japonais. *Paris*, 1817, in-4°, avec carte (épuisé).

Extrait du *Journal des Savants*.

MÉMOIRE SUR LES LIVRES CHINOIS DE LA BIBLIOTHÈQUE DU ROI. *Paris*, 1818, in-8°.

L'INVARIABLE MILIEU, ouvrage moral de Tseu-ssé, en mandchou, avec une version littérale latine, une traduction française et des notes, précédé d'une notice sur les quatre livres moraux communément attribués à Confucius. *Paris, Imp. Roy.*, 1818, in-4° (très-rare, complétement épuisé).

Extr. des *Notices et extraits des mss.*, t. X.

DESCRIPTION DU ROYAUME DE CAMBOGE par un voyageur chinois qui a visité cette contrée à la fin du treizième siècle, précédée d'une notice nécrologique sur le même pays extraite des annales de la Chine. *Paris*, 1819, in-8° (épuisé).

HISTOIRE DE LA VILLE DE KHOTAN, tirée des annales de la Chine et traduite du chinois, suivie de recherches sur la substance minérale appelée par les Chinois pierre de Ju, et sur le jaspe des anciens. *Paris*, 1820, in-8°.   2 f. »»

— Le même, papier vélin.

RECHERCHES SUR LES LANGUES TARTARES, ou Mémoires sur la grammaire et la littérature des Mandchous, des Mongols, des Ouïgours et des Tibétains. *Paris, Imp. Roy.*, 1820, tome Ier (le seul publié).   15 f. »»

— Le même ouvrage, papier vélin.

Mémoires et anecdotes sur la dynastie régnante des Djogours, par Titsingh. *Paris*, 1820, in-8°. 3 f. »»

Lettre sur l'état et les progrès de la littérature chinoise en Europe. *Paris*, 1822, in-8° (épuisé).

Mémoire sur la vie et les opinions de Lao-tseu, philosophe chinois du sixième siècle avant notre ère qui a professé les opinions communément attribuées à Pythagore, à Platon et à leurs disciples. *Paris, Imp. Roy.*, 1823, in-4° (rare). 10 f. »»

Mémoires sur les relations politiques des princes chrétiens et particulièrement des rois de France avec les empereurs mongols, suivis du recueil des lettres et pièces diplomatiques des princes tartares, et accompagnés de planches qui contiennent la copie figurée de deux lettres adressées par les rois mongols de Perse à Philippe le Bel. *Paris, Imp. Roy.*, 1824, in-4° br.

Mémoires sur plusieurs questions relatives à la géographie de l'Asie centrale. *Paris, Imp. roy.*, 1825, in-4°.

Mémoire sur plusieurs questions relatives à la topographie de l'Asie centrale. *Paris*, 1825, in-4° (épuisé).

Mélanges asiatiques, ou Choix de morceaux critiques et de mémoires relatifs aux religions, aux sciences, aux coutumes, à l'histoire et à la géographie des nations orientales. *Paris*, 1825-6, 2 vol. in-8°.

Nouveaux mélanges asiatiques, ou choix de morceaux de critique et de mémoires relatifs aux religions, aux sciences, aux coutumes, à l'histoire, à la géographie des nations orientales. *Paris*, 1829, 2 vol. in-8°. 12 f. »»

Observations sur quelques points de la doctrine samanéenne, et en particulier sur les noms de la triade suprême chez les différents peuples bouddhistes. *Paris, Imp. Roy.*, 1831, in-8°.

Foé-koué-ki, ou Relation des royaumes bouddhiques, traduit du chinois et commenté. *Paris, Imp. roy.*, 1836, in-4°, av. cartes et planches. 12 f. »»
Ouvrage posthume.

Mélanges posthumes d'histoire et de littérature orientales. *Paris, Imp. Roy.*, 1843, in-8°.

Recherches sur l'origine et la formation de l'écriture chinoise. *Paris, Imp. roy.*

De l'étude des langues étrangères chez les Chinois, s. l. n. d., in-8°. 1 f. »»

Observations sur l'histoire des Mongols orientaux de Sanang-Setsen. *Paris, Imp. Roy.*, in-8°.

Considérations sur la nature monosyllabique attribuée communément à la langue chinoise, s. l. n. d., in-8°.

Explication d'une inscription en chinois et en mandchou gravée sur une plaque de jade du cabinet des antiques de Grenoble. *Grenoble*, in-8° (épuisé).

Meulan. — Imprimerie orientale de Nicolas.

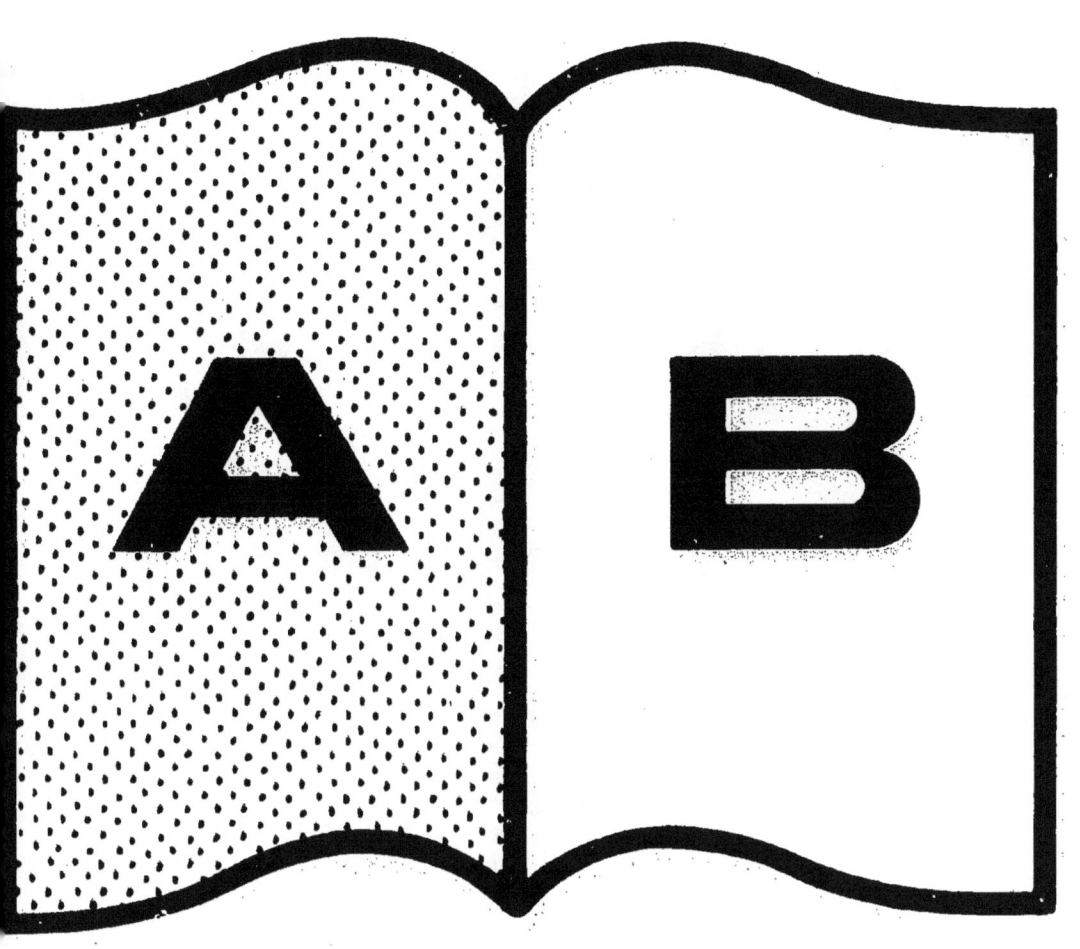

Contraste insuffisant
NF Z 43-120-14

www.ingramcontent.com/pod-product-compliance
Lightning Source LLC
Chambersburg PA
CBHW050325170426
43200CB00009BA/1461